LE CERVEAU DU BONHEUR

Le Cerveau du bonheur
se prolonge sur le site www.arenes.fr

Titre original : *Hardwiring Happiness.*
The New Brain Science of Contentement, Calm, and Confidence.

Éditions des Arènes
27 rue Jacob, 75006 Paris
Tél. : 01 42 17 47 80
arenes@arenes.fr

RICK HANSON

LE CERVEAU DU BONHEUR

La joie, le calme et la confiance en soi au temps des neurosciences

Traduit de l'anglais (États-Unis)
par Olivier Colette

LES ARÈNES

Pour Laurel et Forrest

Ne sous-estime pas ce qui est bon, en disant :
« Il ne m'en reviendra pas. »
Comme la cruche, goutte à goutte, s'emplit d'eau,
le sage, petit à petit,
s'emplit de ce qui est bon.

DHAMMAPADA IX.122

Introduction

Si vous êtes comme moi, et comme beaucoup de gens, vous passez vos journées à « zapper » d'une tâche à une autre. Mais à quand remonte la dernière fois où vous vous êtes arrêté pendant dix secondes pour vous imprégner d'un des moments positifs qu'offre chaque jour, y compris les plus chargés ? Si vous ne profitez pas de ces instants pour apprécier et prolonger l'expérience, elle vous traverse comme le vent dans les arbres, agréable sur le moment mais sans effet à long terme.

L'objectif de ce livre est simple : montrer que les expériences positives quotidiennes ont le pouvoir de changer votre cerveau – et donc votre vie – en mieux. Je vous expliquerai comment utiliser ces bons moments pour bâtir un cerveau où règnent la confiance, le bien-être, le confort, l'estime de soi et le sentiment d'être pris en considération. Ces moments n'ont rien d'extraordinaire. Il s'agit simplement de la douceur d'un sweat-shirt favori, de la saveur d'une tasse de café, de la chaleur d'un ami, de la satisfaction d'avoir terminé une tâche ou de l'amour d'un être cher.

Plusieurs fois par jour, pendant une douzaine de secondes, vous apprendrez à vous *imprégner de ce qui est bon* et, par la même occasion, à renforcer la joie, le calme et la force en vous. Mais cette pratique et les sciences dont elle est issue ne relèvent ni de la pensée positive ni d'un énième programme destiné à fabriquer des expériences agréables, qui ont généralement peu d'effet sur le cerveau. Elle consiste à transformer des expériences fugaces en améliorations durables de votre patrimoine neuronal.

Les forces intérieures nécessaires au bien-être, à la gestion des défis et au succès se développent à partir de structures cérébrales – mais, pour maintenir nos ancêtres en vie, le cerveau a développé un penchant négatif, si bien qu'il agit comme du Velcro sur les expériences négatives et comme du Teflon sur les positives. Pour résoudre ce problème et enraciner des forces intérieures dans votre cerveau, vous verrez quelles expériences positives peuvent répondre à vos trois besoins fondamentaux de *sécurité*, de *satisfaction* et de *connexion.* Plus vous renforcerez la paix intérieure, le contentement et l'amour, moins vous éprouverez le besoin de rechercher ou de repousser des événements, selon qu'ils vous semblent agréables ou désagréables. Vous apprécierez de plus en plus un bien-être inconditionnel, indépendant des conditions extérieures.

Le cerveau est l'organe le plus important de votre corps et ce qui s'y passe détermine vos pensées et vos sentiments, vos paroles et vos actes. Nombre d'études montrent que vos expériences modifient en permanence la structure neuronale. Grâce à ce livre, vous apprendrez à changer en mieux votre cerveau.

Vous apprendrez beaucoup de choses sur cet organe stupéfiant. Dans les trois premiers chapitres, vous verrez globalement comment il fonctionne, pourquoi vous devez le prendre en main et comment renouer avec la beauté de votre nature profonde. Puis je vous montrerai de nombreuses techniques efficaces pour vous imprégner de ce qui est bon et devenir réellement efficace dans cette pratique. Il est inutile d'avoir des connaissances en neurosciences ou en psychologie pour comprendre ces idées. Je les ai réduites à quatre étapes qui, en anglais, forment l'acronyme HEAL, c'est-à-dire GUÉRIR :

Activer une expérience positive. L'Enrichir. L'Absorber. Lier les éléments positif et négatif afin que le positif apaise, voire remplace le négatif (cette dernière partie est optionnelle). Nous explorerons en détail chacune de ces phases et révélerons des moyens pratiques, terre à terre, de repérer ou de créer des expériences positives au beau milieu d'une journée chargée, puis de les tisser à votre esprit, à votre cerveau et à votre vie. À la fin de chaque chapitre, une section intitulée « S'imprégner » reprend les points essentiels. Et si vous souhaitez en savoir davantage sur les fondements scientifiques de cette méthode ou accéder à mes remarques complémentaires, veuillez vous reporter aux Notes et Références et à la Bibliographie proposées en fin de volume.

J'étais étudiant quand j'ai découvert comment m'imprégner de ce qui est bon et, depuis, ma vie a changé. Aujourd'hui, quarante ans plus tard, dans mon travail de neuropsychologue, je tente de développer cette pratique en profondeur. Je l'ai enseignée à des milliers de gens et beaucoup m'ont déclaré que leur vie avait changé aussi : certains de ces témoignages apparaissent en italiques dans les chapitres suivants. Je suis ravi de pouvoir partager cet outil extraordinaire avec vous.

En tant que père, époux, psychologue, professeur de méditation et consultant en entreprise, j'ai constaté que c'est avant tout ce que nous *faisons* réellement, à la fois dans l'esprit et dans le monde, qui permet de changer. C'est pourquoi je vous propose ces méthodes expérimentales destinées à convertir des états mentaux passagers en structures neuronales durables, que vous adapterez à vos propres besoins. J'espère que vous apprécierez ce que vous trouverez dans ce livre, car vos découvertes n'en pénétreront que mieux dans votre cerveau et dans votre vie.

Ayez confiance en vous. En vous imprégnant de ce qui est bon, vous distinguerez mieux ce qui est bon en vous, dans le monde et chez les autres.

Première partie

Pourquoi ?

1

Cultiver ce qui est bon

À l'école, j'avais quelques années de moins que mes camarades de classe et j'étais un garçon timide, maigrichon et je portais des lunettes. Je n'ai jamais subi de choses horribles, mais j'avais l'impression d'observer les autres à travers une paroi de verre. D'être un étranger – ignoré, mal aimé, dénigré. Mes ennuis étaient dérisoires comparés à ceux de beaucoup de gens. Mais nous aspirons tous à nous sentir vus et valorisés, notamment dans notre enfance. Quand ces besoins ne sont pas satisfaits, nous nous retrouvons en quelque sorte au pain sec et à l'eau. Nous survivons, mais sans nous sentir suffisamment nourris. En ce qui me concerne, j'avais l'impression d'avoir un vide en moi, un trou dans le cœur.

Mais, à l'université, j'ai fait une découverte qui m'a semblé – et qui me semble encore – remarquable. Les choses changeaient. Des garçons me lançaient : « Allons chercher une pizza ! » Une jeune fille me souriait. Rien d'extraordinaire en soi. Mais j'ai constaté qu'en laissant ces petits événements positifs se transformer en *expériences* positives, sans les réduire à une simple idée, et qu'en les prolongeant le temps de quelques respirations, sans les repousser ni m'empresser de passer à autre chose, j'avais le sentiment qu'ils pénétraient en moi, qu'ils devenaient une part de moi. En réalité, je *m'imprégnais de ce qui était bon* – pendant une douzaine de secondes d'affilée. C'était rapide, facile, agréable. Et j'ai commencé à me sentir mieux.

Au début, le trou dans mon cœur semblait aussi béant qu'une piscine vide. Mais en m'imprégnant chaque jour de quelques expériences positives – me sentir inclus, apprécié ou pris en considération –, j'avais l'impression de déverser quelques seaux d'eau dans ce bassin. Jour après jour, seau après seau, mois après mois, j'ai comblé ce vide. Cette pratique m'a mis du baume au cœur et je me suis senti de plus en plus à l'aise, joyeux et confiant.

Des années plus tard, une fois devenu psychologue, j'ai compris pourquoi ce processus en apparence anodin m'avait été si bénéfique. J'avais tissé des forces intérieures à la trame de mon cerveau, de mon esprit et de ma vie – en d'autres termes, j'avais bâti ce que j'appelle le « cerveau du bonheur ».

FORCES INTÉRIEURES

J'ai fait beaucoup de randonnées dans ma vie et, souvent, je n'ai dû compter que sur le contenu de mon sac à dos. Les *forces intérieures* sont les provisions que renferme votre sac tandis que vous empruntez les sentiers sinueux et parfois difficiles de la vie. Elles comprennent un état d'esprit positif, le bon sens, l'intégrité, la paix intérieure, la détermination et la chaleur humaine. Des chercheurs ont identifié d'autres forces, comme la compassion pour soi, l'attachement sécurisant, l'intelligence émotionnelle, l'optimisme acquis, la réponse de relaxation, l'estime de soi, la tolérance à la détresse, l'autorégulation, la résilience et les fonctions cognitives. Pour ma part, j'emploie le mot *force* au sens large afin d'inclure des sentiments, tels que le calme, le contentement et la prévenance, des compétences, des points de vue et des inclinations bénéfiques, mais également des qualités incarnées, comme la vitalité ou la relaxation. Contrairement aux *états* mentaux fugaces, les forces intérieures sont des *traits* stables, une source durable de bien-être, qui permet d'agir avec sagesse et efficacité, mais aussi d'aider les autres.

À première vue, le concept de force intérieure peut sembler abstrait. Rendons-le donc plus accessible grâce à quelques exemples concrets. Votre réveil sonne et vous aimeriez dormir encore un peu – mais vous trouvez la force de vous réveiller. Imaginons que vous ayez des enfants et qu'ils se disputent : vous vous sentez frustré – mais, au lieu de hurler, vous puisez dans la fermeté, et non la colère, que vous avez en vous. Vous êtes confus d'avoir commis une erreur au travail – mais vous vous rappelez votre mérite en songeant à des réalisations passées. Vous êtes stressé à force de courir dans tous les sens – mais vous vous réfugiez volontiers dans le calme que procurent plusieurs expirations profondes. Vous êtes triste de ne pas avoir de compagne ou de compagnon – mais vous vous réconfortez en songeant aux amis dont vous ne manquez pas. Au fil de votre journée, d'autres forces intérieures opèrent automatiquement à l'arrière de votre esprit, comme le sens de la perspective, la conviction ou la conscience de soi.

En médecine et en psychologie, on dit souvent que ce que nous ressentons et faisons – aussi bien au cours de notre vie que dans le cadre de relations ou de situations précises – est déterminé par trois facteurs : les *défis* auxquels nous sommes confrontés, les *fragilités* mises à l'épreuve par ces difficultés et les *forces* dont nous disposons pour affronter nos défis et protéger nos fragilités. Par exemple, les critiques récurrentes d'un supérieur hiérarchique (défi) sont susceptibles d'intensifier le trait anxieux d'un salarié (fragilité), mais ce dernier peut faire face en mobilisant ses capacités d'auto-apaisement et son sentiment d'être respecté par d'autres personnes (forces intérieures).

Nous avons tous des fragilités. Pour ma part, j'aurais préféré être beaucoup moins enclin à l'inquiétude et à l'autocritique. Et la vie n'est jamais à court de défis, qu'il s'agisse de menus tracas, comme les problèmes de réception sur nos téléphones portables, ou de la vieillesse, de la maladie et de la mort. Nous avons besoin de forces pour gérer ces défis et ces fragilités et, plus les uns ou les autres, voire les deux, augmentent, plus nos forces doivent s'adapter. Si vous voulez vous sentir moins stressé, anxieux, frustré, irritable, déprimé, déçu, seul, coupable, blessé ou inapte, vous gagnerez à posséder davantage de forces intérieures.

Les forces intérieures sont fondamentales pour être heureux, productif et aimant. Ainsi, les études menées sur une force spécifique, les émotions positives, montrent que ces dernières réduisent la réactivité et le stress, contribuent à guérir les blessures psychologiques et développent la résilience, le bien-être et le sentiment de satisfaction général. Les émotions positives incitent à rechercher des opportunités, créent des cercles vertueux et multiplient les chances de succès. Elles renforcent également le système immunitaire, protègent le cœur et favorisent une vie plus saine et plus longue.

En moyenne, un tiers de nos forces sont innées, c'est-à-dire intégrées au tempérament, aux talents, à l'humeur et à la personnalité basés dans nos gènes. Les deux autres tiers se développent au fil du temps. *Ils se cultivent.* Cette nouvelle est extraordinaire, car elle signifie que nous pouvons nourrir le bonheur et d'autres forces génératrices d'épanouissement, d'amour, d'efficacité, de sagesse et de paix intérieure. Trouver le *moyen* de cultiver ces forces en vous pourrait être l'enseignement le plus crucial de votre vie. C'est tout l'objectif de ce livre.

AU JARDIN

Considérez votre esprit comme un jardin. Vous pouvez vous contenter de regarder ses mauvaises herbes et ses fleurs sans juger ou changer quoi que ce soit. Vous pouvez arracher les mauvaises herbes en diminuant la part d'éléments négatifs. Ou vous pouvez planter des fleurs en accroissant la part d'éléments positifs. (Voir l'encadré ci-dessous pour comprendre ce que j'entends par *positif* et *négatif*.) En substance, il existe trois manières principales de gérer son esprit : *laisser être, lâcher prise, laisser entrer*. Ce livre est consacré à la troisième option, cultiver des forces intérieures, c'est-à-dire faire pousser des fleurs dans son jardin. Pour vous aider à être le plus efficace possible, je vous propose un parallèle avec les deux autres approches.

QU'EST-CE QUI EST POSITIF ?

Ce que j'entends par *positif* et *bon* mène au bonheur et bénéficie aux autres et à soi-même. À l'inverse, ce que j'entends par *négatif* et *mauvais* mène à la souffrance et nuit aux autres et à soi-même. J'attribue à ces termes un sens pragmatique, plutôt que moral ou religieux.

Les expériences positives sont généralement agréables. Mais certaines expériences désagréables peuvent avoir de bons résultats, de sorte que je les qualifierai de positives. Ainsi, la douleur qui apparaît lorsqu'on pose sa main sur un poêle brûlant, l'angoisse qui survient lorsqu'on ne retrouve pas son enfant dans un parc et les remords qui nous incitent à prendre le droit chemin nous sont désagréables sur le moment, mais agréables par la suite.

De même, les expériences négatives nous sont généralement désagréables. Mais certaines expériences agréables peuvent se révéler nuisibles, de sorte que je les qualifierai de négatives. L'exaltation que procurent trois bières ou la vengeance que vous exercez en répandant des ragots sur une personne qui vous a causé du tort vous sera peut-être agréable sur le moment, mais, en définitive, le coût se révélera supérieur au bénéfice. Ce genre d'expériences vous est agréable sur le moment, mais désagréable par la suite.

Être avec son esprit

Laisser être son esprit, se contenter d'observer son expérience permet de s'apaiser et de relativiser les choses, un peu comme si l'on sortait d'un écran de cinéma pour se mettre à regarder le film depuis le fond de la salle. Lorsqu'on laisse le flux de la conscience s'écouler librement, on est moins enclin à rechercher ou à repousser des événements agréables ou désagréables. On peut explorer son expérience en faisant preuve d'intérêt et (si possible) de bienveillance envers soi-même, voire se connecter à des couches plus délicates, plus vulnérables et peut-être plus jeunes de son esprit. À la lumière d'une conscience acceptante, non réactive, les pensées et les sentiments négatifs peuvent parfois se dissiper telle la brume matinale par une journée ensoleillée.

Travailler son esprit

Mais être avec son esprit ne suffit pas. Vous devez aussi le *travailler*, en consentant à de justes efforts, en arrachant les mauvaises herbes et en plantant des fleurs. Le simple fait d'observer le stress, les inquiétudes, l'irritabilité ou la morosité ne vous permettra pas nécessairement de les déraciner. Comme nous le verrons dans le chapitre suivant, au fil de l'évolution, notre cerveau est devenu particulièrement sensible aux expériences négatives, qu'il stocke dans des structures neuronales durables. De même, être avec son esprit ne permet pas en soi de développer la gratitude, l'enthousiasme, l'honnêteté, la créativité ou d'autres forces intérieures. Ces qualités mentales relèvent de structures neuronales sous-jacentes qui ne se manifestent pas d'elles-mêmes. En outre, pour être pleinement avec son esprit, il faut y faire pousser des forces telles que le calme et la compréhension de soi, qui nous permettent de ressentir toutes nos émotions et d'affronter nos ombres intérieures, même quand c'est difficile. Sinon, s'ouvrir à son expérience peut revenir à soulever une trappe vers l'enfer.

Rester conscient

Que vous choisissiez de laisser être, de lâcher prise ou de laisser entrer, soyez *conscient*, c'est-à-dire présent moment après moment. La pleine conscience même n'est qu'observation, mais elle peut s'accompagner d'efforts actifs, ciblés, destinés à déplacer délicatement votre esprit dans un sens ou dans un autre. Le travail mental n'est pas contraire à la pleine conscience. En réalité, il faut travailler son esprit pour développer la force intérieure de la pleine conscience.

Soyez conscient de vos mondes extérieur et intérieur, des faits qui vous entourent et des sentiments qu'ils suscitent en vous. La pleine conscience ne se limite pas à la conscience de *soi*. Quand je pratique l'escalade, je suis très attentif au partenaire qui m'assure et qui veille sur moi au pied de la falaise !

Une séquence naturelle

Lorsqu'un événement difficile ou pénible se produit – lorsqu'une tempête menace votre jardin –, les trois manières d'engager votre esprit vous offrent une séquence progressive très utile. Premièrement, demeurez avec votre expérience. Observez-la et acceptez-la pour ce qu'elle est, même si elle est douloureuse. Deuxièmement, au moment qui vous semble approprié – quelques secondes pour un souci familier ou quelques mois, voire quelques années, pour la perte d'un être cher ? –, commencez à lâcher tout élément négatif. Par exemple, détendez votre corps afin de réduire les tensions. Troisièmement, là encore, au moment qui vous semble adéquat, après avoir libéré une partie ou la totalité des éléments négatifs, remplacez-les par quelque chose de positif. Ainsi, vous pouvez vous rappeler les sentiments suscités par la présence d'une personne qui vous apprécie, puis demeurer avec cette expérience pendant dix ou vingt secondes. En plus de vous être agréable sur le moment, cette troisième étape aura des bienfaits durables, car lorsque vous vous imprégnez d'expériences positives, vous ne faites pas seulement pousser des fleurs dans votre esprit. Vous développez des circuits neuronaux dans votre *cerveau*. Vous bâtissez les voies du bonheur.

PLASTICITÉ NEURONALE

Le cerveau est l'organe qui *apprend*. Il est donc destiné à changer en fonction de vos expériences. J'en suis toujours étonné, mais c'est vrai : tout ce que nous percevons et ressentons, tout ce que nous voulons et pensons de manière répétée sculpte lentement mais sûrement la structure neuronale. Au moment où vous lisez ces mots, dans la masse de tissus semblable à du fromage blanc que contient votre crâne, nichés parmi le millier de milliards de cellules de soutien, 80 à 100 milliards de neurones s'envoient des signaux au sein d'un réseau d'un demi-quadrillion de connexions appelées synapses. Toute cette activité neuronale incroyablement rapide, complexe et dynamique modifie en permanence votre cerveau. Les synapses actives deviennent plus sensibles, de nouvelles synapses se développent en quelques minutes, les régions sollicitées sont plus irriguées puisqu'elles ont besoin de plus d'oxygène et de glucose pour réaliser leur travail, et les gènes à l'intérieur des neurones s'allument et s'éteignent. À l'inverse, les connexions moins sollicitées dépérissent au cours d'un processus parfois qualifié de darwinisme neuronal : seules les plus actives d'entre elles survivent.

Toute activité mentale – les visions et les sons, les pensées et les émotions, les processus conscients et inconscients – implique une activité neuronale sous-jacente. Le plus souvent, l'une comme l'autre traversent le cerveau telles des ondulations sur un fleuve, sans affecter durablement son cours. En revanche, si l'activité mentale est intense, prolongée ou répétée – notamment lorsqu'elle est consciente –, elle laisse une empreinte persistante dans la structure neuronale, tel un puissant courant qui modifie le lit d'un cours d'eau. Comme l'affirment les neurosciences : *les neurones qui s'activent ensemble se raccordent ensemble.* Les états mentaux deviennent des traits neuronaux. Jour après jour, votre esprit bâtit votre cerveau.

C'est ce que les scientifiques appellent la *plasticité neuronale liée à l'expérience* – un champ d'études très en vogue en ce moment. Ainsi, les chauffeurs de taxi de Londres, qui doivent mémoriser le dédale de rues de la capitale britannique, présentent des couches neuronales plus épaisses dans leur *hippocampe*, une région qui contribue à la création de souvenirs visuo-spatiaux. Ils renforcent une partie de leur cerveau, comme on peut renforcer un muscle, provoquant le développement de nouveaux tissus. De même, les méditants de pleine conscience affichent une augmentation de matière grise – synonyme de *cortex* plus épais – dans trois régions clés : les aires *préfrontales*, qui contrôlent l'attention ; l'*insula*, qui nous permet de nous mettre à l'écoute de nous-mêmes et des autres ; et l'hippocampe. Vos expériences n'engendrent pas seulement de nouvelles synapses, bien que ce phénomène soit déjà remarquable en soi, mais affectent en quelque sorte vos gènes mêmes – de petits groupes d'atomes qui composent les brins torsadés d'ADN à l'intérieur du noyau des neurones – et changent leur fonctionnement. Par exemple, si vous pratiquez la relaxation de manière régulière, l'activité des gènes qui apaisent les réactions de stress s'intensifiera, ce qui vous rendra plus résilient.

CHANGER LE CERVEAU EN MIEUX

Si vous laissez de côté les détails de ces études, une simple vérité se détache : vos expériences *comptent*. Pas seulement pour les sentiments qu'elles procurent sur le moment, mais pour les traces durables qu'elles laissent dans votre cerveau. Vos expériences de bonheur, d'inquiétude, d'amour et d'anxiété peuvent provoquer des changements réels dans vos réseaux neuronaux. Les processus de construction des structures du système nerveux sont stimulés par l'expérience, notamment par ce qui occupe le premier plan de votre conscience. Votre attention s'apparente à un projecteur doublé d'un aspirateur : elle éclaire l'objet sur lequel elle se dirige, puis l'aspire dans votre cerveau – pour le meilleur ou pour le pire.

On dit souvent que l'esprit prend la forme de l'objet sur lequel il se porte. En nous basant sur ce que nous savons de la plasticité neuronale, la version moderne de cet adage serait que le *cerveau* prend la forme de l'objet sur lequel l'esprit se porte. Si vous persistez à porter votre esprit sur l'autocritique, l'inquiétude, le ressentiment, les blessures et le stress, votre cerveau sera de plus en plus façonné par la réactivité, l'anxiété et l'humeur dépressive, plus focalisé sur les menaces et les pertes, et plus enclin à la colère, à la tristesse et à la culpabilité. En revanche, si vous portez régulièrement votre esprit sur des événements et des circonstances positives (le fait que quelqu'un se soit montré bienveillant à votre égard ou que vous ayez un toit sur la tête), des émotions agréables, les tâches que vous parvenez à mener à bout, les plaisirs physiques et vos bonnes intentions et qualités, au fil du temps votre cerveau prendra une autre forme, caractérisée par la force et la résilience, une vision des choses optimiste quoique réaliste, un état d'esprit positif et une meilleure estime de soi. Si vous repensez à la semaine écoulée, où votre esprit s'est-il le plus souvent porté ?

En réalité, votre cerveau est essentiellement façonné par ce qui occupe votre esprit – ou votre attention. Bien que cette dernière soit naturellement accaparée par certaines choses – par exemple, un problème au bureau, une douleur physique ou une question grave –, dans l'ensemble, nous avons beaucoup d'influence sur son orientation. Ce qui signifie que nous pouvons délibérément prolonger, et même créer, les expériences qui modèleront au mieux notre cerveau.

Vous verrez précisément comment y parvenir à partir du chapitre 4. En attendant, sentez-vous libre de commencer dès maintenant à vous imprégner de ce qui est bon. Cette pratique, appliquée à une expérience positive, se résume simplement à quatre mots : *activez-la, savourez-la.* Et voyez par vous-même ce qui se passe quand vous vous y mettez.

LES EXPÉRIENCES QUI VOUS SONT LE PLUS BÉNÉFIQUES

Si vous songez à votre jardin mental, quelles fleurs serait-il bon de cultiver en ce moment ? Certains types d'expériences vous seront plus utiles que d'autres.

Certes, les expériences négatives ne sont pas dénuées d'intérêt. Ainsi, le travail de nuit que j'ai effectué pendant un été dans une usine de mise en bouteilles quand j'étais étudiant m'a permis de m'endurcir. Mais les expériences négatives ont des effets secondaires inhérents, comme l'inconfort psychologique ou les conséquences du stress sur la santé. Elles peuvent également créer ou aggraver les conflits. Quand ma femme et moi étions épuisés par nos deux jeunes enfants, nous étions plus souvent agressifs l'un envers l'autre. Le coût des expériences négatives dépasse régulièrement le bénéfice, quand il y a un bénéfice : le plus souvent, ce n'est que douleur sans valeur. Puisque les neurones qui s'activent ensemble se raccordent ensemble, prolonger une expérience négative au-delà de son utilité revient à faire des tours de piste en enfer : à chaque tour supplémentaire, vous creusez un peu plus un sillon dans votre cerveau.

En revanche, les expériences positives ont toujours de la valeur et riment rarement avec douleur. Elles sont le plus souvent agréables sur le moment. Par ailleurs, le moyen le plus direct de développer des forces intérieures telles que la détermination, le sens de la perspective, les émotions positives et la compassion est d'en faire soi-même l'expérience. Pour renforcer la gratitude, portez votre esprit sur ce sentiment dès qu'il vous vient. Pour vous sentir plus aimé, recherchez et prolongez les moments où vous vous sentez inclus, vu, apprécié ou chéri. Si vous vous demandez *comment* accentuer la part positive de votre esprit, la réponse est la suivante : *Imprégnez-vous d'expériences positives.* En les tissant à votre cerveau, vous consoliderez leurs circuits neuronaux et vous pourrez les emporter avec vous partout où vous irez.

En plus de favoriser le développement de forces intérieures spécifiques, s'imprégner de ce qui est bon a des bienfaits intégrés, généraux. Par exemple, être actif plutôt que passif, se traiter comme quelqu'un qui compte et approfondir son attention. En outre, comme nous le verrons au chapitre 3, au fil du temps il est possible de sensibiliser son cerveau aux expériences positives pour qu'elles se transforment plus facilement et plus rapidement en forces intérieures.

PLASTICITÉ NEURONALE AUTO-INDUITE

Un jour, un ami neurologue a décrit le cerveau comme « 1,5 kilo de pudding au tapioca ». Pourtant, cette masse gluante insignifiante est l'organe régulateur du corps et la principale source interne de bien-être, d'efficacité au quotidien, de guérison psychologique, de développement personnel, de créativité et de succès. Le fait que vous vous sentiez en colère ou détendu, frustré ou comblé, seul ou aimé, dépend de vos réseaux neuronaux. De plus, la manière dont les cerveaux interagissent est à la base des relations épanouissantes, des organisations performantes, des nations florissantes et, en définitive, d'un monde en paix et prospère.

Les études sur la plasticité neuronale liée à l'expérience montrent que chaque personne a le pouvoir de changer son cerveau en mieux – ce que Jeffrey Schwartz a appelé la plasticité neuronale *auto-induite*. Si vous ne vous saisissez pas de ce pouvoir, d'autres forces le feront à votre place, y compris les pressions au travail et à la maison, les technologies et les médias, les gens agressifs, les effets persistants d'expériences passées douloureuses et, comme nous le verrons dans le chapitre suivant, Dame Nature même.

En revanche, grâce à des moyens rapides, faciles et agréables intégrés au flux même de vos journées, vous pouvez utiliser le pouvoir de la neuroplasticité auto-induite pour développer *durablement* le confort, la confiance, l'acceptation de soi, la bienveillance, le sentiment d'être aimé, la satisfaction et la paix intérieure. Au fond, les pratiques décrites dans ce livre permettent une chose simple : transformer les bonnes expériences quotidiennes en bonnes structures neuronales. Pour l'exprimer de manière plus technique : vous *activerez* des états mentaux, puis vous les *installerez* pour en faire des traits neuronaux. Selon vos besoins, vous pourrez puiser dans ces traits, qui sont vos forces intérieures – les fleurs qui poussent dans votre esprit.

Vous utiliserez votre esprit pour changer votre cerveau, qui changera votre esprit en mieux. Petit à petit, synapse après synapse, vous enracinerez le bonheur dans votre cerveau.

Et, ce faisant, vous surmonterez son penchant négatif : en effet, le cerveau est plus sensible aux mauvaises expériences qu'aux bonnes. Comme vous le verrez dans le chapitre suivant, si l'esprit s'apparente à un jardin, la « terre » de votre cerveau est plus propice aux mauvaises herbes qu'aux fleurs.

Il est donc réellement important de semer les graines des forces intérieures en s'imprégnant régulièrement de ce qui est bon.

À RETENIR

- Les forces intérieures incluent la sérénité, le contentement et l'amour, ainsi que la résilience, la confiance en soi, la détermination et la compréhension de soi. Ces forces vous permettent d'affronter les moments difficiles de la vie, de vous remettre du stress, de guérir des blessures anciennes, de maintenir votre bien-être, d'assurer vos tâches à la maison et au bureau et de faire preuve de patience et de prévenance envers les autres.

- La plupart de vos forces intérieures se développent avec le temps. Ce livre explique comment les cultiver grâce aux expériences positives, c'est-à-dire comment *enraciner le bonheur dans votre cerveau.*

- Le simple fait d'observer votre esprit est extrêmement utile, mais il faut également diminuer ce qui est négatif et augmenter ce qui est positif. Notre objectif est d'augmenter le positif : faire pousser des fleurs dans le jardin de l'esprit. C'est-à-dire modifier vos structures cérébrales.

- Toute activité mentale – la vision et les sons, les joies et les peines – est basée sur une activité neuronale sous-jacente. L'activité mentale/neuronale répétée laisse des changements durables dans la structure neuronale : c'est ce qu'on appelle la neuroplasticité liée à l'expérience. Cela signifie que vous pouvez utiliser votre esprit pour changer votre cerveau, qui changera à son tour votre esprit.

- Le meilleur moyen de développer le bonheur et d'autres forces intérieures est d'en faire l'expérience, puis d'aider ces états mentaux bénéfiques à devenir des traits neuronaux. C'est ce que j'entends par *s'imprégner de ce qui est bon* : activer une expérience positive et l'installer dans votre cerveau.

2

Du Velcro sur le négatif

Il y a plus de vingt ans, au début d'un cours de neurosciences destiné à des psychologiques, le professeur est entré dans la salle avec un grand seau, a enfilé une paire de gants en caoutchouc jaunes et, d'un geste théâtral, a soulevé un cerveau humain conservé dans du formol. On aurait dit un petit chou-fleur jaunâtre et spongieux. Tandis que la leçon s'étirait, j'ai vécu une expérience de dissociation étrange. Une chose semblable à celle que le professeur tenait « là-bas » se trouvait également « ici », dans ma tête, et tentait de comprendre ce qu'il avait entre les mains. J'ai pris réellement conscience que cet organe insignifiant produisait la vue du seau, les sons du professeur et mon sentiment de dégoût mêlé d'émerveillement. Tous les plaisirs et les maux que j'éprouvais, tout l'amour et le chagrin, étaient le résultat de l'activité de cette masse de tissus luisante. Mon cerveau était l'ultime voie commune de tous les éléments qui me traversaient pour générer chaque moment de conscience.

Nous nous demandons de longue date pourquoi nous sommes heureux ou tristes, pourquoi nous nous entraidons ou nous blessons. Des sages et des scientifiques explorent les causes *mentales* du bonheur et de la souffrance. Aujourd'hui, pour la première fois de notre histoire, nous pouvons nous demander quelles sont les origines *neuronales* sous-jacentes de ces causes et trouver des réponses dans les structures et les processus de notre cerveau tel qu'il a été façonné par l'*évolution*.

Le cerveau n'a pas été créé en un clin d'œil. Ses capacités et ses penchants se sont forgés au fil de centaines de millions d'années, mais les facteurs qui ont modelé ce long parcours impersonnel se manifestent encore aujourd'hui dans votre vie sous des aspects très personnels. Imaginons que vous soyez parvenu à accomplir vingt tâches aujourd'hui et que vous ayez commis une seule erreur. Que vous restera-t-il à l'esprit au moment de vous coucher ? Probablement l'erreur, même s'il s'agit d'une infime partie de votre journée. Comme vous le verrez, ce phénomène tient à l'évolution du cerveau. En découvrant comment ce dernier s'est construit au fil du temps, vous vous comprendrez mieux – et vous comprendrez mieux les autres. De plus, vous pourrez utiliser et façonner plus efficacement cette chose extraordinaire cachée dans votre boîte crânienne.

L'ÉVOLUTION DU CERVEAU

Tous les êtres humains partagent des ancêtres communs avec les chauves-souris, les bégonias et les bactéries, qui remontent au moins à 3,5 milliards d'années, c'est-à-dire aux tout premiers micro-organismes. Des créatures multicellulaires ont vu le jour dans les mers anciennes il y a 650 millions d'années, et 50 millions d'années plus tard, elles étaient devenues suffisamment complexes pour développer un système nerveux destiné à coordonner leurs systèmes sensoriels et moteurs. L'apparition des mammifères date de 200 millions d'années environ et celle des premiers primates de 60 millions d'années. Il y a 2,5 millions d'années, notre ancêtre hominidé, *Homo habilis*, était suffisamment intelligent pour se mettre à fabriquer des outils en pierre, et notre espèce même – *Homo sapiens*, le primate intelligent – est apparue il y a 200 000 ans environ.

Au cours des 600 millions d'années écoulées, les solutions aux problèmes de survie auxquels étaient confrontées les créatures allant des méduses aux palourdes en passant par les lézards, les souris, les singes et les premiers humains se sont intégrées au système nerveux. En quelques millions d'années, le cerveau a plus ou moins triplé de volume tout en étant sculpté par les pressions intenses de la sélection naturelle. Nos prédécesseurs hominidés et humains vivaient dans des petits groupes de chasseurs-cueilleurs jusqu'à ce que l'agriculture organisée apparaisse il y a 10000 ans environ. Leur monde, intact et beau, était caractérisé par une certaine simplicité, un rythme décontracté et un temps pour les relations dont beaucoup de gens souhaiteraient disposer aujourd'hui.

En revanche, les défis de survie auxquels ils étaient confrontés – comme la perspective d'être attaqués et dévorés par des prédateurs – étaient très différents des nôtres. Parce qu'ils vivaient en petites bandes, il leur arrivait rarement de rencontrer des inconnus, et quand c'était le cas, ils étaient souvent en danger. Certains groupes interagissaient de manière paisible, mais, en moyenne, un homme sur huit mourait dans des conflits, comparés à un sur cent à la guerre au XXe siècle. Il y avait aussi les famines, les parasites, les maladies, les blessures, les risques liés aux grossesses et l'absence d'analgésiques ou de commissariats de police. Ce monde a été la matrice du cerveau humain, qui s'est adapté douloureusement à ses conditions. Le résultat se trouve entre vos oreilles aujourd'hui et continue de façonner vos expériences et de guider vos actes.

LE NÉGATIF EST PLUS FORT QUE LE POSITIF

Pour pouvoir transmettre leurs gènes, nos ancêtres reptiliens, mammifères, primates, hominidés et humains devaient se procurer des choses agréables – les « carottes » –, dont un abri, de la nourriture et du sexe. Dans le même temps, ils devaient se tenir à l'écart des choses douloureuses – les « bâtons » – dont les prédateurs, les famines et les assauts d'autres membres de leur espèce. La carotte et le bâton sont tous les deux importants, mais une différence vitale les sépare. En termes de survie, le bâton a plus d'urgence et d'impact que la carotte. Si vous passez à côté d'une carotte aujourd'hui, vous aurez d'autres chances de vous en procurer une demain. Alors que si vous ne parvenez pas à esquiver un bâton aujourd'hui – *bang !* – : plus jamais de carottes. Dans la jungle, la règle numéro 1 est la suivante : trouver un déjeuner aujourd'hui – ne pas *être* le déjeuner. Pendant des centaines de millions d'années, accorder une attention particulière aux bâtons, réagir à leur présence avec intensité, bien s'en souvenir et leur devenir de plus en plus sensible au fil du temps a été une question de vie ou de mort.

C'est ce qui explique que le cerveau ait intégré un *penchant négatif* au cours de son évolution. Bien que ce trait soit apparu dans des contextes beaucoup plus rudes que le nôtre, il continue d'opérer aujourd'hui quand nous prenons le volant, fonçons à une réunion, réglons un problème entre des enfants, testons un régime, regardons les actualités, jonglons entre les tâches ménagères, payons nos factures ou nous rendons à un rendez-vous galant. À la moindre occasion, notre cerveau est prêt à basculer dans le négatif pour nous aider à survivre.

Votre gardien

Pour commencer, votre cerveau est toujours à l'affût de possibles dangers ou pertes : c'est la raison pour laquelle les bulletins télévisés s'ouvrent toujours sur les derniers meurtres ou catastrophes du jour. Comme l'affirment les journalistes : si ça saigne, ça paye. Au cours de l'évolution, les animaux nerveux, obsessionnels et enclins à se surpasser avaient plus de chances de transmettre leurs gènes, et ces orientations sont désormais tissées dans notre ADN. Même quand vous vous sentez détendu, heureux et connecté, votre cerveau continue à scruter les dangers, les déceptions et les problèmes interpersonnels potentiels. Par conséquent, dans un coin de votre esprit subsiste généralement un sentiment subtil mais perceptible d'inconfort, d'insatisfaction et de séparation qui motive cette vigilance.

Puis, quand le moindre détail va de travers ou semble susceptible de provoquer des ennuis, le cerveau zoome sur le problème en rétrécissant en quelque sorte son champ visuel et en minimisant tout le reste. Par exemple, si votre patron vous fait un seul retour critique au milieu d'une foule d'éloges, vous vous focaliserez probablement sur cet élément isolé. Les stimuli négatifs sont perçus plus rapidement et plus facilement que leurs pendants positifs. La colère se lit plus vite que le bonheur sur un visage : en fait, face à une expression de colère, le cerveau réagit même sans que vous en ayez conscience.

Le pouvoir de la douleur

Les mauvaises expériences (douloureuses, contrariantes) l'emportent régulièrement sur les bonnes (agréables, réconfortantes). Le psychologue Daniel Kahnemann a reçu le prix Nobel d'économie pour avoir démontré que la plupart d'entre nous nous démenons davantage pour éviter une perte que pour obtenir un gain équivalent. Dans une relation durable, il faut en moyenne cinq interactions positives pour compenser une interaction négative. Les gens commencent réellement à s'épanouir quand les moments positifs sont au moins trois fois plus nombreux, et idéalement davantage, que les négatifs. Le négatif contamine le positif plus que le positif ne purifie le négatif. Par exemple, un méfait nuira davantage à la réputation d'un héros qu'une bonne action n'améliorera celle d'un vaurien.

L'impact supplémentaire du négatif sur votre esprit est fondé sur son pouvoir particulier dans votre cerveau, qui réagit plus intensément aux éléments désagréables qu'aux événements agréables d'égale intensité. Au milieu de votre crâne, le circuit central de la surréactivité comprend trois parties : l'*amygdale*, l'*hypothalamus* et l'*hippocampe*. L'amygdale, en forme d'amande, est réceptive aux événements et aux sentiments positifs, mais chez la plupart des gens elle est davantage activée par le négatif.

Souvenez-vous d'un jour où vous vous êtes senti nerveux parce que quelqu'un – un parent, un partenaire ou un collègue – s'est emporté contre vous. La colère de cette personne a activé votre amygdale un peu comme l'aurait fait l'attaque d'un lion il y a un million d'années. Pour déclencher une réaction de combat ou de fuite, votre amygdale a envoyé des signaux d'alerte à l'hypothalamus et aux centres de contrôle du *système nerveux sympathique*, situés dans le tronc cérébral. Votre hypothalamus a réclamé d'urgence de l'*adrénaline*, du *cortisol*, de la *noradrénaline* et d'autres hormones du stress. Puis votre cœur s'est mis à battre plus vite, vos pensées se sont accélérées et vous vous êtes senti ébranlé ou contrarié. Votre hippocampe a élaboré une première trace neuronale de l'expérience – ce qui s'est passé, qui a dit quoi et ce que vous avez éprouvé –, puis a contribué à sa consolidation dans les réseaux de la mémoire corticale pour vous permettre d'en tirer des leçons plus tard. Votre amygdale, connectée par l'équivalent neuronal d'une autoroute, a ordonné à l'hippocampe de stocker en priorité cette expérience stressante, gravant même à jamais la peur dans de nouveaux bébés neurones.

Cercles vicieux

Avec le temps, les expériences négatives sensibilisent encore *plus* l'amygdale au négatif. Cet effet boule de neige se produit parce que le cortisol pénètre dans le système sanguin et, donc dans le cerveau, où il stimule et renforce l'amygdale. Par conséquent, l'alarme de votre cerveau retentit plus facilement et plus fortement. Pour ne rien arranger, une fois le danger passé ou écarté, il faut de nombreuses minutes pour que le cortisol devienne inactif dans votre organisme. Par exemple, il vous est peut-être arrivé d'échapper de peu à un accident de la route et de vous sentir encore fiévreux et bouleversé vingt minutes après.

En parallèle, faisant d'une pierre deux coups, le cortisol surstimule, affaiblit et finit par tuer des cellules de l'hippocampe, qui s'atrophie peu à peu. Cela pose problème car cette dernière vous aide à relativiser les choses tout en calmant votre amygdale et en demandant à votre hypothalamus d'arrêter de réclamer des hormones de stress. Il devient donc plus difficile de mettre en perspective la seule chose qui va mal par rapport à toutes celles qui vont bien, mais également d'apaiser une amygdale et un hypothalamus emballés.

Par conséquent, le fait de vous sentir stressé, inquiet, irrité ou blessé aujourd'hui vous rend plus vulnérable à ces mêmes sentiments demain, et *encore plus* après-demain. La négativité entraîne plus de négativité en un cercle vicieux.

LA PARANOÏA DES TIGRES DE PAPIER

Un des aspects du penchant négatif du cerveau est tellement important qu'il mérite une attention particulière : le pouvoir singulier de la peur. Nos ancêtres pouvaient faire deux types d'erreur : (1) croire qu'il y avait un tigre dans les fourrés alors que ce n'était pas le cas, et (2) croire qu'il n'y avait pas de tigre dans les fourrés alors que c'était bien le cas. Le coût de la première était une anxiété superflue, mais celui de la seconde était la mort. Nous avons donc appris à commettre la première erreur un millier de fois pour éviter de commettre la seconde ne serait-ce qu'une fois.

Aujourd'hui encore, nous ne sommes pas à l'abri de la seconde erreur. Pour ma part, je devrais utiliser plus souvent du fil dentaire et je conduis trop vite. Une des variantes consiste à évaluer avec trop d'optimisme des bénéfices potentiels par rapport à des coûts : par exemple, un grand nombre de gens qui rêvent de gagner au Loto ou de devenir des stars du rock surestiment leurs chances d'atteindre leurs objectifs. Mais, en général, la configuration par défaut du cerveau incite à *sur*estimer les menaces, à *sous*-estimer les opportunités, mais aussi les ressources qui permettent de gérer les menaces et de saisir les opportunités. Ensuite, nous actualisons ces convictions par des informations qui les confirment, tout en ignorant ou en rejetant celles qui les infirment. Il y a même des régions de l'amygdale spécifiquement conçues pour empêcher d'oublier la peur, en particulier lorsqu'elle est liée à des expériences de l'enfance. En conséquence, nous nous préoccupons de menaces qui sont en réalité plus faibles ou plus gérables que nous ne le craignions, tout en négligeant des opportunités qui sont en réalité plus grandes que nous ne l'espérons. En fait, notre cerveau est sujet à la paranoïa des tigres de papier.

Bien que ces tendances aient un fondement biologique, elles sont intensifiées par de multiples facteurs. Songez à votre tempérament. Certaines personnes (comme moi) sont par nature plus anxieuses que d'autres. Songez également à votre histoire personnelle. Les expériences alarmantes ou douloureuses, en particulier traumatisantes, nous rendent naturellement plus craintifs. Si vous avez grandi dans un quartier dangereux, entre des parents coléreux ou imprévisibles, et que vous avez été harcelé à l'école, il est normal de rester sur vos gardes même si vous habitez désormais un lieu sûr et que vous êtes entouré de gens bienveillants. Votre situation actuelle compte également. Peut-être vivez-vous avec quelqu'un qui s'emporte sans raison ou vous sentez-vous harcelé au bureau. L'économie n'est pas en reste. Il est logique de se sentir perturbé quand l'argent vient à manquer et que le quotidien est soumis à toutes sortes d'accélérations et de pressions. À travers l'histoire, les politiques ont joué sur les peurs pour s'emparer du pouvoir ou le conserver.

Et vous, quelle est votre expérience de la peur ? Elle peut aller de la vigilance, la prudence, l'appréhension et l'inconfort à l'inquiétude, l'anxiété, l'obsession, la panique et la terreur. Et quel rôle joue-t-elle dans votre vie ? Quand nous sommes apeurés, nous faisons de plus petits rêves, nous parlons moins librement, nous nous accrochons plus fermement au « nous » et nous éprouvons plus de crainte et de colère envers « eux ». Parce que les autres sont tout aussi vulnérables au pouvoir de la peur, les actes que nous commettons quand nous sommes effrayés leur semblent menaçants, de sorte qu'ils réagissent excessivement, attisant plus que jamais la peur en nous.

VELCRO ET TEFLON

Le penchant négatif affecte également la construction des structures de votre cerveau. Voici pourquoi. Comme nous l'avons vu, ce qui traverse votre esprit change votre cerveau. Il en résulte deux types d'apprentissage, deux types de mémoire : *explicite* et *implicite*. La mémoire explicite contient tous vos souvenirs personnels, qu'il s'agisse d'éléments de votre enfance ou de ce qui s'est passé il y a dix minutes. Plus vous remontez dans le temps, plus ces souvenirs tendent à se colorier positivement. Ainsi, lorsque je repense à la longue marche que j'ai faite à Yosemite il y a quelques années, je sais pertinemment que mes chaussures trop étroites devaient me faire atrocement souffrir, mais tout ce qui me revient, c'est le bonheur d'être au sommet avec mes amis. La mémoire explicite inclut également ce qu'on appelle « le savoir déclaratif », c'est-à-dire une sorte d'encyclopédie contenant par exemple la définition d'une bicyclette, la forme de la Terre ou votre numéro de sécurité sociale.

La mémoire implicite comprend « le savoir procédural », c'est-à-dire comment faire les choses, qu'il s'agisse de monter sur la bicyclette en question ou de mener une conversation délicate avec un ami. Elle contient aussi vos suppositions et vos attentes, vos résidus émotionnels d'expériences vécues, vos modèles de relation, vos valeurs et vos penchants, de même que toute l'atmosphère intérieure de votre esprit. Elle s'apparente à un vaste entrepôt où sont stockés la plupart de vos forces intérieures, mais également vos sentiments d'inaptitude, vos aspirations inassouvies, vos postures défensives et vos douleurs anciennes. Ce qui se retrouve dans cet entrepôt sous-tend la manière dont vous vous sentez et fonctionnez. Ce contenu a généralement beaucoup plus d'impact sur votre vie que celui de la mémoire explicite.

Malheureusement, un *penchant* négatif affecte la formation de la mémoire implicite. Les expériences inconfortables sont conduites directement aux entrepôts de la mémoire : chat échaudé craint l'eau froide. En général, nous tirons plus rapidement des leçons de la douleur que du plaisir. Ce que nous n'aimons pas s'acquiert plus vite que ce que nous aimons. Dans les relations, la confiance se perd beaucoup plus facilement qu'elle ne se regagne. On se souvient mieux d'un fait déplaisant sur quelqu'un, d'où la publicité négative dans les campagnes électorales. Que ce soit dans le cadre familial ou des relations internationales, de vieux griefs alimentent des conflits persistants. Il suffit d'avoir eu l'impression d'être inutile à quelques reprises pour créer un sentiment d'impuissance – qui est un des facteurs majeurs de la dépression – et il faut généralement beaucoup plus de contre-expériences d'efficacité pour se sentir de nouveau confiant et compétent. D'une manière ou d'une autre, les états mentaux négatifs se transforment aisément en traits neuronaux négatifs.

À l'inverse, à moins qu'elles ne soient intenses ou originales, la plupart des bonnes nouvelles ont peu, voire aucun effet durable sur les systèmes de la mémoire implicite du cerveau. Ce phénomène a trois explications. Premièrement, nous avons tendance à négliger les bonnes nouvelles parce que nous sommes trop occupés à régler des problèmes ou à rechercher des sujets d'inquiétude. Nous sommes entourés de faits positifs ordinaires – des oiseaux qui chantent, des gens qui sourient, des cœurs qui battent –, mais nous leur accordons peu d'attention. Deuxièmement, quand nous reconnaissons un fait positif, nous le transformons rarement en une *expérience* positive. Nous terminons une tâche (fait positif), mais passons à la suivante sans nous imprégner de ce que nous avons accompli. Quelqu'un nous offre un compliment, mais nous le repoussons. Nous entendons les enfants rire, mais nous ne nous en réjouissons pas.

Troisièmement, quand vous reconnaissez un fait positif et qu'il se mue en bonne expérience, il n'est sans doute pas converti en structure neuronale, entreposé dans la mémoire implicite. À moins qu'il ne s'agisse de moments extraordinaires, les expériences positives empruntent les systèmes de mémorisation classiques, où les nouvelles informations doivent être conservées suffisamment longtemps dans des zones tampons pour ensuite être transférées dans celles à long terme. « Suffisamment longtemps » signifie au moins quelques secondes, bien que cela dépende de l'expérience et de la personne. Quoi qu'il en soit, plus c'est long, plus c'est bon. En réalité, vous devez *maintenir* votre esprit sur les expériences positives si vous voulez qu'elles façonnent votre cerveau.

Mais, combien de fois prolongeons-nous une expérience positive pendant cinq, dix ou vingt secondes d'affilée ? Voire plus ? Ce n'était certainement pas mon cas avant que je comprenne combien il est important de s'imprégner délibérément de ce qui est bon et de combler progressivement le trou dans mon cœur. Imaginez qu'un fait se soit produit et que vous vous sentiez serein, satisfait ou aimé. Le plus souvent, resteriez-vous ouvert à ce sentiment pendant dix secondes (par exemple), en le maintenant en vie dans votre conscience, en pénétrant en lui comme il pénètre en vous ? Pour la plupart des gens, non. Pourtant, si vous ne le faites pas, une grande partie, voire la totalité de la valeur de cette expérience est perdue. Votre cerveau agit comme du Velcro sur les expériences négatives, mais du Teflon sur les positives.

EFFORTS VAINS

À moins que vous ne vous imprégniez consciemment d'une bonne expérience, elle traverse votre cerveau comme de l'eau dans une passoire, en ne laissant que peu de bienfaits derrière elle. (Alors que vos mauvaises expériences seront retenues par le penchant négatif de la mémoire implicite.) L'expérience aura été agréable, mais pour la construction de structures neuronales, elle aurait pu tout aussi bien ne jamais exister. C'est la principale faiblesse de la plupart des programmes formels de gestion du stress, de développement de la personnalité des enfants, de coaching, de formations aux ressources humaines, à la pleine conscience et à la compassion, mais également des psychothérapies et des traitements contre la drogue et l'alcool. De manière informelle, les dirigeants, les éducateurs et les parents sont confrontés au même problème. À l'aide de compétences et d'efforts, nous créons des états mentaux bénéfiques. Chaque fois que c'est le cas, nous nous sentons bien sur le moment. Mais, le plus souvent, nous ne prenons pas systématiquement les quelques secondes de plus qui sont nécessaires pour *installer* ces expériences dans le cerveau. Et je suis le premier concerné. En tant que thérapeute, j'ai été troublé et pris d'humilité quand je me suis rendu compte qu'une vaste partie des pensées et des émotions positives à laquelle j'aidais mes clients à accéder ne leur offrait que peu de bienfaits durables.

Les effets du penchant négatif sont également frustrants et décourageants pour les « novices » – dont je fais aussi partie. Vous pouvez être dans un cadre structuré (par exemple, une formation au leadership, les Alcooliques anonymes, un cours de parentalité) ou simplement chercher de manière informelle à être moins inquiet, déprimé ou stressé. Vous travaillez dur pour déclencher des éléments positifs dans votre esprit – un sentiment de calme, de bonheur ou de guérison –, et puis, quelques heures plus tard (voire plus tôt, malheureusement), c'est comme s'il ne s'était rien passé. En quelque sorte, cela revient à faire rouler une grosse pierre jusqu'en haut d'une colline pour finir par la voir dévaler aussitôt la pente.

Nous ne sommes pas responsables du penchant négatif. Nous ne l'avons pas créé. Pourtant, nous *pouvons* le gérer.

NIVELER LE TERRAIN DE JEU

Le penchant négatif ne vous interdit pas d'être heureux. Mais, si vous l'êtes, c'est malgré lui. Il s'agit d'un *penchant*, prêt à s'activer en fonction des événements. Quand vous vous sentez bien, il attend en coulisses, guettant une occasion de vous rendre mal à l'aise. Quand vous vous sentez mal, il empire les choses.

Ce phénomène crée deux types de problème. Premièrement, il *accroît le négatif*. Il attire votre attention sur ce qui est, ou pourrait être, mauvais, vous incite à réagir excessivement et stocke l'expérience négative dans la mémoire implicite. Il crée également des cercles vicieux à l'intérieur de votre cerveau et dans vos relations avec autrui. De différentes manières, il aggrave votre stress et vos inquiétudes, vos frustrations et vos irritations, vos blessures et vos peines, votre sentiment de ne pas être à la hauteur et les conflits avec les autres.

Deuxièmement, ce penchant négatif *atténue le positif.* Il détourne votre attention des faits positifs qui vous entourent. Il vous incite à réagir mollement aux éléments agréables que vous notez. Et il laisse glisser les bonnes expériences sur votre esprit, en n'en laissant que peu de trace, voire aucune. Il s'agit d'une sorte de goulot qui permet difficilement au bonheur de pénétrer dans le cerveau.

Le taux d'intérêt d'un compte épargne détermine combien vous gagnez chaque jour sur le plan financier. Que préféreriez-vous ? Un taux bas ou un taux élevé ? De même, le *taux de conversion* des états mentaux positifs en traits neuronaux détermine combien vous gagnez chaque jour sur le plan psychologique. Là encore, que préféreriez-vous ? Un taux bas ou un taux élevé ? Malheureusement, le penchant négatif réduit ce taux de conversion, et donc vos gains dans la vie, à savoir votre bonheur, vos apports aux autres et votre succès.

En réalité, il bénéficie à la survie immédiate, mais nuit à la qualité de vie, aux relations paisibles et épanouissantes, et à une santé mentale et physique durable. C'est la configuration par défaut du cerveau de l'âge de la pierre. Si nous ne le prenons pas en main, c'est lui qui continuera à nous prendre en main.

Quand nous nous inclinons vers le positif, nous ne faisons que niveler le terrain de jeu. S'imprégner de ce qui est bon permet de corriger les deux tendances du penchant négatif en diminuant les émotions, les pensées et les actes négatifs, tout en augmentant leurs pendants positifs.

Et, au fil du temps, cette pratique peut vous aider à constater que vos besoins fondamentaux de sécurité, de satisfaction et de connexion sont finalement comblés. Nous verrons en détail comment la mettre en œuvre dans le chapitre suivant.

À RETENIR

- À travers l'histoire, les gens se sont interrogés sur les origines de la souffrance et du bonheur tels qu'ils apparaissaient dans l'*esprit*. Aujourd'hui, nous commençons à comprendre comment nos expériences sont produites par les structures et les processus sous-jacents du *cerveau*.

- Le système nerveux évolue depuis 600 millions d'années, et les solutions aux problèmes de survie que rencontraient les reptiles, les mammifères, les primates et les humains sont encore actives dans votre cerveau aujourd'hui.

- Pour survivre et transmettre leurs gènes, nos ancêtres devaient être particulièrement attentifs aux dangers, aux pertes et aux conflits. Par conséquent, le cerveau a développé un penchant négatif, qui guette les mauvaises nouvelles, réagit intensément à leur présence et s'empresse de stocker l'expérience dans des structures neuronales. Nous pouvons tout de même être heureux, mais cette tendance engendre une vulnérabilité durable au stress, à l'anxiété, à la déception et aux peines.

- Un des aspects clés du penchant négatif est le pouvoir singulier de la peur. Nous surestimons systématiquement les menaces et sous-estimons les opportunités et les ressources. En parallèle, les expériences négatives sensibilisent le cerveau au négatif, créant un cercle vicieux qui le rend plus vulnérable aux expériences négatives.

- Les forces intérieures, comme le bonheur et la résilience, viennent essentiellement d'expériences positives. Mais, à moins de leur porter une attention consciente et soutenue, la plupart des expériences positives traversent notre cerveau comme de l'eau dans une passoire. Elles sont momentanément agréables, mais ont un impact limité sur les changements de structures neuronales. Le cerveau agit comme du Velcro sur les expériences négatives, mais du Teflon sur les expériences positives.

- Bien que le penchant négatif soit propice à la survie dans un environnement rude, il nuit à la qualité de vie, aux relations épanouissantes, au développement personnel et à la santé à long terme. Il nous incite à tirer des leçons excessives des expériences négatives et à négliger celles des expériences positives.

❁ Le meilleur moyen de compenser le penchant négatif est de s'imprégner régulièrement de ce qui est bon.

3

Cerveau vert, cerveau rouge

Les êtres humains s'interrogent de longue date sur la nature humaine – des poètes antiques aux gens comme vous et moi, qui contemplent les océans ou les étoiles en se demandant : *Qui suis-je ?* La réponse importe pour plusieurs raisons.

Si nous sommes fondamentalement enclins au combat et à la fuite, à l'avidité et aux addictions, à l'envie et à la mesquinerie, alors nous avons besoin de figures d'autorité puissantes, de règles strictes, d'une culpabilité et d'une honte pesantes pour nous mettre au pas. À l'inverse, si par nature nous sommes équilibrés, reconnaissants et chaleureux, alors nous pouvons vivre plus librement, guidés par notre conscience et notre bienveillance.

Il y a encore peu de temps, les réponses aux questions fondamentales sur la nature humaine reposaient très rarement sur des faits. Mais les recherches en neuropsychologie évolutionniste et dans d'autres domaines associés commencent à offrir quelques pistes claires pour générer un sentiment *durable* de sécurité, d'épanouissement et de proximité aimante. Je vous propose donc d'explorer les trois systèmes d'exploitation de notre cerveau, les deux configurations de ces systèmes et une pratique – s'imprégner de ce qui est bon –, qui peuvent vous ramener chez vous, à votre base de départ, celle du bonheur. Ces informations peuvent être parfois un peu techniques, mais j'espère que vous trouverez comme moi qu'elles sont un moyen réellement utile – et encourageant – de mieux vous comprendre et de mieux comprendre les autres. Puis, à partir du prochain chapitre, nous aborderons des méthodes très concrètes pour transformer des expériences quotidiennes en bonheur durable et en d'autres forces intérieures.

TROIS SYSTÈMES D'EXPLOITATION

Pour simplifier un processus long et complexe, votre cerveau s'est développé en trois étapes associées plus ou moins aux phases reptilienne, mammifère et primate/humaine de l'évolution. Ces trois couches cérébrales ont été bâties de bas en haut, comme les trois étages d'une maison. Votre *tronc cérébral* s'élève à partir de votre moelle épinière. En plus de gérer des fonctions de survie fondamentales, telle la respiration, il stimule et guide le comportement. Le sous-cortex surmonte votre tronc cérébral et s'étend dans la partie médiane de votre crâne. C'est le centre des émotions, de la motivation et du lien. Le *cortex*, qui est la coquille externe de votre cerveau, permet le raisonnement abstrait, les réflexions sur le passé et l'avenir et des compétences sociales clés, comme l'empathie, le langage et la planification coopérative.

Par ailleurs, presque en parallèle de l'édification de ces trois étages, le système nerveux autonome s'est mis à évoluer, ainsi que le très important *nerf vague*. La partie la plus ancienne du nerf vague contribue à l'aile *parasympathique* de votre système nerveux autonome, qui apaise et inhibe, et peut inciter au retrait ou à l'immobilisation en cas de menace. L'aile *sympathique*, qui participe mais s'oppose souvent à l'influence du système parasympathique et à la première partie du nerf vague, est stimulante et excitante : elle favorise à la fois la recherche soutenue d'opportunités et la réaction de combat ou de fuite en cas de menace. La partie la plus récente et exclusivement mammifère du nerf vague participe au « système d'implication sociale ». Ses ramifications descendent jusqu'au cœur et d'autres organes et montent jusqu'au larynx et à la tête pour moduler votre ton et guider vos expressions faciales.

L'évolution du cerveau s'est accompagnée de celle de ses capacités à assouvir nos trois besoins fondamentaux – *sécurité*, *satisfaction* et *connexion* – trois « systèmes d'exploitation » destinés respectivement à *éviter* les dangers, *s'approcher* des récompenses et *s'attacher* aux autres. (Pour ce modèle, j'ai adapté le travail influent de Paul MacLean, Jaak Panksepp, Stephen Porges, Paul Gilbert et E. Tory Higgins.) Cela peut paraître compliqué, mais la vie quotidienne nous offre un grand nombre d'exemples simples. Imaginez que vous alliez dîner au restaurant avec un(e) ami(e). En cours de route, vous évitez des dangers, comme brûler un feu rouge. Une fois assis à votre table, vous vous approchez de récompenses, comme un plat appétissant. Et en parlant avec votre ami(e), vous vous sentez plus connecté, plus attaché à lui ou à elle.

En résumé, d'une manière générale, votre système d'évitement est lié au tronc cérébral, à la section la plus ancienne du nerf vague, au système nerveux parasympathique et aux étapes les plus précoces de l'évolution des vertébrés impliquant les poissons, les amphibiens et les reptiles. Votre système de recherche est lié au sous-cortex, au système nerveux sympathique et à l'étape mammifère de l'évolution. Et votre système d'attachement aux autres est lié au cortex, à la section la plus récente du nerf vague et à l'étape primate, et surtout humaine, de l'évolution. (Pour compliquer les choses, le système nerveux sympathique peut aussi servir à éviter des dangers grâce à la réaction de combat ou de fuite, et certains comportements sociaux complexes sont certainement favorisés par l'étape mammifère de l'évolution.) C'est un peu ridicule, mais pour simplifier les choses, j'imagine que mon esprit contient une sorte de lézard, de souris et de singe symbolisant les systèmes d'évitement, de recherche et d'attachement. Nous assouvissons nos besoins fondamentaux de sécurité, de satisfaction et de connexion quand nous caressons – métaphoriquement – le lézard, nourrissons la souris et étreignons le singe.

Bien entendu, ce genre d'images n'est pas à prendre trop au sérieux. Aujourd'hui, les trois systèmes d'exploitation – évitement, approche et attachement – utilisent l'ensemble de votre cerveau pour atteindre leurs objectifs : ils sont définis par les *fonctions* qu'ils exercent, non par leur anatomie. Bien que ces fonctions soient ancrées dans des impératifs biologiques ancestraux – nager loin d'un prédateur, manger une carotte, faire un bébé –, elles se manifestent aujourd'hui sous des formes qui auraient stupéfié un homme des cavernes, sans parler d'un poisson rouge, d'un spermophile ou d'un gorille. Ainsi, le système d'attachement aux autres peut se mettre en branle dans des situations aussi variées les unes que les autres : une élève qui se maquille avant un bal de promo, des bonobos qui s'épouillent, des campagnols qui présentent des niveaux d'ocytocine élevés en présence de leur partenaire ou un saumon qui remonte un cours d'eau pour frayer. En réalité, vous expérimentez la vie depuis l'intérieur d'une maison bâtie au fil de centaines de millions d'années.

Chaque système d'exploitation dispose de son propre éventail d'aptitudes, d'activités mentales et de comportements : pour plus de détails, veuillez vous reporter au tableau 1, « Caractéristiques des systèmes d'évitement, de recherche et d'attachement ». Un système peut utiliser les deux autres pour atteindre ses objectifs. Par exemple, pour éviter que quelqu'un ne pénètre chez vous par effraction, vous pouvez vous rendre dans une quincaillerie pour vous procurer un verrou et avoir un gros chien. Deux ou trois systèmes peuvent fonctionner en même temps. Au supermarché, vous pouvez plaisanter avec votre bambin installé dans le chariot (attachement) tout en faisant vos achats (approche), mais en vous tenant à l'écart du rayon cookies (évitement).

Tableau 1 : Caractéristiques des systèmes d'évitement, de recherche et d'attachement

Caractéristiques	Évitement	Recherche	Attachement
Besoin	Sécurité	Satisfaction	Connexion
Défi	Menace	Perte	Rejet
En charge des	Risques	Opportunités	Relations
Priorités	Éviter les régressions	Favoriser les améliorations	Sexualité, intimité, estime de soi
Apprécie chez les autres	Assurance	Encourage-ment	Cordialité
Capacités	Immobilisa-tion, combat, fuite	Recherche, quête soutenue	Empathie, lien, langage
Penchant compor-temental	Prudence, inhibition, retrait	Enthousiasme, excitation, poursuite	Sociabilité, lien, affection
Systèmes de neuro-transmetteurs clés	Acétylcholine	Dopamine, opioïdes	Ocytocine, vasopressine
Partie du nerf vague	Première		Seconde
Aire clé du cerveau	Hémisphère droit ; moins d'activation du préfrontal gauche	Hémisphère gauche ; plus d'activation du préfrontal gauche	« Système d'engage-ment social »

J'ai constaté qu'il était très utile de prendre davantage conscience des moments où l'un de mes besoins fondamentaux – sécurité, satisfaction et connexion – était pris en compte, des sentiments que j'éprouvais quand ce système était à l'œuvre et (comme nous l'examinerons dans le prochain chapitre) des moyens de m'imprégner des expériences particulièrement favorables à ce système. Les systèmes d'évitement, de recherche et d'attachement gèrent notre manière d'affronter les défis, et organisent et dirigent la plupart de nos expériences et de nos actes. Ils s'apparentent en quelque sorte à des chefs d'orchestre – et opèrent sur deux modes distincts dont la portée est *considérable*.

LE MODE RÉCEPTIF

Imaginez une journée où vous vous sentez globalement bien. Après avoir ouvert les yeux, vous passez quelques minutes au lit à songer vaguement à une partie des gens que vous allez voir et des choses que vous allez faire aujourd'hui. Vous vous retrouvez coincé dans des embouteillages en allant au bureau, mais vous ne résistez pas : vous écoutez simplement la radio sans laisser les autres conducteurs vous perturber. Votre travail ne vous passionne peut-être pas, mais aujourd'hui vous vous focalisez sur le sentiment d'accomplissement que vous procure chaque tâche effectuée. Sur le chemin du retour, votre compagne (ou compagnon) vous appelle pour vous demander de passer à l'épicerie : ce n'est pas ce que vous préférez après une longue journée de travail, mais vous vous rappelez que vous n'en avez que pour quinze minutes. Le soir, vous attendez avec impatience une de vos émissions de télévision préférées et vous la regardez avec plaisir.

À présent, reprenons le même scénario, mais en l'abordant d'une manière différente. Après avoir ouvert les yeux, vous passez quelques minutes au lit à imaginer avec pessimisme la journée qui vous attend et à vous dire que vous allez vraiment vous ennuyer au bureau. Aujourd'hui, la circulation vous agace particulièrement, et lorsqu'une voiture vous brûle la priorité, vous vous emportez et donnez des coups de klaxon. Vous n'avez toujours pas digéré l'incident quand vous vous mettez au travail, et pour ne rien arranger, un nombre incalculable de tâches routinières vous attend. À la fin de votre journée, vous vous sentez éreinté et refusez de faire la moindre corvée supplémentaire. Votre compagnon (ou compagne) appelle pour vous demander de passer à l'épicerie. Vous trouvez qu'il/elle exagère, mais vous vous exécutez sans broncher. Ensuite, vous passez la soirée à bouillonner parce que vous avez l'impression de tout faire à la maison. C'est l'heure de votre émission préférée, mais vous avez du mal à l'apprécier, car vous vous sentez trop irrité et fatigué.

Au cours de ces deux journées, les mêmes choses se sont produites. La différence vient de la manière dont votre cerveau les a gérées – la *configuration* qu'il a utilisée.

Chacun des systèmes d'exploitation de votre cerveau affiche essentiellement deux réglages : *réceptif* et *réactif*. Aussi longtemps que vous sentez qu'un besoin fondamental est satisfait, le système qui le gère reste en mode réceptif. Quand vous vous sentez en sécurité, votre système d'évitement adopte le mode réceptif, d'où l'apparition de sentiments de détente, de calme et de paix. Quand vous vous sentez satisfait, votre système de recherche passe en mode réceptif, provoquant des sentiments de gratitude, de joie, d'accomplissement et de contentement. Et quand vous vous sentez connecté, votre système d'attachement aux autres devient également réceptif, suscitant des sentiments d'appartenance, d'intimité, de compassion, de bienveillance, d'estime de soi et d'amour. Pour faire simple, c'est ce que j'appelle la configuration « verte » de votre cerveau.

Quand vous êtes sur le mode réceptif, vous répondez aux défis sans les transformer en *facteurs de stress*. Des événements se produisent, mêmes difficiles, mais une sorte d'amortisseur les empêche de vous perturber. Vous gérez les menaces, les pertes ou les rejets sans vous laisser emporter par la peur, la frustration ou le chagrin. Vous êtes toujours engagé dans la vie, et il vous arrive même de faire face à des situations très pénibles, mais en prenant appui sur un sentiment sous-jacent de sécurité, d'épanouissement et de considération.

En d'autres termes, quand votre cerveau n'est pas *perturbé* par les menaces, les pertes ou les rejets, il adopte son état de repos, son mode réceptif. Des systèmes neurochimiques impliquant l'*ocytocine* et des *opioïdes* naturels, des régions tel le *cortex cingulaire subgénual*, et des réseaux neuronaux tel le système nerveux parasympathique (SNP), déclenchent et maintiennent cette configuration équilibrée, durable, *homéostatique*. Dans cet état, vous vous sentez souvent à l'aise, détendu et relativement calme, tandis qu'une activation modérée à haute du SNP ralentit le rythme cardiaque, diminue la pression artérielle, favorise la digestion et régénère votre corps, votre cerveau et votre esprit. En stimulant davantage le système nerveux sympathique, il est également possible d'être actif et dynamique sur le mode réceptif. Les mammifères, dont les humains, deviennent chaleureux, espiègles, curieux et créatifs lorsqu'ils se sentent en sécurité, satisfaits et connectés. Quand les voyants lumineux de votre tableau de bord cérébral sont au vert, vous ne renoncez pas à être fort et déterminé, à vous affirmer, à poursuivre vos objectifs avec enthousiasme, à lutter contre les injustices, à vivre avec passion, à faire l'amour, à créer des œuvres d'art, à encourager vos enfants et à hurler joyeusement à la lune avec vos amis. Que vous soyez calme ou actif, vos émotions sur ce mode demeurent en général positives.

Le tableau 2 récapitule les principales caractéristiques du mode réceptif des systèmes d'évitement, de recherche et d'attachement. Quand votre cerveau adopte ce fonctionnement, vous n'êtes ni sous pression ni épuisé : rien n'est détraqué. Il règne un sentiment d'aise, de confort, d'harmonie durable. Les choses ne sont peut-être pas formidables, mais elles sont satisfaisantes, et vous allez globalement bien. Vous connaissez cet état, car c'est ce que vous ressentez quand vous êtes au repos, quand rien de fondamental ne vous manque ou ne vous perturbe. C'est votre base de départ naturelle, votre maison. Vous n'avez pas à vous démener pour y parvenir. Quand la peur, la frustration ou la douleur finissent par cesser, vous regagnez rapidement votre base, ce ravissant pré verdoyant qui a toujours été là, même si le brouillard et les ombres d'un esprit troublé l'ont dissimulée pendant quelque temps. C'est ce que vous êtes au plus profond de vous-même – ce qui devrait vous réconforter et vous stimuler à la fois.

Tableau 2 : Le mode réceptif des systèmes d'évitement, de recherche et d'attachement

Caractéristique	Évitement	Recherche	Attachement
Perception de soi	Sécure	Satisfait	Connecté
Vision du monde	Protection	Satiété	Inclusion
Posture	Confiant	Épanoui	Lié
Mode de gestion	Affirmation	Aspiration	Prévenance
Actes associés	Dignité, gravité, retenue	Générosité, créativité	Empathie, compassion, bienveillance, coopération, affection
Expérience centrale	Paix	Contentement	Amour
Sentiments associés	Force, calme, détente, tranquillité, puissance d'action, efficacité	Gratitude, joie, enthousiasme accomplissement, succès	Être vu, aimé, apprécié, digne, chéri, spécial

QU'IL EST BON D'ÊTRE CHEZ SOI

Votre cerveau est le premier régulateur de votre organisme. En mode réceptif, il demande à votre corps de conserver de l'énergie, de se ravitailler et de se réparer. Nos ancêtres ont développé cette configuration cérébrale pour prévenir, gérer, conclure et surmonter des pics d'activités stressants, épuisants et dommageables. Par exemple, les *endorphines*, d'autres opioïdes naturels, et le *monoxyde d'azote*, qui sont libérés quand votre cerveau bascule dans le vert, tuent des bactéries, soulagent la douleur et réduisent les inflammations. Contrairement aux processus pathogènes, le mode réceptif améliore la santé – il est *salutogène*. Les expériences de type réceptif préparent votre esprit, votre cerveau et votre corps à faire face aux défis à venir sans vous faire de mal. Si le mode réceptif est devenu agréable au fil de l'évolution, c'est pour inciter nos ancêtres à le rechercher. Il provoque de bonnes sensations parce qu'il est *bon*.

Quand votre esprit est dans la zone verte, vos réseaux neuronaux ne sont plus en état de déficit ou de perturbation et votre hypothalamus est moins actif. Dès que ce régulateur central de la soif, de la faim, du désir sexuel et d'autres besoins s'apaise, le sentiment de manque, de pression et d'exigence s'atténue aussi. Dans l'ensemble de votre cerveau, il y a de moins en moins de place pour l'aversion, l'avidité et le besoin de s'accrocher aux choses : en un mot, le *désir irrépressible*, au sens large. Quand les motivations liées aux déficits et aux perturbations déclinent, elles entraînent avec elles l'inquiétude et l'irritabilité, la déception et l'obsession, les blessures et la honte. Et quand vous occupez de plus en plus pleinement le mode réceptif, les causes biologiques sous-jacentes du stress, de la peur, de la frustration et du chagrin – la souffrance, là encore, au sens large – cessent peu à peu.

Si vous vous sentez globalement protégé et fort, épanoui et reconnaissant, respecté et aimé, vous êtes plus enclin à l'impartialité, à la compassion et à la générosité envers les autres. Votre bienveillance naturelle, qui n'est plus obstruée, peut s'écouler librement, nourrie par le sentiment que suscite la satisfaction de vos propres besoins fondamentaux.

Le cerveau vert est contagieux. Quand vous venez d'un lieu réceptif, vous donnez aux autres l'envie d'y aller aussi. Quand vous n'êtes pas irrité, agressif ou déficient, vous avez moins de risques de provoquer les autres. Et réciproquement, quand vous êtes centré, les autres ont plus de mal à vous provoquer. Des cercles vertueux s'élargissent. Lorsqu'une relation « se met au vert », elle n'est pas à l'abri de malentendus, de secousses et de conflits, mais ces derniers sont gérés de manière réceptive. On peut aussi adopter ce genre d'attitude en famille, dans des groupes et des organisations. Il reste toujours des défis à affronter, des rivalités et des conflits continuent d'apparaître, mais sur un socle d'empathie et de bienveillance.

Votre état de repos naturel, le mode réceptif du cerveau, est à la base même de la guérison psychologique, du bien-être et de l'efficacité au quotidien, d'une vie saine et longue, des relations épanouissantes et de la réalisation des plus grandes potentialités humaines. Et chaque fois que vous vous imprégnez de ce qui est bon et que vous constatez que vos besoins fondamentaux sont satisfaits, vous renforcez les substrats neuronaux de ce mode de fonctionnement. Vous pouvez même sensibiliser votre cerveau aux expériences positives pour qu'il les transforme de plus en plus rapidement en structures neuronales.

DU VELCRO SUR LE POSITIF

Au cours de l'évolution, nos ancêtres devaient se montrer réceptifs aux choses qui comptaient, qui étaient *saillantes*. Est-ce un bâton ? Passons notre chemin. Est-ce une carotte ?

Approchons-nous. Est-ce un membre amical de mon espèce ? Attachons-nous. En conséquence, le cerveau a développé un *réseau de saillance* (aussi appelé système d'activation réticulaire) qui réagit aux bonnes nouvelles, comme le visage d'un ami, et aux mauvaises nouvelles, comme une odeur de fumée à l'intérieur d'un bâtiment. Ce réseau vous indique ce qui est pertinent, ce dont vous devriez vous occuper et vous souvenir. Ses messages guident le *réseau de contrôle exécutif*, centré dans le cortex préfrontal, derrière et au-dessus du front, qui façonne vos actes, vos mots et vos pensées.

Si vous êtes stressé, votre réseau de saillance devient plus réceptif aux mauvaises nouvelles. Vous voilà donc en alerte *rouge*. Cette sensibilisation négative peut vous aider à survivre, mais elle provoque un mal-être chez vous et vous incite à réagir de manière excessive. À l'inverse, en vous imprégnant de ce qui est bon, vous pouvez sensibiliser votre réseau de saillance aux bonnes nouvelles, en le mettant au *vert*.

Il y a différentes manières de rendre votre cerveau plus sensible au positif. Les parties supérieures et frontales de votre *cortex cingulaire* s'apparentent à une sonnette d'alarme interne qui se déclenche si vous déviez d'un objectif ou d'un projet (« revenons plutôt à nos moutons »). En cherchant régulièrement des occasions de vous imprégner de ce qui est bon, vous pouvez exercer ces zones cérébrales à vous diriger encore et encore vers des expériences positives. Ou prenez le cas de l'insula, qui « écoute » en permanence votre organisme tout en indiquant au cerveau comment il va. Les fonctions centrales de votre organisme s'en sortent généralement très bien, même s'il y a quelques douleurs ou des problèmes de digestion. En suscitant régulièrement un état de bien-être physique léger mais agréable, par exemple en ressentant à quel point l'air que vous respirez est abondant, vous pouvez sensibiliser votre insula à une expérience positive accessible à chaque souffle, mais viscéralement importante.

Et, bien entendu, il y a l'amygdale qui, à de nombreux égards, est le centre du réseau de saillance. Elle réagit aux bonnes comme aux mauvaises nouvelles. Si elle était moins sensible au négatif, vous vous sentiriez moins anxieux ou furieux, mais vous ne seriez pas fondamentalement plus heureux. Pour renforcer votre bonheur, vous devez la rendre plus réactive au *positif*. Pour reprendre l'expression de Will Cunningham, il vous faut « une amygdale joyeuse ».

En termes d'activation, l'amygdale semble suivre trois schémas différents. Certaines personnes réagissent de manière aussi forte aux stimuli positifs que négatifs. D'autres ont une « amygdale grincheuse », c'est-à-dire plus réceptive aux stimuli négatifs que positifs : chez ces sujets, les risques et les douleurs ont plus d'impact que les opportunités et les plaisirs. Enfin, chez d'autres encore, l'amygdale est plus réactive aux stimuli positifs que négatifs. Ces individus – ceux qui possèdent une amygdale joyeuse – s'attachent plus à développer ce qui est agréable qu'à éviter ce qui est désagréable (on parle alors de « tendance à l'approche », qui s'avère bénéfique à plus d'un titre pour la santé physique et mentale, les relations et le succès). Ils présentent également des émotions positives relativement élevées comparées aux membres des deux autres groupes. En fait, chez ces personnes plus heureuses, l'amygdale stimule davantage le *noyau accumbens*, un centre de contrôle niché dans le cerveau, qui nous incite à prendre des mesures pour réaliser nos objectifs. De fait, le bonheur nous encourage à chercher concrètement à réaliser nos rêves.

Pourquoi le cerveau aurait-il développé la capacité de rendre joyeuse une amygdale grincheuse ? Cette dernière devient très vite sensible aux expériences négatives par le biais de cercles vicieux impliquant une hormone du stress, le cortisol. Ce phénomène, qui permet de souligner les menaces, a contribué à la survie de nos ancêtres dans des milieux difficiles, transformant leur cerveau en Velcro pour le négatif. Mais dans des situations plus favorables, que ce soit dans la jungle il y a des millions d'années ou dans la vie de la plupart de nos contemporains, il serait logique, dans une optique de survie, de développer la sensibilité de l'amygdale aux expériences positives, ce qui nous aiderait à rechercher plus d'opportunités et à faire de notre cerveau du Velcro pour le positif.

Les expériences agréables, surtout si elles sont porteuses d'une certaine fraîcheur, accroissent la sécrétion d'un neurotransmetteur appelé *dopamine.* Quand vous vous imprégnez de ce qui est bon, vous prolongez la libération de la dopamine dans votre amygdale. Ces sécrétions soutenues la font réagir plus intensément aux expériences et aux faits positifs, et s'accompagnent de signaux adressés à votre hippocampe, qui signifient plus ou moins : « Retiens ça, ça en vaut la peine ! » En résumé, que ce soit à travers le cortex cingulaire, l'insula, l'amygdale ou d'autres parties des réseaux de saillance ou de contrôle exécutif, en vous imprégnant à maintes reprises de ce qui est bon, vous rendrez probablement votre cerveau plus « collant », ce qui augmentera vos expériences positives et, en un cercle vertueux, rendra votre cerveau encore plus collant.

LE MODE RÉACTIF

Et puis il y a l'autre configuration du cerveau, celle qui s'est développée pour maintenir nos ancêtres en vie lorsqu'ils se sentaient menacés, peinés ou rejetés. De multiples systèmes neuronaux scrutent en permanence toute sensation indiquant que quelque chose ne va pas, que l'un de vos trois besoins fondamentaux – sécurité, satisfaction et connexion – n'est pas satisfait. Si le mode réceptif est notre état de repos, le penchant négatif nous expose à perdre brutalement l'équilibre et à basculer dans la réactivité. Quand vous vous sentez inquiet ou exaspéré, tiraillé de tous les côtés, voire exclus ou critiqué, le mode réceptif s'en trouve perturbé et votre cerveau adopte la configuration « rouge », qui s'est développée pour permettre à nos ancêtres d'échapper aux mâchoires avides de prédateurs, de gratter la terre pour récupérer les derniers aliments disponibles et de protéger coûte que coûte leurs bébés.

Dans ce cas, l'amygdale envoie un signal d'alerte à votre hypothalamus pour qu'il libère des hormones du stress et à votre système nerveux sympathique pour qu'il déclenche une *hyper*-excitation à travers la réaction de combat ou de fuite. (Si vous avez subi un traumatisme dans le passé, l'amygdale peut au contraire entraîner une activation extrême du système parasympathique pour provoquer une *hypo*-excitation à travers l'immobilisation, l'engourdissement ou la dissociation.) Les circuits neuronaux qui, à l'origine, étaient exclusivement destinés à maintenir nos ancêtres en vie s'activent aujourd'hui dès que nous nous faisons du souci pour des questions d'argent, que nous nous sentons sous pression à cause d'un projet professionnel ou blessé par les froncements de sourcil d'un compagnon de table.

Le mode réactif présume qu'il y a urgence, si bien qu'il ne se préoccupe pas de vos besoins à long terme. Dans cet état perturbé, *allostatique* – qui peut être subtil à intense –, les ressources corporelles sont ponctionnées, les projets de construction, comme le renforcement du système immunitaire, sont suspendus, l'adrénaline et le cortisol déferlent dans le sang, et la peur, la frustration et le chagrin colorient les pensées. Parallèlement, le penchant négatif accroît le stockage des expériences négatives dans votre mémoire implicite. Au sens large, le mode réactif est la base neuronale du besoin irrépressible (issu d'un sentiment de déficience ou de perturbation, au sens où je l'entends), et donc de la souffrance et du tort qu'il inflige à vous-même et aux autres. Le tableau 3 propose un résumé des caractéristiques de cette configuration cérébrale.

Tableau 3 : Le mode réactif des systèmes d'évitement, de recherche et d'attachement

Caractéristique	Évitement	Recherche	Attachement
Perception de soi	Insécure	Insatisfait	Déconnecté
Vision du monde	Danger	Pénurie	Exclusion
Posture	Aversion	Convoitise	Séparation
Mode de gestion	Résistance	Avidité	Besoin de s'accrocher
Actes associés	Apaiser, s'immobiliser, fuir, combattre	Besoin effréné de se surpasser, addiction	Reproche, querelle, préjudice
Expérience centrale	Peur	Frustration	Chagrin
Sentiments associés	Colère, immobilité, défaite, faiblesse, accablement, impuissance	Déception, échec, tristesse, affliction	Blessure, exclusion, abandon, maltraitance, provocation, dépit, envie, jalousie, rejet, solitude, honte, inaptitude, indignité

Bloqué au rouge

Le mode réceptif est le rythme naturel, biologique, des animaux, y compris des humains. Le penchant négatif opère à l'arrière-plan, incitant à des poussées réactives occasionnelles. Ces dernières sont censées prendre très vite fin… d'une manière ou d'une autre. Le mode réactif est un écart par rapport à la base réceptive, à laquelle nous sommes conçus pour revenir le plus rapidement possible. Le simple fait de pénétrer dans la zone rouge déclenche des processus neurochimiques (impliquant des opioïdes naturels, du monoxyde d'azote et d'autres composants) destinés à nous ramener au vert, puis à nous offrir un long moment agréable de rétablissement. Même si les expériences négatives sont désagréables, aussi longtemps qu'elles suivent le schéma évolutionniste – en demeurant peu fréquentes, brèves et généralement modérées –, il est peu probable qu'elles aient des conséquences durables.

Malheureusement, une grande partie de la vie moderne malmène ce modèle ancestral. Bien que la plupart des gens ne soient plus exposés à la pression intense des prédateurs, des famines et des conflits mortels, nous sommes confrontés à une accumulation de stresseurs légers à modérés – faire plusieurs choses en même temps, absorber des flux d'informations et de stimulations denses, courir dans tous les sens, travailler de longues heures ou changer rapidement de vitesse – qui ne nous laissent plus le temps de nous rétablir à notre base réceptive. Contrairement à nos ancêtres, qui pratiquaient une activité physique régulière, notre mode de vie sédentaire ne facilite pas l'élimination du cortisol. Cette hormone du stress continue donc à circuler dans notre organisme, provoquant une augmentation de la réactivité en un cercle vicieux. Les économies modernes, caractérisées par le consumérisme, nous poussent constamment à rechercher davantage de récompenses. Les journaux débordent de souffrances et de périls contre lesquels nous sommes impuissants. Tous ces éléments placent le cerveau en alerte rouge. Ses circuits primitifs ne cessent de clignoter : *Quelque chose ne tourne pas rond, attention !* À cause du penchant négatif, ces expériences sont très vite encodées dans la structure neuronale. Et compte tenu de notre capacité unique à entretenir des strates mentales dissociées de notre environnement immédiat, un certain nombre de facteurs psychologiques intériorisés – comme la crainte de ne pouvoir faire ce qui nous est demandé en temps et en heure – peuvent prolonger considérablement le sentiment de stress bien que la difficulté ait été traitée.

Par conséquent, si le mode réactif n'est censé être qu'un bref écart par rapport à notre base d'équilibre sain, pour beaucoup d'entre nous il est devenu la nouvelle norme, une forme d'exil intérieur chronique. Cela n'a sans doute rien d'horrible – peut-être traînez-vous « simplement » un vague sentiment de pression, de persécution, de tension, d'irritabilité, d'épuisement, d'inaptitude, de malaise ou de morosité –, mais votre bien-être, votre santé et vos relations en pâtissent.

Le coût du mode réactif

Quand vous basculez dans le rouge, vos émotions s'assombrissent, vous voyez le mauvais côté des choses et vos capacités d'apprentissage sont altérées. Les ressources qui auraient pu servir au plaisir et au bien-être, à la guérison et au développement personnels, sont détournées. Vous tendez à vous replier sur vous-même, à vous museler, à revoir vos rêves à la baisse et à vous tourner vers des formes d'auto-apaisement ou d'« automédication » problématiques, comme la suralimentation, les drogues, l'alcool, les jeux vidéo et la pornographie. En parallèle, les réactions de stress interrompent les processus de construction ou de réparation à long terme de votre organisme. Vous ne vous sentez pas bien dans la zone rouge parce qu'elle n'est pas bien pour vous. Ses caractéristiques désagréables sont un signal primordial, une invitation à en sortir aussi vite que possible et à l'éviter si vous le pouvez.

Nous ne devrions pas sous-estimer l'impact croissant des expériences réactives. Au fil du temps, elles constituent des facteurs de risques de la dépression et d'autres problèmes mentaux. De nombreux troubles psychologiques impliquent une réactivité extrême dans l'un des trois systèmes d'exploitation du cerveau. Par exemple, l'anxiété généralisée, l'agoraphobie, le syndrome de stress post-traumatique (SSPT), le trouble obsessionnel compulsif (TOC), le trouble dissociatif, l'anxiété sociale et les crises de panique sont liés au système d'évitement ; l'abus de substances illicites et d'autres processus addictifs, au système de recherche; et l'attachement insécure, le narcissisme, le trouble de la personnalité borderline, le comportement antisocial, les séquelles de la maltraitance et de la négligence des enfants, au système de l'attachement.

Dans votre corps, la *charge allostatique*, c'est-à-dire le poids de plus en plus conséquent des expériences négatives, aggrave les inflammations, affaiblit le système immunitaire et use votre système cardio-vasculaire. Dans votre cerveau, elle entraîne une atrophie des neurones dans le cortex préfrontal (le centre du contrôle exécutif descendant), dans l'hippocampe (le centre de l'apprentissage et de la mémoire) et dans d'autres régions. Elle altère la *myélinisation*, l'isolation des fibres neuronales destinée à accélérer la transmission des signaux, ce qui peut affaiblir la connectivité entre différentes régions de votre cerveau et, par conséquent, les empêcher de travailler au mieux ensemble. Par exemple, vous pouvez avoir plus de mal à relativiser la situation si quelqu'un vous provoque. Le stress chronique réduit également la *neurotrophine* (le facteur neurotrophique issu du cerveau, ou BDNF), qui permet de protéger les neurones et facilite l'apprentissage, en particulier dans le cortex préfrontal.

Dans le cadre relationnel, « voir rouge » a de puissants effets négatifs. Au cours de ma vie, j'ai été profondément blessé par des gens qui m'ont rabaissé ou laissé tomber, et je sais que j'en ai blessé d'autres de manière similaire. Songez simplement à ce que vous avez ressenti quand vous avez été injustement traité ou malmené dans une relation importante. Le seul fait de considérer les autres comme « eux », y compris en l'absence de conflit, réduit notre capacité à l'empathie et augmente notre tendance à les déshumaniser et à les dévaloriser. Comparés à d'autres animaux, les humains sont particulièrement enclins à la vengeance. La réactivité nourrit le conflit, qui nourrit la réactivité, dans un cercle de plus en plus désastreux de griefs, de rancune et de représailles.

Mais prenons un peu de recul et songeons aux plus vastes implications. Le cerveau est l'organe le plus influent du corps.

L'origine principale de sa contribution à nos réactions excessives, notre tristesse, nos pathologies psychologiques, nos maladies civilisationnelles et nos problèmes relationnels est le mode réactif.

LE CHOIX

Ces deux types de fonctionnement du cerveau, réceptif et réactif, vert et rouge, sont le fondement de la nature humaine. Nous ne pouvons pas empêcher le cerveau de veiller sur nos trois besoins vitaux – éviter les dangers, s'approcher des récompenses et s'attacher aux autres –, ni remettre en cause sa capacité à adopter l'un de ses deux modes. Nous pouvons seulement choisir celui sur lequel nous sommes. (Voir le tableau 4 pour une comparaison entre les deux modes.)

Tableau 4 : Résumé des modes réceptif et réactif

Caractéristique	**Cerveau en mode réceptif**	**Cerveau en mode réactif**
Perception de soi	Sécure, satisfait, connecté	Insécure, insatisfait, déconnecté
Vision du monde	Protection, satiété, inclusion	Danger, pénurie, exclusion
Posture	Confiance, épanouissement, lien	Aversion, convoitise, séparation
Mode de gestion	Assertion, aspiration, prévenance	Résistance, avidité, besoin de s'accrocher
Métabolisme	Régénération	Épuisement
Systèmes corporels	Renforcement	Usure
Effet sur la santé	Salutogène	Pathogène
Équilibre	Stable, homéo-statique	Perturbé, allostatique
Expérience centrale	Paix, contentement, amour	Peur, frustration, chagrin

Pour survivre, les primates et les premiers humains, qui vivaient sous la menace permanente du danger et de la douleur, de la faim et du deuil, de l'agression et de l'humiliation sociale, ont développé un cerveau enclin au désir irrépressible et à la souffrance. À une époque où les conditions étaient rudes, où les individus mouraient jeunes et où les groupes se craignaient et se combattaient, les bénéfices à court terme du mode réactif dépassaient les coûts à long terme. Mais, aujourd'hui, alors que les conditions se sont améliorées, que les gens veulent une vie longue et saine et que des milliards d'entre nous ont besoin de coopérer pour vivre ensemble, les coûts du mode réactif l'emportent de loin sur les bénéfices. De fait, l'un des outils les plus importants du cerveau pour nous permettre de transmettre nos gènes est devenu un défaut de conception, un « bug », au XXIe siècle. Que pouvons-nous y faire ?

Vous pouvez utiliser votre esprit pour changer votre cerveau en mieux. En particulier, *vous pouvez aborder la vie sur le mode réceptif le plus souvent possible, refréner et calmer les états réactifs lorsqu'ils surviennent et revenir à votre base réceptive au plus vite*. C'est la meilleure option, l'alternative au stress, à la tristesse, aux conflits et à de nombreux problèmes de santé. Et, plus vous vous engagerez sur cette voie, plus il sera facile de la suivre, car votre cerveau développera un penchant dans ce sens.

DÉVELOPPER UN PENCHANT RÉCEPTIF

Au chapitre 2, nous avons vu que le penchant négatif présentait cinq caractéristiques fondamentales. Il vous rend (1) réactif face à des situations délicates ; (2) provoque un sentiment de malaise, d'insatisfaction et de déconnexion, y compris face à l'absence de problèmes ; (3) vous incite à tirer des leçons excessives des mauvaises expériences ; (4) vous sensibilise à réagir rapidement ; et (5) vous fait revenir lentement au mode réceptif, y compris quand la voie est libre. Mais nous ne sommes pas condamnés à être ainsi.

Au fil du temps, vous imprégner de ce qui est bon pourrait réellement vous permettre de transformer le penchant négatif de votre cerveau en *penchant réceptif* (dont les cinq caractéristiques sont radicalement différentes), qui vous aidera à rester centré, fort, heureux et en bonne santé. Premièrement, que vous basculiez sur le mode réactif ou réceptif face à un défi dépend des éléments qui ont été tissés dans votre cerveau. En intériorisant régulièrement des expériences positives, vous renforcez les forces intérieures qui permettent d'affronter les défis de la vie sans peur, frustration ou chagrin. Deuxièmement, s'imprégner de ce qui est bon vous montre encore et encore que vous allez globalement bien à l'instant même, qu'il y a toujours de bonnes raisons d'être reconnaissant et heureux, et que vous êtes considéré et estimé. Troisièmement, vos expériences toujours plus positives et vos forces intérieures toujours plus solides empêcheront les expériences négatives de se glisser dans votre esprit et de pénétrer dans votre cerveau. Plus votre jardin mental se garnira de fleurs, moins les mauvaises herbes auront de la place pour y pousser. Quatrièmement, comme nous l'avons constaté plus tôt dans ce chapitre, vous sensibilisez votre cerveau au positif, si bien qu'il agira comme du Velcro sur ce qui est bon. Cinquièmement, si vous êtes déjà stressé, contrarié ou malheureux, en vous imprégnant dès que possible de ce qui est bon, vous lancez réellement le processus de rétablissement de votre équilibre. En outre, plus vous consoliderez vos forces intérieures, plus votre organisme deviendra résilient et plus votre esprit sera centré dans une paix, une satisfaction et un amour fondamental, de sorte que vous vous remettrez plus vite de la plupart des expériences négatives.

S'imprégner de ce qui est bon vous ramène chez vous : à une intimité confortable avec votre propre expérience, à une ouverture confiante à la vie, à un sentiment de compétence, voire de maîtrise, avec votre propre esprit. Les éléments réactifs continueront peut-être de remonter à la surface – c'est mon cas –, mais vous serez de plus en plus apte à les maintenir dans un cadre réceptif. Quand ma mère est décédée, je me suis senti triste et perdu, mais ces sentiments ressemblaient à de gros nuages noirs dans un vaste ciel d'acceptation, de gratitude et d'amour pour ma famille. Même si l'un des systèmes d'exploitation de votre cerveau passe au rouge, les deux autres peuvent rester au vert. Par exemple, vous pouvez vous inquiéter d'une facture inattendue (évitement), tout en vous réjouissant d'avoir un travail stable (approche) et vous sentir soutenu par votre partenaire (attachement).

Même quand vous traversez des moments difficiles, vous pouvez toujours appliquer des mesures simples, à votre portée, conçues par Mère Nature, pour atténuer le rouge, renforcer le vert et vous ramener à votre état de repos – par exemple, expirer lentement, vous remémorer une occasion où vous vous êtes senti fort, savourer un plaisir physique, penser à quelqu'un qui se soucie de vous et vous sentir vous-même aimant. Il ne s'agit pas de remèdes miracles. Mais, avec du temps, des efforts et de la pratique, il vous paraîtra parfaitement naturel de passer l'essentiel des minutes de l'essentiel de vos journées sur le mode réceptif de votre cerveau.

Pour la plupart des gens, la paix, le contentement et l'amour sont des *objectifs* importants. Ce sont les récompenses, les fruits, d'une vie agréable. Par ailleurs, compte tenu de la plasticité neuronale, ces expériences sont une puissante *méthode*, une merveilleuse voie, de transformation du cerveau. Chaque fois que vous vous imprégnez d'un sentiment de sécurité, de satisfaction ou de connexion, vous stimulez des circuits réceptifs dans votre cerveau. Or, quand vous stimulez un circuit neuronal, vous le renforcez. Pour emprunter un adage tibétain, « le fruit devient la voie » et le bonheur, un moyen habile.

À RETENIR

- Le cerveau s'est bâti en trois étapes (tronc cérébral, sous-cortex et cortex) plus ou moins liées à l'évolution reptilienne, mammifère et primate. En parallèle, les deux sections du nerf vague se sont développées.
- En même temps que le cerveau, ses capacités à satisfaire nos trois besoins fondamentaux (*sécurité*, *satisfaction* et *connexion*) ont évolué à travers trois systèmes d'exploitation destinés à *éviter* les dangers, *rechercher* les récompenses et *s'attacher* aux autres.
- Les systèmes d'évitement, de recherche et d'attachement de votre cerveau présentent essentiellement deux configurations. Quand l'ensemble de vos besoins fondamentaux vous semble satisfait, votre cerveau retrouve son état de repos, son mode « vert », *réceptif*. Dans cette configuration homéostatique, qui est la base naturelle du cerveau, votre organisme se recharge et se répare. Votre esprit demeure dans un état fondamental de paix, de satisfaction et d'amour. Vous continuez à aborder la vie et tous ses défis, mais avec un sentiment sous-jacent de sécurité, d'épanouissement et de prévenance.
- Quand votre cerveau passe au vert, vous n'êtes plus *perturbé* par les menaces, les pertes ou les rejets, et il n'y a donc pas de réel motif d'aversion, d'avidité ou d'attachement – nos désirs *irrépressibles*. Dans le mode réceptif, le stress, l'anxiété, l'irritation, le besoin effréné de se surpasser, l'insatisfaction, la tristesse, les blessures, l'envie ou les conflits – notre *souffrance* – sont peu, voire pas du tout, alimentés.
- À l'inverse, quand un besoin fondamental ne vous semble pas satisfait, compte tenu du penchant négatif, votre cerveau s'empresse de basculer dans le mode « rouge », *réactif*, de combat/fuite/immobilisation. Dans cette configuration *allostatique*, les ressources corporelles sont ponctionnées et les projets de construction suspendus. Dans la zone rouge, votre esprit est coloré par la peur, la frustration et le chagrin.

❀ La vie de nos ancêtres reptiliens, mammifères, primates et humains était marquée par de longues périodes réceptives ponctuées de brèves poussées de stress réactif, puis suivies de longues plages de rétablissement. Aujourd'hui, l'omniprésence de stresseurs légers à modérés malmène ce modèle ancestral. Par conséquent, pour beaucoup de gens, le mode réactif est devenu la nouvelle norme, une forme d'exil intérieur chronique qui nuit à la santé mentale et physique, mais aussi aux relations.

❀ En vous imprégnant de ce qui est bon, vous vous dégagez des épisodes réactifs et renforcez les capacités réceptives de votre cerveau. Quand vous tissez un sentiment sous-jacent de force et de bien-être en vous, votre bonheur devient de plus en plus inconditionnel, de moins en moins dépendant de circonstances extérieures. Étonnamment, les expériences de paix, de satisfaction et d'amour, qui sont d'importants *objectifs* lorsqu'on cherche à avoir une vie agréable, sont également de puissants *moyens* de les atteindre.

Deuxième partie

Comment ?

4

Guérir

Une de mes amies a été confrontée au départ subit de son compagnon après plus d'une décennie de bonheur ensemble. Il était l'amour de sa vie. Lorsqu'il l'a quittée, elle s'est sentie vide et désespérée. Elle s'est entourée d'amis, s'est mise à faire du sport, à méditer et à voir un psychothérapeute. Mais, bien que ces démarches l'aient toutes aidée, sa peine restait intense, voire accablante.

Puis elle a décidé de s'imprégner de ce qui est bon, en plus des autres activités qu'elle pratiquait déjà pour aller mieux. Et quelque chose a commencé à changer. « Quand j'allais courir, m'a-t-elle raconté par la suite, je me sentais bien. Quand je prolongeais ces sensations positives, elles semblaient remonter de mon corps et pénétrer dans mon esprit.» La même chose se produisait lorsqu'elle se détendait dans un bain chaud ou qu'elle était satisfaite d'avoir bouclé un dossier au bureau. « Ma tristesse et mon désespoir ont commencé à se dissiper.» Au bout de quelques semaines, elle a admis que cette méthode avait réellement contribué à apaiser son sentiment de perte. «Je sens sincèrement que ça m'a aidée à retrouver le bonheur.»

Son histoire est assez incroyable, mais vraie. Mon amie n'a pas cherché à dissimuler sa blessure et sa tristesse derrière des pensées positives. Elle a laissé sa peine exister et, lentement, au bout de nombreux mois, celle-ci a fini par lâcher prise. En parallèle, lorsqu'elle le pouvait, elle a laissé entrer des expériences positives de vitalité, de relaxation, de satisfaction et finalement de joie.

S'incliner vers ce qui est bon ne revient pas à nier ni à repousser ce qui est mauvais. Vous ne faites que reconnaître, apprécier et utiliser les bienfaits. Vous êtes conscient de toute la vérité, de *tous* les carreaux de la mosaïque de la vie, pas seulement des négatifs. Vous reconnaissez ce qui est bon en vous, chez les autres, dans le monde, et dans l'avenir que nous pouvons bâtir ensemble. Et vous vous en imprégnez.

QUATRE ÉTAPES POUR S'IMPRÉGNER DE CE QUI EST BON

D'un point de vue technique, s'imprégner de ce qui est bon revient à *assimiler délibérément des expériences positives dans la mémoire implicite*. Vous y parviendrez en quatre étapes simples :

1. Activer une expérience positive
2. L'enrichir
3. L'absorber
4. Lier les éléments positifs et négatifs

L'étape 1 consiste à *susciter* un état mental positif et les étapes 2, 3 et 4 à l'*installer* dans votre cerveau. En anglais, la première lettre de chaque étape produit l'acronyme HEAL (c'est-à-dire GUÉRIR). Les trois premières phases sont entièrement focalisées sur les expériences positives. La quatrième est optionnelle mais très efficace : elle utilise des pensées et des sensations positives pour apaiser, réduire et remplacer potentiellement leurs pendants négatifs.

LES QUATRE ÉTAPES EN QUELQUES MOTS

Ces étapes, dont je vous propose un résumé ici, seront analysées en profondeur dans les chapitres 5 à 10. (Si vous souhaitez vous faire une idée concrète de cette pratique, veuillez vous reporter à l'encadré de la page suivante, « S'imprégner de ce qui est bon : un avant-goût ».) En réalité, les trois ou quatre étapes tendent à se confondre, mais quand vous débutez, il peut être utile de distinguer clairement ce qui se passe à chacune d'elles.

ÉTAPE 1. **Activez une expérience positive**. Portez votre attention sur une expérience positive déjà présente au premier ou au second plan de votre conscience, comme un plaisir physique, un sentiment de détermination ou une sensation de proximité avec quelqu'un. Vous pouvez également créer une expérience positive. Par exemple, en pensant à des choses qui vous inspirent de la gratitude, en vous rappelant un ami ou en reconnaissant une tâche que vous avez accomplie. Autant que possible, aidez ce genre d'idées à se transformer en *expériences* gratifiantes sur le plan émotionnel : sinon, ce ne seront jamais que des *pensées* positives.

ÉTAPE 2. **Enrichissez-la**. Prolongez l'expérience positive pendant cinq à dix secondes, voire plus. Ouvrez-vous aux sensations qu'elle génère et essayez de la ressentir dans votre corps : laissez-la emplir votre esprit. Savourez-la. Encouragez délicatement l'expérience à s'intensifier. Repérez ses aspects frais ou originaux. Reconnaissez en quoi elle est pertinente pour vous, en quoi elle pourrait vous nourrir, vous aider, ou être essentielle dans votre vie. Incitez vos neurones à s'activer réellement ensemble, et donc à se raccorder ensemble.

ÉTAPE 3. **Absorbez-la**. Sentez délibérément l'expérience pénétrer en vous comme vous pénétrez en elle.

Laissez-la se poser réellement dans votre esprit. Vous pouvez peut-être la visualiser telle une poussière d'or qui vous imprègne, la ressentir tel un baume qui vous apaise, voire la placer, tel un joyau, dans la malle aux trésors de votre cœur. Sachez que l'expérience devient une part de vous-même, une ressource intérieure que vous pouvez emporter partout avec vous.

ÉTAPE 4. **Liez les éléments positifs et négatifs** (optionnel). Tout en maintenant le sentiment net et stable d'une expérience positive au premier plan de la conscience, soyez conscient d'un élément négatif au second plan. Par exemple, quand vous avez la sensation d'être inclus et aimé aujourd'hui, vous pouvez sentir cette expérience se connecter à des sentiments de solitude issus du passé. Si les éléments négatifs kidnappent votre attention, laissez-les tomber et focalisez-vous exclusivement sur le positif : une fois recentré dans le positif, vous pouvez laisser le négatif réapparaître dans la conscience si vous le souhaitez. Chaque fois que vous le voulez, lâchez tous les éléments négatifs et demeurez seulement dans le positif. Puis, pour continuer à déraciner le négatif, à quelques reprises au cours de l'heure suivante soyez conscient des seuls éléments neutres ou positifs, tout en portant l'esprit sur des éléments neutres (comme des personnes, des situations, des idées) associés aux éléments négatifs.

S'IMPRÉGNER DE CE QUI EST BON : UN AVANT-GOÛT

Aimeriez-vous avoir un aperçu de ce qu'on ressent lorsqu'on s'imprègne de ce qui est bon ? Je vous invite à utiliser les pistes proposées ci-dessous pour franchir seul les trois premières étapes de notre méthode (la quatrième sera explorée au chapitre 8).

• Portez votre attention sur un élément agréable déjà présent dans votre expérience. Par exemple, une sensation de détente liée au souffle, de confort ou de curiosité.
• Trouvez quelque chose de bon dans votre situation immédiate. Par exemple, un objet solide, bien conçu, protecteur, utile ou beau, tel un fauteuil confortable, un arbre par la fenêtre ou une image au mur.
• Pensez à quelque chose qui vous rend heureux dans votre vie actuelle ou passée, comme le simple fait d'avoir un toit sur votre tête.
• Songez à quelqu'un qui vous donne le sentiment de compter. Pas nécessairement une relation parfaite, mais empreinte d'une authentique attention – un être qui se montre chaleureux à votre égard et vous souhaite du bien.
• Portez l'esprit sur quelqu'un que vous appréciez.
• Pensez à des choses qui vous aident à vous sentir fort... serein... reconnaissant... heureux... aimé... aimant.

MIEUX S'IMPRÉGNER DE CE QUI EST BON

Même si vous ne l'avez jamais fait consciemment, vous savez déjà comment vous imprégner de ce qui est bon. Il nous est à tous arrivé de savourer un repas délicieux ou d'apprécier un moment agréable avec des amis. Mais, comme pour toute compétence, vous disposez probablement d'une marge de progrès. Je vous propose donc quelques pistes à suivre ci-dessous. Quand vous les emprunterez, prenez davantage conscience de ce que vous ressentez au moment où vous vous imprégnez du positif, comme si vous balisiez un sentier dans les bois pour mieux retrouver votre chemin au retour.

Appréciez les petits riens

La plupart des bonnes expériences surviennent sans tambour ni trompette : vous concluez un e-mail, le téléphone fonctionne, vous avez un ami. Et la plupart des bonnes expériences sont d'une intensité relativement faible : sur une échelle de 0 à 10, elles se situent à 1 et 2. Peu importe. Ces moments comptent malgré tout. De plus, ils peuvent s'accumuler au fil du temps pour changer votre cerveau en mieux.

Trouvez le bon moment pour les bonnes expériences

Le plus souvent, vous vous imprégnerez du positif au fil du quotidien. Pendant que j'écris ces mots, notre chat marron et gris argenté est pelotonné sur mon bureau, m'inspirant un sentiment d'intimité familiale dont je m'imprègne volontiers. Au fil de votre journée, cherchez des occasions de laisser les bonnes expériences pénétrer en vous.

Mais vous pouvez aussi vous imprégner de ce qui est bon à des moments spécifiques. Par exemple, dès votre réveil, en songeant à une expérience qui vous est importante, comme souhaiter du bien aux autres. Les repas sont une occasion traditionnelle d'éprouver de la gratitude. Juste avant de vous coucher, votre esprit est très réceptif. Aussi, peu importe ce qui a mal tourné ce jour-là, trouvez un événement qui s'est bien passé, ouvrez-vous à lui et laissez les bons sentiments vous accompagner dans les bras de Morphée.

Faites-le à votre manière

Chacun s'imprègne à sa manière des expériences bénéfiques, et c'est très bien ainsi. Prenez l'exemple de la gratitude. Certains peuvent l'aborder de manière conceptuelle. L'existence de toute chose, la présence de cet univers et de l'homme en son sein ne cesse de me stupéfier. Quel cadeau ! D'autres peuvent se lier à la gratitude de manière plus concrète, comme en appréciant un ami. Votre milieu familial est aussi susceptible de jouer un rôle. Dans certains foyers, on partage chaleureusement les plaisirs, alors qu'ailleurs ce sont des moments plus intimes.

Prenez du plaisir

Parfois, il peut être difficile de se permettre de vivre une expérience positive. Dans ce cas, songez au « Test de l'ami ». Si votre ami pouvait bénéficier d'une expérience positive, est-ce que vous le lui souhaiteriez ? Voudriez-vous que votre ami apprécie cette expérience et s'en imprègne ? Eh bien, il en va de même pour vous. Il n'est pas question de voir la vie en rose, mais de corriger la tendance de votre cerveau à la voir en gris. De plus, en vous imprégnant de ce qui est bon, vous devenez plus apte à gérer ce qui ne l'est pas. Il ne s'agit pas de faire bonne figure si vous êtes stressé ou déçu. Mais, quand l'occasion se présente, pourquoi ne pas vous permettre de vous sentir bien et de développer vos forces intérieures ?

Bien entendu, toute expérience, aussi positive soit-elle, est impermanente. Quand vous vous imprégnez du positif, restez dans le présent, en savourant les bienfaits qui traversent votre conscience sans tenter de vous y agripper, en vous ouvrant pour qu'ils pénètrent en vous.

Soyez de votre côté

Pour s'imprégner de ce qui est bon, il faut déjà vouloir s'aider soi-même. Être de son côté, pas contre les autres, mais dans son camp, est à la base de toute pratique destinée à améliorer la santé, le bien-être et l'efficacité. Sans cette posture, vous ne seriez pas motivé à agir dans votre propre intérêt. Malheureusement, pour un certain nombre de raisons, comme le fait d'avoir été souvent critiqué dans l'enfance, la plupart des gens se trouvent être de bien meilleurs amis pour les autres que pour eux-mêmes. Moins vous avez été soutenu par les autres dans le passé, plus il importe de vous soutenir vous-même aujourd'hui. (Pour vous imprégner de ce sentiment, et donc le renforcer, je vous propose d'essayer la pratique guidée proposée ci-dessous.)

SOYEZ VOTRE PROPRE SUPPORTER

Cette pratique reprend les trois premières étapes de notre méthode pour s'imprégner de ce qui est bon.

1. **ACTIVER**. Portez votre attention sur tout sentiment d'être de votre côté déjà présent au premier ou au second plan de la conscience. Peut-être pouvez-vous percevoir ou ressentir une détermination à vous occuper de vos propres besoins ou à vous souhaiter du bien. Il est aussi possible de créer ce sentiment. Songez à une occasion où vous vous êtes montré fort dans votre propre intérêt, où vous avez pris votre défense ou fait preuve de bienveillance à votre égard. En cas de difficultés, commencez par vous souvenir d'une occasion où vous avez été du côté de quelqu'un d'autre. Voyez ce que vous ressentez, puis tâchez de vous accorder la même attitude. Peut-être pouvez-vous vous rappeler ou imaginer l'être vulnérable que vous étiez dans votre enfance pour avoir envie d'accorder votre soutien à cette jeune personne.

2. **ENRICHIR**. Ouvrez-vous à ce sentiment. Laissez-le emplir votre corps et votre esprit, et devenir plus intense. Prolongez-le, aidez-le à durer, offrez-lui un sanctuaire dans votre esprit. Notez différents aspects de l'expérience. Imaginez comment vous pourriez vous asseoir, vous dresser ou vous exprimer si vous preniez parti pour vous, puis laissez votre posture ou l'expression de votre visage se modifier dans ce sens. Soyez conscient de ce qui changerait dans votre foyer ou votre travail si vous étiez dans votre propre camp.
3. **ABSORBER**. Sentez délibérément le sentiment d'être de votre propre côté pénétrer en vous comme vous pénétrez en lui. Laissez cette bonne expérience devenir une part de vous. Livrez-vous à elle. Laissez cette attitude de bienveillance envers vous-même, ces bons vœux, correspondre de plus en plus à la manière dont vous vous traitez.

Faites-en une habitude

Comme un muscle, le cerveau est un système physique qui se renforce à mesure que vous l'exercez. Imprégnez-vous donc régulièrement de ce qui est bon pour l'intégrer à votre vie. Même si vous le faites délibérément au début, cela deviendra de plus en plus spontané. Sans même y réfléchir, vous tisserez des expériences saines à la trame de votre cerveau. Vous pouvez vous imprégner du positif de manière routinière à l'aide des expériences les plus simples, comme me l'a écrit cet homme : *J'adore m'imprégner de ce qui est bon chaque fois que je mange une orange. Comme j'en consomme au moins deux par jour, j'ai souvent l'occasion d'expérimenter ce moment. Tout en perforant la peau, je ferme délicatement les yeux et j'inspire la douce odeur. Je retiens ce plaisir dans mon esprit et je me dis que je suis la première personne à voir l'intérieur de cette orange et à goûter à son fruit. Bien que cette expérience prenne moins d'une minute, elle a un effet extrêmement positif sur mon humeur et mon niveau d'énergie. Je l'attends avec impatience tout au long de la journée.*

S'IMPRÉGNER DE CE DONT ON A BESOIN

Vous pouvez utiliser les quatre étapes de notre méthode pour tous vos moments positifs. Mais, comme vous l'avez probablement constaté dans votre vie, certaines expériences semblent plus nourrissantes que d'autres. Comment pouvez-vous vous focaliser sur celles qui vous aideront le plus ? C'est à ce stade que notre démarche devient réellement personnelle – et extraordinaire, car vous pouvez vous imprégner des expériences qui ciblent *spécifiquement* vos propres désirs et besoins.

Peut-être aimeriez-vous vous sentir moins inquiet, moins critique envers vous-même ou plus en sécurité. Peut-être êtes-vous confronté à une situation difficile dans votre foyer ou au travail. Peut-être voudriez-vous être plus motivé à faire de l'exercice ou à moins boire. Peut-être souhaiteriez-vous tout simplement vous sentir plus heureux, plus à l'aise dans la vie et plus aimé. Quelles forces changeraient radicalement votre existence si vous en aviez davantage ?

Les trois systèmes d'exploitation de votre cerveau offrent de bonnes pistes pour répondre à cette question. Si vous vous sentez inquiet, tendu, bousculé ou impuissant, c'est le système d'évitement des dangers qui se déclenche, de sorte que des « expériences ressources » qui lui sont associées, telles la protection, la sécurité, la relaxation, la force et la puissance d'action, vous seront particulièrement utiles. La tristesse, la déception, la frustration, le besoin effréné de se surpasser, la pression ou l'ennui engagent le système de recherche des récompenses et se traitent le plus efficacement par des expériences ressources de gratitude, de plaisir, d'accomplissement et de satisfaction. Lorsqu'on se sent exclu, blessé, inapte, envieux, seul, amer ou exaspéré, c'est le système d'attachement aux autres qui est sollicité, si bien que les expériences ressources d'appartenance, d'autocompassion, de valorisation, d'amitié, de bienveillance et d'affirmation de soi sont les plus recommandées.

En d'autres termes, tout problème requiert une solution adaptée. Si vous avez le scorbut, il vous faut de la vitamine C. Pendant des années, j'ai tenté de combler mon besoin d'amour – un besoin que nous avons tous – en accumulant les réalisations, mais cela ne fonctionnait jamais car j'essayais de résoudre un problème d'attachement aux autres par une solution relevant de la recherche des récompenses. De fait, j'ai pris – en vain – des cachets de fer pour le scorbut. Ce n'est qu'en m'imprégnant d'expériences d'attachement – par exemple, se sentir vu, inclus, respecté, apprécié et chéri – que j'ai pu satisfaire peu à peu ce besoin.

Et vous, quelle est votre propre vitamine C ? Elle pourrait être liée à une situation actuelle, à une difficulté durable avec quelqu'un ou à une vieille blessure de l'enfance. Quand vous connaissez les forces dont vous voulez vous imprégner et que vous voulez développer en vous, vous pouvez chercher des occasions quotidiennes de les expérimenter et de les installer dans votre cerveau en vous servant de nos quatre étapes. En vous accordant les nutriments psychologiques dont vous avez besoin, vous êtes de votre côté, un ami envers vous-même. Une fois installée, cette force intérieure sera plus facile à activer la prochaine fois qu'elle vous sera nécessaire, et vous pourrez ensuite la réinstaller, en approfondissant sa trace neuronale en un cercle vertueux. Bien entendu, il est possible d'utiliser cette approche pour plus d'une « vitamine », plus d'une expérience ressource.

Voici le témoignage d'une personne qui s'est imprégnée d'expériences ciblées sur ses besoins, liés en l'occurrence au système d'évitement des dangers : *Comme j'avais souvent des crises de panique, chaque jour, je m'installais dans la véranda à l'arrière de la maison et je me concentrais sur mon jardin. Je regardais les plantes que j'adorais et les insectes qui s'activaient en bourdonnant, les oiseaux qui sautillaient entre les plantes et la lumière du soleil qui filtrait à travers les feuilles. Pendant quelques minutes, je m'imprégnais des sentiments de sécurité que me procurait mon jardin. Parfois, j'imaginais que cette confiance et cette paix formaient une bulle protectrice dorée autour de moi. Puis je prélevais un petit objet dans le jardin et je le mettais dans ma poche. Quand je commençais à éprouver de l'anxiété, je serrais l'objet en me rappelant ce que je ressentais dans mon jardin et en faisant pénétrer ces sentiments de force et de paix dans mon esprit.*

Même si l'intégralité de l'expérience que vous souhaitez vous échappe, vous pouvez au moins en obtenir une partie. Il faut bien commencer quelque part : faites donc déjà un premier pas. À mon entrée à l'université, j'étais très timide. Un jour, mon camarade de chambre m'a demandé si je voulais passer la soirée avec lui et un groupe de jeunes femmes. Sa proposition m'a rendu très nerveux. Mais c'était un pas vers les expériences relationnelles dont j'avais manifestement besoin. Je me suis donc obligé à l'accompagner et je suis resté discret, mais tout s'est bien passé. Ils ont été agréables avec moi et je me suis senti inclus. Au cours des jours suivants, j'ai rejoué à plusieurs reprises ce qui s'était passé dans ma tête, en m'imprégnant encore et encore de ces sentiments positifs. Cela m'a aidé à être un peu plus ouvert à l'invitation suivante, où je me suis senti encore plus bienvenu, apprécié et aimé. Une bonne chose en entraînant une autre, j'ai fini par sortir de ma coquille, ce qui m'a ouvert des perspectives dont n'aurait jamais osé rêver le garçon maladroit que j'avais été au lycée. Aujourd'hui, presque quarante ans plus tard, je me rends compte qu'en disant oui à mon camarade de chambre ce soir-là, j'ai parcouru une étape clé de ce chemin.

IL EST BON DE S'IMPRÉGNER DE CE QUI EST BON

S'imprégner de ce qui est bon exige quelques efforts, surtout au départ. En outre, certains blocages intérieurs peuvent vous poser problème, tel le fait de penser qu'il est égoïste de se sentir bien (pour dépasser ce genre de difficultés, veuillez vous reporter au chapitre 9). En toute chose, la motivation est la clé de la persévérance : il importe donc de savoir *pourquoi* il est bon, pour vous et pour les autres, de s'imprégner de ce qui est bon. Par conséquent, je vous propose de résumer les bienfaits de cette pratique en incluant ceux déjà mentionnés.

En prenant simplement quelques secondes de plus pour prolonger une expérience positive – y compris la relaxation procurée par une simple respiration –, vous contribuez à transformer un état mental éphémère en une structure neuronale durable. Au fil du temps, vous pouvez garnir votre entrepôt intérieur des forces dont vous avez besoin, comme le sentiment d'être à l'aise plutôt qu'irritable, aimé plutôt que maltraité et régénéré plutôt qu'au bord de l'épuisement. À leur tour, ces forces renforcent le bien-être et l'efficacité, guérissent les troubles psychologiques comme l'anxiété et contribuent à la créativité, à l'épanouissement personnel et à la pratique spirituelle.

À une époque où beaucoup de gens se sentent poussés et aiguillonnés par toutes sortes d'événements et les réactions qu'ils suscitent, s'imprégner de ce qui est bon est en soi une manière d'être actif plutôt que passif – un marteau plutôt qu'un clou. C'est aussi une manière de vous traiter comme quelqu'un qui compte, ce qui est crucial si d'autres ne l'ont pas fait. Cette pratique vous ramène dans l'instant présent et réduit les ruminations – ce ressassement qui nourrit des problèmes de santé mentale et physique. Elle vous apprend à mieux contrôler votre attention pour pouvoir la maintenir sur ce qui est bon pour vous-même et pour les autres et l'éloigner de ce qui est mauvais. En parallèle, vous sensibilisez votre cerveau aux expériences positives, en le transformant en Velcro pour ce qui est bon – un bienfait d'une portée considérable.

Développer vos forces intérieures en vous imprégnant de ce qui est bon revient à accentuer la profondeur de la quille d'un voilier pour qu'il soit moins chahuté par les vents de ce monde, qu'il se remette plus rapidement des grosses tempêtes et vous permette de vous engager en sécurité dans des eaux plus profondes où vous pourrez réaliser vos rêves. Vous transformerez des moments de bien-être *hédoniques* en un sentiment durable et plus fondamental d'épanouissement et de sens : ce qu'on appelle le bien-être *eudémonique*. En vous sentant mieux, vous tendez à agir mieux, ce qui aide le monde à vous traiter mieux, et vous aide en retour à vous sentir mieux.

S'imprégner de ce qui est bon ne consiste pas à traquer le plaisir ou à repousser la douleur. Il s'agit de mettre un terme à la traque. Quand vous faites pénétrer des expériences positives dans votre cerveau – quand vous renforcez le sentiment d'être déjà serein, satisfait et aimé –, votre bien-être devient de plus en plus *inconditionnel*, c'est-à-dire moins dépendant de circonstances extérieures, comme la bienveillance d'un compagnon ou une bonne journée au travail. Plus vos états mentaux positifs deviennent des traits neuronaux positifs, plus vous connaissez un bonheur qui émerge naturellement en vous.

JOYAUX QUOTIDIENS

Si vous décidez de vous imprégner très souvent de ce qui est bon, vous le ferez peut-être cinq ou dix fois par jour, entre dix et vingt secondes d'affilée – soit cinq minutes tout au plus. Votre vie ne sera pas envahie. Vous ne deviendrez pas égocentrique ou excessivement positif. Vous reconnaîtrez toujours les défis, vous vous sentirez toujours mal parfois.

Vous n'ignorerez pas les problèmes de santé, les ennuis financiers, les mauvais traitements infligés par autrui ou la douleur émotionnelle. Vous n'oublierez pas qu'ici, et dans le monde entier, des choses terribles se produisent chaque jour pour des millions de gens – et pourraient se produire pour n'importe lequel d'entre nous.

Mais si les faits positifs n'annulent pas les faits négatifs, le contraire est aussi valable. Les faits positifs sont partout autour de nous, même quand nos vies sont pleines de défis – des choses petites et grandes qui renforcent notre bonheur et notre bien-être, le bonheur et le bien-être des autres. Le chocolat est délicieux, la beauté s'offre partout à nos yeux et à nos oreilles, vous réalisez de nombreuses tâches chaque jour et vous apportez des choses essentielles aux autres. Vous pouvez profiter des résultats du labeur d'un nombre incalculable d'êtres humains qui ont bâti le monde où nous vivons aujourd'hui. Vous ouvrez un robinet et l'eau se met à couler, vous appuyez sur un interrupteur et la lumière apparaît. Vous avez la chance de posséder un corps, un cerveau et un esprit humains minutieusement façonnés par 3,5 milliards d'années d'évolution. Plus largement, vous êtes le fruit de l'univers même. Chaque atome plus lourd que l'hélium – l'oxygène dans l'air et l'eau, le calcium dans les dents et les os, le fer dans le sang – est né à l'intérieur d'une étoile. Vous êtes constitué, à proprement parler, de poussières d'étoiles.

Il y a des gens qui vous veulent du bien, qui vous aiment, qui voient ce qui est bon en vous. Vous êtes aimé, très certainement. Votre générosité et vos bonnes intentions sont réelles, elles existent. Vous avez créé beaucoup de bien dans le passé et vous continuez à le faire dans le présent. Comme moi, vous n'êtes pas parfait – personne ne l'est – mais vous êtes bon.

Les faits positifs persistent et abondent, aussi obscurcis soient-ils. À l'instant même – et la plupart du temps –, vous allez bien. Chaque moment d'expérience est saturé d'une plénitude presque accablante. Vous êtes connecté en permanence à toute chose. Si vous percevez un élément transcendantal, comme Dieu, l'Esprit ou tout ce qui a un sens pour vous, c'est aussi un bien merveilleux.

En plus du positif ici et maintenant, il y a eu des bienfaits dans votre passé et il y en aura d'autres dans votre avenir. Pensez simplement aux moments plaisants, épanouissants ou importants que vous avez vécus, ou à certaines de vos réalisations, voire aux gens qui ont vu la lumière en vous et vous ont aimé. Songez à l'avenir, au bien qui pourrait survenir, à l'amour que vous pourriez donner et recevoir.

Tout ce bien signifie que chaque jour est un sentier sinueux parsemé de perles et de diamants, d'émeraudes et de rubis, qui sont chacun l'occasion d'une expérience positive. Malheureusement, la plupart des gens filent sans leur prêter attention. Et, même lorsqu'ils voient un joyau, ils *ressentent* rarement quoi que ce soit. Ils poursuivent leur chemin, laissant derrière eux ces trésors, qui sont perdus à jamais.

Mais ce n'est pas une fatalité. Avec un peu d'intention et de savoir-faire, vous pouvez prendre chaque jour quelques secondes ici et là pour mêler une poignée de pierres précieuses à la trame de votre cerveau, de votre être et de votre vie. Des petits moments de confort, de plaisir, de calme, de détermination, de joie, de compréhension de soi et de prévenance qui se muent en structure neuronale.

Ce ne sont que quelques joyaux par jour. Mais, jour après jour, en s'accumulant peu à peu, ils deviennent du positif durable. C'est la loi des petits riens : une multitude de petites choses négatives acheminent les gens vers une destination douloureuse, mais une multitude de petites choses positives, vers un lieu meilleur. Je suis souvent frappé par l'ampleur du changement que peuvent créer quelques moments, dans mon esprit ou dans celui des autres. Je trouve cela très encourageant, puisque ce sont les petits riens sur lesquels nous avons le plus d'influence. Vous ne pouvez pas changer le passé, mais vous avez le pouvoir de vous imprégner de ce qui est bon au cours des quelques moments à venir. Comme l'affirme le proverbe : *Si vous prenez soin des minutes, les années prendront soin d'elles-mêmes.*

À RETENIR

- S'imprégner de ce qui est bon consiste à assimiler délibérément des expériences positives dans la mémoire implicite. Cette pratique compte quatre étapes simples (la quatrième étant optionnelle). (1) Activer une expérience positive. (2) L'enrichir. (3) L'absorber. (4) Lier des éléments positifs et négatifs. En anglais, la première lettre de chaque étape forme l'acronyme HEAL, c'est-à-dire GUÉRIR. L'étape 1 *suscite* une expérience positive et les étapes 2 et 3 l'*installent* dans votre cerveau.
- S'imprégner de ce qui est bon est naturel. Nous connaissons tous son fondement : vivre une expérience positive, puis la savourer réellement. Mais, comme pour toute compétence, vous pouvez l'améliorer grâce à l'apprentissage et à la pratique.
- La plupart des expériences positives sont relativement brèves et légères. Mais si vous vous imprégnez d'une demi-douzaine d'entre elles par jour, pendant trente secondes ou moins d'affilée, elles auront un effet considérable sur vous.
- Vous pouvez vous imprégner d'expériences positives au fil du quotidien et à des moments spécifiques, par exemple, au cours d'un repas ou juste avant d'aller vous coucher.
- S'imprégner de ce qui est bon implique d'être en amitié avec soi-même. Si, comme beaucoup de gens, cet état d'esprit ne vous vient pas spontanément, vous pouvez créer délibérément des expériences où vous vous sentez de votre côté et vous en imprégner.
- Certaines expériences sont particulièrement précieuses. Quand le système d'évitement de votre cerveau est menacé, vous avez besoin d'expériences clés qui lui sont directement associées, tel un

sentiment de protection ou de force. Il en va de même des systèmes de recherche et d'attachement : vous pouvez vous servir des étapes de notre méthode pour rechercher des expériences susceptibles de vous être réellement utiles aujourd'hui, puis vous en imprégner.

❀ Puisez dans le pouvoir caché d'expériences en apparence ordinaires : cette pratique faussement simple renforce la résilience, guérit la détresse et les dysfonctionnements, améliore les relations, favorise la santé physique et développe un bonheur durable.

5

Prêter attention

Ce chapitre vous invite à être *attentif* aux expériences positives déjà présentes, et le suivant, à en créer de nouvelles : ils traitent tous les deux des moyens d'*activer* ce type d'expériences, c'est-à-dire la première étape de notre méthode. Puis les chapitres 7 et 8 vous montreront comment les *installer* dans votre cerveau, grâce aux étapes deux, trois et quatre – Enrichir, Absorber et Lier. Dans le chapitre 9, nous appliquerons les compétences acquises à des situations spécifiques, dont les relations, et à des problèmes ou des besoins particuliers, tel substituer la confiance à l'anxiété, la joie à la tristesse et l'autocompassion à l'autocritique. Enfin, le chapitre 10 décrira vingt et une pratiques guidées liées à des expériences et à des forces intérieures clés. (Les suggestions qui y sont répétées peuvent être survolées si vous le souhaitez.)

La quatrième étape de notre méthode peut être extrêmement efficace, mais doit être utilisée habilement, car elle implique des éléments psychologiques négatifs comme la colère, le chagrin ou la honte. Jusqu'à ce que nous l'explorions en profondeur au chapitre 8, les pratiques proposées se limiteront aux trois premières étapes.

S'imprégner de ce qui est bon n'est pas un concept, je vous propose donc d'aborder cette approche par une expérience directe.

PORTER L'ATTENTION SUR UNE SENSATION AGRÉABLE

Vous pouvez consacrer trente secondes ou plus à cette pratique, en maintenant les yeux ouverts ou fermés. Vous pouvez très bien l'associer à d'autres activités mais, au début, vous en saisirez probablement mieux l'essence si vous lui accordez toute votre attention.

1. **Activer :** repérez une sensation agréable déjà présente au premier ou au second plan de votre conscience. Par exemple, une chaleur ou une fraîcheur confortable, une respiration apaisée, une vitalité ou une vivacité corporelle. Cette sensation, qui peut être subtile ou légère, vous fait du bien. Il peut y avoir d'autres sensations, pensées ou sentiments inconfortables, mais ce n'est pas un problème. Pour l'instant, contentez-vous de les lâcher et portez votre attention sur la sensation agréable. Une fois que vous l'aurez repérée, passez à l'étape suivante.

2. **Enrichir :** demeurez avec la sensation agréable. Explorez-la un peu. À quoi ressemble-t-elle ? Aidez-la à durer. Maintenez votre attention sur elle pendant dix ou vingt secondes d'affilée, voire plus si vous le pouvez. Ramenez votre attention si elle part ailleurs. Ouvrez-vous à cette sensation dans votre esprit et votre corps. Sans stress ni tension, voyez si elle peut s'enrichir, s'intensifier encore davantage. Savourez-la. Laissez le plaisir de cette sensation contribuer à la prolonger. Voyez si vous pouvez l'incarner par de petits gestes, comme modifier votre posture pour respirer plus pleinement ou esquisser un sourire.

3. **Absorber :** pendant la seconde étape, et juste après, sentez cette sensation agréable pénétrer délibérément en vous comme vous pénétrez en elle.

À la fin de cette pratique, voyez comment vous vous sentez. Familiarisez-vous avec ce qu'on ressent lorsqu'on s'imprègne de ce qui est bon.

Si vous n'avez repéré aucune sensation agréable, peut-être étiez-vous submergé par la douleur (ce que je n'espère pas !) ou avez-vous simplement besoin de quelques essais supplémentaires. Il est normal d'éprouver des difficultés à cette première étape, que l'on sous-estime trop souvent. Quand vous travaillez sur votre esprit, il est utile d'adopter une attitude d'exploration légère mais soutenue. Continuez à chercher. Si vous ne trouvez rien de positif à l'instant même, peut-être en sera-t-il autrement à l'instant d'après.

LA MUSIQUE DE L'EXPÉRIENCE

Quand vous écoutez une chanson, vous pouvez entendre ses différents composants : par exemple, les voix, la guitare, le piano et la batterie. De la même manière, votre expérience comporte plusieurs éléments, dont les pensées, les perceptions sensorielles, les émotions, les désirs et les actes. Ce soir, juste avant d'écrire ces lignes, mon fils et ma fille riaient affectueusement ensemble à table. Divers composants formaient le « chant » de mon expérience : me dire combien ils comptent l'un pour l'autre, voir leurs visages heureux, me sentir content en tant que père, souhaiter qu'ils s'aiment toujours et me pencher vers eux pour profiter de leur chaleur.

Souvent, nous considérons une expérience dans son ensemble. Quand je marche dans les collines proches de chez moi, la vue de paysages magnifiques, la sensation de vitalité et le plaisir d'être dans la nature s'entremêlent. Mais il est aussi utile d'apprendre à se connecter à chaque élément distinct de votre expérience. En prenant davantage conscience de tous ses aspects, vous renforcez votre sentiment d'intégration, d'unité intérieure. En outre, cela vous permet de monter en quelque sorte le volume de certaines parties quand vous en avez besoin. Vous pouvez vous focaliser sur une *pensée* – par exemple, le bonheur des gens dépend avant tout d'eux-mêmes et non de vous –, une *sensation* d'apaisement dans votre corps, une *émotion* liée au calme, le *désir* d'être moins perfectionniste ou une *action*, comme vous déconnecter de vos e-mails. En demeurant avec un seul élément de votre expérience, vous bénéficiez de ses bienfaits sur le moment, tout en contribuant à le faire pénétrer dans votre cerveau, ce qui vous permet de le mobiliser plus facilement par la suite.

Je vous propose donc de passer en revue les composants les plus importants de votre expérience et les récompenses qu'ils sont susceptibles de vous offrir. Dans chacun d'eux, tâchez de trouver des éléments sur lesquels il serait bon de porter plus souvent l'attention. Par exemple, vous pourriez vous focaliser sur un sentiment de gratitude si vous êtes déçu, ou sur une sensation de relaxation si vous êtes stressé.

Pensées

Vos pensées incluent des connaissances factuelles, des idées, des convictions, des attentes, des points de vue, des éléments de compréhension de soi, des images et des souvenirs. Certaines sont verbales (les monologues intérieurs), d'autres constituées d'images ou d'un mélange de mots et d'images.

De nombreuses études démontrent les bienfaits des thérapies cognitives destinées à améliorer les pensées. Par exemple, à vingt-cinq ans, j'ai pris conscience que j'avais été un intello, et non une mauviette, dans mon enfance. Cette pensée a été très importante pour moi ! Un jour, une de mes clientes est entrée dans mon bureau. Après avoir expiré lentement, elle m'a dit qu'elle avait réfléchi : « Ce n'est pas ma faute si mon mari est alcoolique ! » Cette pensée l'a aidée à ne plus culpabiliser et à affronter plus directement son époux. Il est bon de s'imprégner de pensées vraies et utiles plutôt que fausses et nocives. Il s'agit notamment d'avoir une vision plus exacte de soi-même, des autres, du passé et de l'avenir ; de comprendre comment nos actes mènent à des résultats différents ; et de relativiser les choses.

Bien que les pensées soient tout à fait importantes, en général nous sommes plus particulièrement affectés (de manière positive ou négative) par ce que nous percevons et ressentons, voulons et faisons. Les pratiques décrites dans ce livre insistent donc davantage sur ces composants plus incarnés de votre expérience.

Perceptions sensorielles

C'est le domaine de la vue, de l'ouïe, du goût, de l'odorat, du toucher et de l'*intéroception* (les sensations internes du corps, tels les gargouillis dans le ventre). Les perceptions sensorielles sont les voies qui mènent aux expériences de plaisir, de relaxation, de vitalité et de force.

Chaque sens est un accès potentiel au *plaisir*, comme voir une jolie robe, entendre de la bonne musique, mordre dans une pêche juteuse, sentir l'odeur du pain frais, se gratter là où ça démange, ou, soyons honnêtes, trouver enfin des toilettes. En plus d'être agréable en soi, le plaisir réduit généralement le stress et amorce le processus qui permet de s'en rétablir. Il est une source de santé physique et mentale sous-estimée. Lorsqu'il se présente à vous, accueillez-le pleinement, comme me l'a écrit cet homme : *Non loin de mon appartement situé en Caroline du Nord, l'immense chaîne de montagnes ancestrale qui s'étire à l'horizon me donne l'impression que chaque partie de moi a sa place. Quand je m'imprègne de cette vision, j'ai le sentiment de me « déboutonner » de la tête aux pieds et de m'ouvrir d'une manière merveilleuse. Je m'emplis de cette vision grandiose, qui me procure du bien-être chaque fois que j'y repense par la suite.*

La *relaxation* implique l'aile parasympathique « repos et digestion » du système nerveux, qui est le contrepoids naturel de l'aile sympathique « combat ou fuite ». Comme le plaisir, la relaxation réduit le stress. Elle renforce également le système immunitaire, accroît la résilience et diminue l'anxiété. Il est presque impossible de s'emporter réellement lorsqu'on est profondément détendu.

La *vitalité* peut procurer une sensation intense, par exemple l'excitation causée par la victoire de votre équipe de basket ou la passion que vous mettez dans la danse ou les rapports sexuels. Mais, la plupart du temps, la vitalité est plus douce, tel le fait de se sentir simplement vivant. Qu'elle soit puissante ou subtile, s'imprégner d'une certaine vitalité est particulièrement bénéfique si vous vous sentez épuisé, mélancolique ou surmené chez vous ou au bureau.

Certaines expériences de *force* peuvent être quelque peu « explosives », mais la ténacité, qui permet notamment de surmonter une enfance, une relation ou un travail difficile est plus courante. Un soir, alors que je regardais un homme rentrer péniblement chez lui après une longue journée de travail, toute l'endurance qu'il lui fallait pour continuer simplement à avancer m'est apparue sur son visage et dans ses mouvements.

Émotions

Les émotions sont constituées de sentiments et d'humeurs. Les sentiments sont spécifiques, souvent brefs et provoqués par un stimulus interne ou externe. Le sourire d'un ami vous rend heureux. Une minute plus tard, son commentaire acide vous irrite. Les humeurs sont plus diffuses, durables et indépendantes de stimuli. La tristesse est un sentiment, alors que la déprime est une humeur.

Les sentiments engendrent des humeurs. Ainsi, en vous imprégnant régulièrement de joie et de gratitude (sentiments) vous tendrez à développer la satisfaction (humeur). À leur tour, les humeurs engendrent des sentiments. Lorsqu'on se sent globalement satisfait de la vie, on nourrit des sentiments de reconnaissance et de joie. Par conséquent, en vous imprégnant de sentiments positifs, vous allégerez votre humeur, ce qui vous inspirera d'autres sentiments positifs, qui allégeront encore plus votre humeur.

Bien entendu, comme le montre le témoignage de cette femme, l'amour est une des émotions les plus douces : *Chaque nuit, avant d'éteindre la lumière, je passe voir mon petit garçon endormi et je murmure : « Que tu sois heureux, en bonne santé, en sécurité et en paix. » L'amour que je ressens en prononçant ces mots pénètre en moi. Un soir, après être retournée à ma chambre et m'être glissée sous les couvertures, la joie qui m'emplissait le cœur a continué à grandir et j'ai décidé de l'étendre à mon mari. J'ai pensé à tout l'amour que je lui portais, et des sentiments de joie n'ont cessé de s'écouler en moi. J'avais un immense sourire aux lèvres, dans l'obscurité, et j'étais très heureuse quand j'ai fermé les yeux !*

Désirs

En plus des espoirs, des souhaits, des envies, des volontés et des besoins, les désirs incluent les motivations, les inclinations, les valeurs, la morale, les aspirations, les objectifs, ainsi que l'aversion, le besoin de se surpasser, l'attachement, le désir irrépressible et toutes les addictions. Vos désirs peuvent concerner le monde extérieur (par exemple, souhaiter qu'une personne ne néglige pas vos besoins) ou le monde intérieur (avoir l'intention de rester fort quand vous dénoncez cette attitude). Les désirs positifs entraînent bonheur et bienfaits, comme se mettre en quête d'un verre d'eau quand vous avez soif. Et les désirs négatifs entraînent souffrances et torts, comme se mettre en quête d'une cigarette quand vous êtes stressé.

Ainsi, quand vous expérimentez un désir positif, accordez-lui votre attention et imprégnez-vous-en. Soyez conscient des facteurs mentaux qui favorisent les désirs sains, telle la détermination ou la conviction, et imprégnez-vous-en également. Quand vous ne cédez *pas* à un mauvais désir, soyez attentif aux bons résultats et imprégnez-vous du soulagement, de la satisfaction et de l'estime de soi que vous avez acquis.

Actions

J'emploie le mot « actions » au sens large afin d'inclure aussi bien ce que nous faisons à l'extérieur – nos comportements, expressions faciales, postures, les mots que nous prononçons ou écrivons – et les inclinations et compétences intérieures qui produisent nos actes observables, telle une tendance à tendre la main à ceux qui souffrent ou la capacité à écouter avec empathie. Vous pouvez vous aider à agir de manière plus efficace en enregistrant réellement les actes que vous souhaitez favoriser, que ce soit en les réalisant concrètement ou en les imaginant. Par exemple, supposons que vous souhaitiez vous affirmer davantage face à des gens trop insistants, ce qui pourrait vous demander de vous pencher en avant plutôt qu'en arrière, de relever la poitrine, de faire des gestes de confiance ou de vous exprimer avec fermeté. Ensuite, quand vous réalisez ou imaginez un de ces actes, prolongez votre expérience de dix secondes ou plus pour l'aider à pénétrer.

Une mère de famille s'est servie de ces éléments pour changer la manière dont elle préparait ses enfants pour l'école le matin : *Comme mes filles de sept et neuf ans adorent rester au lit, j'ai toujours eu du mal à les réveiller, et les matins étaient souvent synonymes de bousculade, d'agitation et de bougonnements. Mais j'ai fini par apprendre une autre méthode. Je vais plus tôt dans leurs chambres. Je me penche près de leur petit corps endormi et j'inspire profondément tout en les embrassant sur la joue. Elles ont gardé leur odeur de bébé et je sais que cela ne durera pas éternellement. Ces sentiments maternels pénètrent en moi, ce qui me conforte dans cette manière de réveiller mes filles. Je m'imprègne de leur bonne odeur et je la retiens dans mon cœur pendant quelques instants, tandis qu'elles dorment encore. Cela me rend tellement heureuse ! Puis, avec espièglerie, je leur caresse les cheveux et le dos pour les réveiller, et la douceur que j'éprouve devient une part de moi-même. Il en résulte presque toujours un réveil heureux et agréable, avec sourires et câlins. Et je peux savourer des moments qui disparaîtront bien trop tôt.*

LE THÉÂTRE DE LA CONSCIENCE

Un peu plus tôt dans ce chapitre, quand vous avez cherché à repérer une sensation agréable, vous avez utilisé la manière la plus simple d'activer une expérience positive : *être attentif à* quelque chose de bon déjà présent dans votre esprit. La conscience est comme un théâtre. À tout moment, des éléments occupent le premier plan de la scène, éclairés par le projecteur de l'attention, comme les mots que vous lisez à cet instant. Simultanément, au second plan, en marge de la scène, vous expérimentez d'autres éléments, comme des sensations, des sons et des sentiments. Vous disposez donc de deux sources où puiser les bonnes expériences qui sont déjà là.

À l'instant même, tâchez de trouver quelque chose d'agréable ou d'utile au *premier plan* de votre conscience, sous le projecteur de l'attention. Par exemple, un sentiment de curiosité, de bien-être ou de détermination. Peut-être venez-vous de manger et vous sentez-vous agréablement repu. Cet élément, qui n'est pas obligatoirement important ou intense, n'en reste pas moins positif.

De la même manière, votre vie est ponctuée de moments où le premier plan de votre esprit est occupé par des éléments positifs, comme une bonne odeur de café, des sentiments chaleureux à l'égard d'un ami ou le soulagement de voir une journée s'achever enfin. Chaque occasion de repérer ces bonnes expériences et de vous en imprégner constitue une pause dans la course contre la montre du quotidien, une sorte d'arrêt au stand vous permettant de vous reposer et de vous ravitailler, comme l'a découvert cette personne un matin : *Il faisait encore sombre quand je me suis réveillée et, pelotonnée sous ma couette, j'ai écouté le bruit magique de la bruine sur les fenêtres de toit. Je me suis sentie en sécurité et aimée, et je me suis imprégnée de ces sentiments. Après m'être levée, j'ai pris la direction du parc avec les chiens. À cette heure matinale, nous avions l'endroit pour nous. Tout était silencieux – pas de gazouillis d'oiseaux, très peu de voitures, un sentiment de paix et de solitude dans une ville trépidante. Je me suis sentie extrêmement reconnaissante. J'ai fermé les yeux, respiré profondément, et je me suis livrée à l'expérience.*

Puis tâchez de trouver un élément positif au *second plan* de la conscience. Imaginez que vous preniez un repas : bien que l'essentiel de votre attention soit sur la nourriture, vous êtes aussi conscient des sons qui vous entourent et de la salle dans son ensemble. De même, au moment où vous lisez ces lignes, une sensation agréable de détente, une attitude de curiosité ou d'optimisme peut flotter à l'arrière de votre esprit.

Dès que vous repérez un aspect positif au second plan de la conscience, focalisez-vous sur lui et portez-le au premier plan. Apprenez à faire passer des éléments à l'avant de votre esprit. Comme, de manière générale, il y a toujours *quelque chose* d'agréable ou de bénéfique quelque part dans votre conscience, plus vous maîtriserez cette démarche, plus vous aurez l'occasion d'installer le positif au cœur de votre expérience. De plus, comme le projecteur de l'attention augmente l'encodage neuronal, en ramenant un aspect de votre expérience à l'avant de la conscience vous amplifiez son transfert dans la structure cérébrale. (Pour vous familiariser avec cette pratique, veuillez vous reporter à l'encadré de la page ci-contre, « Ramener un sentiment à l'avant de la conscience ».)

Pour prolonger la présence d'un élément positif au premier plan, il ne faut pas vous laisser distraire par les éléments du second plan. Laissez-les simplement exister, sans leur résister ni les repousser. Vous pourrez leur accorder votre attention plus tard si cela vous semble approprié.

RAMENER UN SENTIMENT À L'AVANT DE LA CONSCIENCE

Cette pratique consiste à repérer une expérience bénéfique au second plan de la conscience, puis à la déplacer au premier plan. Vous appliquerez ce processus à une seule partie de votre expérience : les *sentiments*.

1. **Activer**. Pendant que vous lisez ces lignes, différents sentiments liés à ce livre ou à d'autres éléments opèrent naturellement à l'arrière de votre esprit. Ils peuvent être légers ou subtils, et inclure des aspects négatifs, mais au moins un, si ce n'est plusieurs de ces sentiments sont probablement positifs, comme le calme, la confiance en soi, le bien-être général ou la cordialité envers autrui. Prenez un moment pour faire le silence en vous et écouter ce qui se murmure à l'arrière de votre esprit. Trouvez un sentiment qui vous plaît et focalisez-vous sur lui.
2. **Enrichir**. Lorsqu'un sentiment positif apparaît au premier plan de la conscience, demeurez avec lui, laissez-le s'intensifier si possible et ressentez-le dans votre corps.
3. **Absorber**. En parallèle, sentez le sentiment positif pénétrer en vous comme vous pénétrez en lui. Ouvrez-vous à lui et recevez-le.

Que ressentez-vous après avoir réalisé cette pratique ? Prenez un moment pour répéter ce processus et approfondir la sensation de ramener les choses à l'avant de votre esprit.

AIMER ET VOULOIR

Une fois que vous avez activé une bonne expérience, il est normal d'avoir tendance à vouloir la retenir. Mais, si c'est le cas, vous n'êtes plus porté par le flux de l'expérience. En tentant de la figer et de la posséder, vous vous distinguez d'elle. Et c'est la fin de la bonne expérience. C'est comme écouter de la musique. Si vous entendez un riff extraordinaire et que vous essayez de le rejouer dans votre tête pendant que la chanson continue à passer, vous ne l'appréciez plus. Par conséquent, il faut *aimer* la bonne expérience sans la *vouloir.*

Aimer consiste à prendre plaisir, à apprécier et à savourer. Au sens où je l'entends, *vouloir* rime avec besoin effréné de se surpasser, insistance, compulsion, pression, avidité, attachement, désir irrépressible et refus de lâcher prise. Dans le sous-cortex et le tronc cérébral, des circuits connectés mais séparés gèrent ces deux tendances. On peut aimer quelque chose sans le vouloir, comme apprécier le goût d'une glace tout en refusant une seconde portion après un repas copieux. On peut aussi vouloir quelque chose sans l'aimer, comme ces gens que j'ai vus dans un casino, qui tiraient machinalement sur la manette d'une machine à sous sans vraiment se préoccuper du résultat.

Il est normal d'aimer ce qui est agréable et il n'y a pas de mal à cela. Les ennuis commencent quand nous voulons des choses qui ne sont pas bonnes pour nous ou pour les autres, comme boire trop ou avoir coûte que coûte le dernier mot. Les ennuis commencent aussi quand nous voulons des choses qui sont bonnes mais que nous tentons d'obtenir de la mauvaise manière. Par exemple, je veux arriver au travail à l'heure (bon), mais je conduis souvent trop vite pour y parvenir (mauvais). De plus, pour être honnête, vouloir me semble être en soi une source de soucis. Soyez attentif à ce que vous ressentez quand vous voulez, quand vous désirez ardemment ou que vous êtes poussé irrésistiblement vers un but. La racine scandinave du mot anglais *want* (vouloir) est « manque ». Vouloir n'est pas synonyme d'inspiration, d'aspiration, d'engagement, d'intention, d'ambition ou de passion. Pouvez-vous viser haut et travailler dur sans vous laisser piéger par le besoin effréné de vous surpasser ? Fondé sur un déficit ou une perturbation, vouloir déclenche le mode réactif de votre cerveau et provoque un sentiment de contraction et de stress. Songez à cet adage : *Aimer sans vouloir est le paradis, mais vouloir sans aimer est l'enfer.*

Concrètement, s'il y a une leçon à retenir ici, c'est qu'il faut apprécier les expériences qui vous traversent sans vous y attacher, et chercher à atteindre de justes fins par de justes moyens sans céder au besoin effréné d'en vouloir toujours plus. Quand vous repérez un aspect positif dans votre expérience, encouragez-le délicatement à se prolonger sans tenter de vous y accrocher. Votre cerveau a tendance à vouloir sans cesse des choses nouvelles. En vous imprégnant régulièrement d'expériences agréables sans basculer dans le besoin irrépressible, vous pourrez peu à peu vous défaire de l'habitude même de vouloir.

LES FRUITS À PORTÉE DE MAIN

Qu'y a-t-il de plus remarquable que de reconnaître qu'à tout moment ou presque votre conscience contient des éléments positifs. À moins que vous ne soyez accablé par une terrible expérience, le flux de votre conscience, à l'instant même, recèle des éléments de paix, de satisfaction et d'amour que vous avez toujours souhaités.

Avec un peu d'attention, les bonnes expériences vous deviennent accessibles tout au long de la journée. Ce sont des fruits à portée de main auxquels il vous suffit d'être attentif. Dès que vous les repérez, miam ! Quel délice ! La plupart des expériences saines que vous vivez déjà sont de petites cerises sucrées – une respiration relaxante, une bonne intention, une vision ou un son agréable, une plaisanterie partagée avec un ami. Dès que vous le souhaitez, vous pouvez grignoter ces expériences en leur accordant simplement votre attention et en les laissant vous nourrir.

La conscience même, qui s'apparente à une sorte d'espace contenant toutes les parties de votre expérience, présente des aspects positifs auxquels vous pouvez toujours être attentif. Un écran de télévision ne change pas en fonction des images, belles ou laides, qu'il projette. De la même manière, la conscience n'est jamais entachée ni endommagée par ce qui la traverse. Cette caractéristique lui donne une fiabilité et une quiétude inhérentes. Même si vous êtes déprimé ou en grande souffrance, vous pouvez trouver refuge et apaisement dans la conscience, qui contient tous les éléments difficiles de l'esprit.

À RETENIR

- Il y a deux manières de réaliser l'étape 1 de notre méthode pour s'imprégner de ce qui est bon : trouver une expérience positive déjà présente ou en créer une.
- Vous pouvez repérer une expérience positive au premier ou au second plan de la conscience. En étant plus attentif à l'expérience qui flotte au second plan, vous disposerez de plus d'éléments positifs dont vous pourrez vous imprégner.
- Soyez conscient des différentes parties de votre expérience, y compris les pensées, les perceptions sensorielles, les émotions, les désirs et les actes. Il peut être bon de s'imprégner de chacune.
- Les pensées comprennent les monologues intérieurs, les images, les attentes, les perspectives, les projets et les souvenirs. Les expériences sensorielles bénéfiques incluent le plaisir,

la relaxation, la vitalité et la force. Les émotions sont constituées de sentiments changeants et d'humeurs durables : s'imprégner régulièrement de certains sentiments peut modifier les humeurs qui leur sont associées. Les désirs comprennent vos espoirs, vos intentions, vos valeurs morales et vos objectifs. Les actes incluent vos comportements, vos inclinations et vos compétences.

❁ Aimer et vouloir relèvent de systèmes distincts dans votre cerveau. Par conséquent, il est possible d'aimer quelque chose sans le vouloir. Si vous vous permettez de vivre des expériences positives sans chercher à les retenir, vous les apprécierez davantage et vous ne serez pas emporté par le besoin d'en vouloir toujours plus et la pression.

❁ Être attentif aux bonnes expériences vous offre chaque jour de nombreuses occasions de vous imprégner de ce qui est bon. Même être attentif à votre propre conscience peut être une bonne expérience, puisque la conscience est fondamentalement paisible et jamais entachée ou meurtrie par ce qui la traverse.

6

Créer des expériences positives

Dans le chapitre précédent, nous avons vu comment porter l'attention sur une bonne expérience déjà présente. Voyons à présent comment en *créer* une. Créer une expérience positive peut être aussi simple que chercher quelque chose d'agréable à regarder ou penser à un événement qui vous rend heureux – des activités que nous faisons souvent parce qu'elles nous procurent du bien-être. À d'autres moments, vous mobiliserez l'expérience d'une force intérieure pour répondre à un défi : si votre avion bouge dangereusement au cours d'un voyage, vous pouvez respirer profondément à plusieurs reprises pour vous apaiser ; si quelqu'un vous fait une queue-de-poisson, vous pouvez vous rappeler que cela n'a rien de personnel.

Qu'il s'agisse simplement de vous sentir bien ou d'affronter un défi, il est fondamental d'être capable d'activer soi-même des états mentaux favorables – de diffuser le morceau que *vous* voulez sur votre radio intérieure – pour favoriser la santé psychologique, l'efficacité et le bien-être quotidiens, le développement personnel et la pratique spirituelle. Toutefois, au début, beaucoup de gens éprouvent des difficultés à mobiliser délibérément des expériences positives – en particulier celles qui seraient utiles face à certaines situations ou à certains besoins. Par exemple, si vous êtes stressé, il peut falloir un peu d'expérience pour parvenir à créer une sensation de détente dans votre corps. Si vous avez été blessé, il peut falloir un certain temps pour vous souvenir d'un ami et vous sentir vu et apprécié. Les états mentaux les plus bénéfiques sont souvent les plus difficiles à générer soi-même. Mais, avec de la pratique, vous y parviendrez de mieux en mieux. Et, plus vous intérioriserez les expériences que vous créez, plus elles émergeront naturellement sous forme de forces intérieures face aux cahots de la vie.

DE L'IDÉE À L'EXPÉRIENCE INCARNÉE

Les suggestions suivantes peuvent vous aider à transformer les *pensées* liées à des faits positifs en *sentiments*, *sensations*, *désirs* et *actes* associés. Essayez-les !

- Soyez simultanément conscient de votre corps et du fait positif.
- Assouplissez et ouvrez votre corps et votre esprit, en ayant le sentiment d'accueillir le fait.
- Pensez à des aspects du fait positif qui encouragent spontanément des émotions, des sensations, des désirs et des actes positifs.
- Témoignez-vous de la bienveillance – comme si une voix intérieure disait : « Vas-y, c'est réel, c'est vrai, c'est normal que ça te fasse du bien. »
- Imaginez que ce fait positif se produise dans la vie d'un ami. Quelle expérience lui souhaiteriez-vous ? Pourriez-vous vous souhaiter la même expérience ?

Testez ces propositions sur différentes expériences. Par exemple, quand vous voyez des murs solides, laissez cette vision se transformer en sentiment de protection. Quand vous savez qu'une journée difficile est terminée, laissez cette pensée vous soulager. Quand vous vous rappelez certaines de vos réalisations, laissez ce souvenir renforcer votre estime de soi. Et quand vous notez que vous êtes inclus dans un groupe, laissez cette observation nourrir un sentiment d'appartenance.

Explorons différents moyens de créer une bonne expérience, en illustrant chacun par des exemples. Un grand nombre de ces méthodes sont basées sur la recherche de faits positifs. Vous n'inventez rien. Vous voyez ce qui est *vrai*, la réalité objective. Reconnaître les faits positifs ne revient pas à nier leurs pendants négatifs. Il s'agit simplement de se focaliser sur des éléments susceptibles de provoquer une bonne expérience.

Souvent, nous n'associons pas de sentiments aux faits positifs que nous voyons. Cette étape en apparence anodine – passer de l'idée à l'expérience incarnée – est cruciale, car sans elle il n'y a pas grand-chose à installer dans le cerveau. En termes de structures neuronales, ce n'est pas l'événement, la circonstance ou la situation même qui compte, mais l'*expérience* que vous en avez. Savoir sans ressentir est comme un menu sans repas. Pour transformer un fait positif en expérience positive, reportez-vous à l'encadré de la page ci-contre, « De l'idée à l'expérience incarnée ».

ENVIRONNEMENT ACTUEL

À tout moment ou presque, où que vous soyez, vous disposez d'aspects positifs dans votre situation immédiate. Regardez autour de vous à l'instant même. Pouvez-vous repérer quelque chose d'attirant ou de beau et en concevoir un sentiment positif ? Entendez-vous des sons qui vous procurent une sensation de confort ou de réconfort ? Touchez-vous un objet – une chaise, un vêtement ou les pages d'un livre – que vous êtes heureux d'avoir dans votre vie ? Y a-t-il des gens à proximité que vous aimez ou appréciez ?

Incluez des petits riens ou des choses que vous négligez en temps normal. Par exemple, en écrivant ce livre, j'ai porté mon attention sur le clavier qui me permettait de taper ces mots (reconnaître un fait positif) et je me suis dit que cette invention était vraiment intelligente et utile (activer une bonne expérience). Sur une échelle d'intensité de 0 à 10, la gratitude que m'inspirent les claviers est à 1, mais il s'agit malgré tout d'une expérience positive. Bien que cela fasse quarante ans que j'utilise des ordinateurs, ils ne m'avaient jamais inspiré de sentiments particuliers jusqu'à cet instant. Pendant tout ce temps, j'avais manqué une occasion pourtant à portée de main. Il y a un intérêt supplémentaire à reconnaître un fait positif longtemps négligé. Grâce à un effet multiplicateur, vous le reconnaîtrez encore et encore à l'avenir.

Voici l'histoire d'une femme qui a trouvé des éléments positifs dans un cadre improbable : *Je vis à Detroit, où 40 % des propriétés ont été abandonnées, si bien qu'on croirait vivre dans la nature au milieu de ruines urbaines. La dernière fois, alors que je me trouvais dans la « prairie urbaine », j'ai été stoppée net par un arbre envahi d'oiseaux tapageurs. J'ai levé les yeux, m'imprégnant des bruits et du spectacle, les laissant emplir chaque partie de moi. J'ai pris conscience du bourdonnement d'une autoroute à distance, créant une symphonie pour oiseaux et voitures. M'imprégner de moments comme celui-ci m'aide à porter un regard neuf sur le monde. Parfois, en fin d'après-midi, la beauté de la lumière du soleil sur les briques rouges d'un bâtiment abandonné peut presque dépasser les mots.*

ÉVÉNEMENTS RÉCENTS

Au cours de votre journée, il est probable qu'un grand nombre de choses susceptibles de vous faire du bien se soient produites. Songez aux plaisirs physiques, comme vous asperger le visage d'eau le matin ou vous enfoncer confortablement dans votre oreiller le soir. Sans oublier ce que vous êtes parvenu à terminer, y compris des tâches aussi simples qu'une lessive ou des mails à traiter. Le quotidien est une bonne source d'expériences positives. Au cours des dernières vingt-quatre heures, vous avez probablement pris un repas, fait du bien à quelqu'un et vu ou entendu quelque chose d'agréable. Avant d'aller vous coucher, vous pourriez vous imprégner des sentiments positifs générés par un aspect de la journée. La personne suivante l'a fait pendant une année entière : *Le 1er janvier, j'ai créé une boîte du Nouvel An. Chaque jour, j'y glisse un mot décrivant un fait agréable qui s'est réellement passé. Je les lirai tous à la Saint-Sylvestre. Maintenant, lorsqu'un petit rien positif se produit dans ma journée, je m'en imprègne au lieu de passer rapidement à autre chose.*

Songez également à la *multitude* de choses qui auraient pu tourner mal mais qui ne l'ont pas fait, comme l'accident qui ne s'est pas produit sur le chemin du bureau, le plat qui ne s'est pas cassé et la grippe qui ne vous a pas cloué au lit. Ce genre de faits positifs nous échappe pour deux raisons. Premièrement, l'attention n'est pas attirée par un stimulus. Il est difficile de repérer quelque chose qui *n'a pas* eu lieu. Deuxièmement, l'absence d'un flux quotidien de faits négatifs est, heureusement, la norme dans la plupart des vies. Votre cerveau fait abstraction de ce qui ne change pas, qu'il s'agisse du bourdonnement du réfrigérateur ou de l'absence routinière de désastres. Bien que ce processus, baptisé *habituation*, permette un usage efficient des ressources neuronales, il nous fait passer à côté d'expériences bénéfiques. Tâchez de reconnaître au moins un élément par jour qui aurait pu être réellement compliqué mais qui ne l'a pas été, puis prenez un moment pour vous imprégner des bons sentiments générés.

SITUATIONS PERSISTANTES

Contrairement aux événements éphémères, beaucoup de bonnes choses sont relativement stables et fiables – et donc autant d'occasions de bonnes expériences. À l'instant même, la plupart des lieux que vous aimez sont toujours là et ne sont pas menacés. Pour ma part, quand je suis dans le fauteuil du dentiste, je pense à Tuolumne Meadows, dans le parc de Yosemite : je vois les dômes de granite et j'entends la brise dans les pins. Il y a des gens honnêtes dans votre vie et d'autres qui vous souhaitent du bien. Observez votre maison, des placards à la cuisine, et soyez attentif aux choses qui existent toujours, en les nommant même dans votre tête, tel que : *Cet évier sera là demain… ces vêtements seront là… ces murs seront toujours peints, cette table et cette lampe seront toujours utiles.*

En élargissant de plus en plus votre cercle, songez aux aspects imparfaits mais toujours positifs de la société dans laquelle vous vivez – en incluant, je l'espère, les lois, la démocratie et les droits civiques –, surtout comparés à ce qui s'est passé dans l'Histoire et à ce qui se passe encore dans un grand nombre de pays aujourd'hui. Songez à la culture et à notre facilité d'accès à la musique, aux idées, aux arts, aux divertissements et aux enseignements spirituels. Les sciences et les technologies ont progressé, fournissant des objets tels que le réfrigérateur, les avions, les chasses d'eau, l'aspirine et l'Internet. En voyant encore plus loin, vous pouvez compter sur tout ce que nous offre la nature, des chiens qui trottinent aux nuages dans le ciel en passant par le bruit de la mer. Voici un joli témoignage : *Il y a une colline près de ma maison, qui est couverte de fleurs la majeure partie de l'année. Quand je suis au bureau, je sais que cette colline est toujours belle : les couleurs, les violets, les orange, les bleus et les roses éclatants. Dans ma tête, je vois les écureuils courir sur les rochers moussus. C'est un peu mon petit sanctuaire au travail, savoir que les fleurs sont là alors que je suis en réunion.*

Certes, les circonstances peuvent évoluer – l'automne laisse la place à l'hiver, les enfants quittent le foyer familial, les êtres chers disparaissent – et les événements positifs peuvent avoir des inconvénients (une promotion peut s'accompagner de longues heures de travail). Pourtant, les circonstances positives qui existent bel et bien peuvent être reconnues, chacune servant de base solide à une sensation de confort, de sécurité, de gratitude, de soulagement, d'émerveillement ou d'aise.

VOS QUALITÉS PERSONNELLES

De nombreuses qualités, tels l'impartialité, le sens de l'humour et toutes sortes de talents et de compétences, imprègnent indéniablement votre caractère, votre personnalité et vos capacités. En percevant ces faits et en les appréciant, vous agirez sur votre moral et contribuerez à guérir votre sentiment d'inaptitude ou de honte. Être bien avec soi-même ne veut pas dire être vaniteux : plus vous renforcerez votre estime de soi, moins vous aurez besoin d'impressionner les autres.

Il n'est pas nécessaire d'être un saint ou un héros pour avoir des qualités : nous en avons tous ! Mais il peut être compliqué de sentir que l'on est globalement quelqu'un de bien et de compétent si vos critiques intérieures vous laissent penser que vous n'êtes pas à la hauteur ou vous font douter de vous-même. Dans ce cas, se dresser pour faire éclater la vérité à *vos* yeux et à ceux des autres, à savoir que vous êtes globalement quelqu'un de bien – pas parfait, mais bien –, peut sembler tabou.

Songez aux qualités d'un ami – par exemple, son honnêteté, ses excentricités sympathiques et son grand cœur. Est-ce que vous traiteriez bien cet ami en niant ces qualités ? Au contraire, quel bénéfice en tirerait-il si vous appréciiez ses qualités ? À présent, inversons la situation : pouvez-vous voir vos propres qualités ? Ce n'est que justice : si vous dites la vérité sur un ami, il n'y a pas de raison de ne pas la dire sur vous-même. Pourquoi serait-il bon de voir le bien chez un ami, mais le mal chez vous ? La Règle d'Or est une voie à double sens : nous devrions aussi *nous* traiter comme nous traiterions autrui.

Observez des vertus et des forces en vous, telles l'endurance, la patience, la détermination, l'empathie, la compassion et l'intégrité. Repérez également des capacités, même simples en apparence, comme cuisiner un repas, utiliser un tableur ou être un bon ami. Il s'agit bien de faits, non de fiction. Si des pensées négatives vous retiennent – *Mais je ne suis pas toujours comme ça, en plus cet élément positif est annulé par les éléments négatifs en moi* –, c'est normal. Soyez simplement conscient de ces éléments négatifs et ramenez votre attention sur la réalité de vos vertus, de vos forces et de vos capacités. Songez à ce que différents amis ou parents apprécient, aiment ou adorent chez vous. Ou imaginez que vous observiez la vie de quelqu'un qui vous ressemble : que donne-t-il/elle aux autres ? Qu'est-ce qui est respectable et admirable chez cette personne ? Ou imaginez que l'être le plus juste et le plus aimant de l'univers vous murmure à l'oreille, qu'il vous parle de votre propre bonté.

Tâchez d'admettre réellement la *vérité* de vos qualités. Choisissez-en une et percevez-la clairement. Peut-être êtes-vous un ami serviable, une bonne cuisinière ou quelqu'un de bien. Peu importe, sachez qu'elle est réelle. Laissez cette prise de conscience se transformer en sensation de joie, d'assurance et d'estime de soi. Ouvrez-vous à ces sentiments positifs qui pénètrent en vous. Songez à la manière dont vous vous aidez vous-même et les autres quand vous vous sentez bien ainsi. Puis répétez ce processus avec d'autres faits positifs vous concernant. Imprégnez-vous de la sensation d'être fondamentalement quelqu'un de bien.

L'exemple de cette femme, qui s'est imprégnée des sentiments positifs que lui inspirait la qualité de son travail, est éclairant : *Lorsqu'on est interne en médecine, on traverse une phase délicate, où l'on est hanté par les nuages noirs du doute qui planent sur ses compétences professionnelles. Pour faire face, je m'imprégnais vraiment de ce qui se passait bien, comme la gratitude d'un patient schizophrène que d'autres collègues avaient renoncé à traiter, qui m'a dit un jour qu'il chérissait nos séances de thérapie ensemble et qui commençait lentement à reprendre sa vie en main. Plus je laissais pénétrer des exemples de ma compétence, moins j'entendais l'enregistrement négatif jouer dans ma tête, et plus je me sentais heureuse et engagée.*

LE PASSÉ

La malle aux trésors du passé est une merveilleuse source d'expériences bénéfiques. Lorsqu'une situation me pose problème, parfois je me revois en train d'escalader une saillie (fait) tout en éprouvant dans mon corps la détermination et la puissance (sentiment) qui m'ont été nécessaires pour la franchir. De même, lorsque je connais un revers professionnel, je me souviens de succès passés. Si quelqu'un se montre critique envers moi, après avoir tenté de comprendre la situation et les leçons que je peux en tirer, je songe à un bon moment passé avec un ami et je me sens aimé et valorisé.

Parfois, vos expériences passées se confondent. Au fil des ans, j'ai vu des centaines de plages, si bien qu'aujourd'hui j'éprouve une sensation distillée d'immensité et d'exaltation quand je songe aux occasions où j'ai pu me rendre sur la côte. Vous pouvez aussi avoir un vague souvenir d'une période de votre vie susceptible d'être mobilisé. Par exemple, savoir que vous avez surmonté une crise financière peut vous inspirer un sentiment d'endurance et de respect. En fait, vous n'avez pas besoin de souvenirs précis. Vous pouvez utiliser des photos de lieux que vous avez oubliés ou des histoires de votre enfance pour imaginer les sentiments agréables que vous avez dû éprouver. Ma mère ayant fait plusieurs fausses couches avant de m'avoir, je sais pertinemment que j'ai été un bébé désiré et aimé, et il m'arrive d'imaginer ce que je devais ressentir quand j'étais câliné avec autant d'amour par mes parents.

Quand vous songez au passé, les bons moments perdus peuvent vous inspirer un sentiment doux-amer, et c'est normal. Essayez de ne pas laisser votre attention se faire happer par les regrets ou les pertes. Vous honorez ce qui a été bon jadis quand vous y goûtez de nouveau aujourd'hui.

L'AVENIR

L'avenir est une autre malle aux trésors pleine d'expériences positives potentielles, qu'il s'agisse d'avoir hâte d'enlever ses chaussures trop serrées à la fin de la journée ou de rêver des vacances de l'été prochain. Ce voyage mental dans le temps mobilise des réseaux médians du cortex, qui ont constitué une étape importante de notre évolution, puisqu'ils ont permis à nos ancêtres de bâtir plus efficacement des projets.

Prenez quelques instants pour imaginer un événement positif qui surviendra plus tard dans la journée, puis laissez-le se transformer en sentiment agréable pour vous. Imaginez une expérience bénéfique que vous pourriez vivre dans l'avenir si vous deviez agir ou parler différemment dans une relation compliquée. Ou les bienfaits à terme d'un changement que vous envisagez depuis un certain temps dans votre vie, comme trouver un autre travail ou méditer régulièrement.

PARTAGER CE QUI EST BON AVEC AUTRUI

Selon des études, parler d'une expérience positive permet de l'intensifier. L'être humain étant l'animal le plus social de la planète, nous avons considérablement développé les réseaux neuronaux de l'empathie, c'est-à-dire notre capacité à nous mettre à l'écoute de l'autre. Quand deux personnes ou plus partagent une expérience positive, les sentiments que transmettent ces réseaux empathiques s'agitent en tous sens, créant une réaction en chaîne. Comme l'a écrit John Milton dans *Le Paradis perdu*, « Plus le bien est communiqué, plus il croît abondamment ».

Vous pouvez vous remémorer le passé avec quelqu'un, par exemple, un moment amusant ou un défi surmonté ensemble. Vous pouvez aussi célébrer le présent, en murmurant à votre partenaire « comme c'est beau ! » quand vous regardez jouer vos enfants, en échangeant un regard de bonheur face à un coucher de soleil ou un sourire de plaisir devant un délicieux dessert. Et vous pouvez vous projeter volontiers dans un avenir agréable, qu'il s'agisse de savoir ce que vous allez faire samedi soir, où vous allez passer votre retraite, etc.

TROUVER DU POSITIF DANS LE NÉGATIF

En 2011, un contrôle de routine a révélé un mélanome malin à mon oreille droite. Mon beau-frère était décédé peu de temps auparavant d'un cancer de la peau. Tandis que les couches supérieures de mon esprit tentaient de régler toutes sortes de problèmes, par exemple décider de l'endroit où me faire traiter, une strate plus profonde se recroquevillait tel un petit animal effrayé. J'ai été sur des charbons ardents pendant dix jours, en attendant que le cancer soit retiré et que les examens montrent qu'il ne s'était pas disséminé. Il n'en demeure pas moins un risque de récidive accru. J'aurais pu interpréter tout cela de manière sombre, négative : « C'est tellement pénible de mettre de l'écran total. Est-ce que ça servira vraiment à quelque chose ? Je déteste vivre avec cette épée de Damoclès au-dessus de moi. » Mais ce n'est pas le cas. Dans l'ensemble, je suis plutôt heureux que ce soit arrivé. Je suis devenu plus compatissant envers les malades et j'apprécie davantage la vie, puisque je suis toujours là pour en profiter.

Votre *perspective* – le contexte dans lequel vous placez les faits et le sens que vous leur accordez – façonne réellement vos expériences. En particulier, trouver du positif dans les éléments négatifs – on parle alors de *recadrage* – permet de mieux les gérer et de s'en remettre plus facilement. Il ne s'agit pas de prétendre qu'une expérience difficile sera moins douloureuse, ou que vous pouvez vous laisser malmener, mais que même un événement ou une situation terrible peut recéler des possibilités d'expériences positives.

Songez à des difficultés passées. Vous ont-elles, d'une façon ou d'une autre, rendu plus fort ? Quelles leçons en avez-vous tirées ? Et les choses que vous avez perdues, vous ont-elles aidé à apprécier ce que vous avez toujours ? Songez à un défi présent et demandez-vous : « M'a-t-il permis de prendre conscience que, d'une certaine manière, je devais changer de cap ? » Réfléchissez à ce que vous ont appris, notamment sur l'importance de prendre soin de vous-même, les gens qui vous ont maltraité. Ou supposez que vous soyez au milieu d'une importante transition : qu'est-ce que ce nouveau chapitre de votre vie est susceptible de vous apporter ?

Le témoignage suivant montre comment on peut trouver une certaine paix face à la disparition d'un être cher : *Mon père, qui a été marine pendant la Seconde Guerre mondiale, a rendu l'âme par une journée de commémoration ensoleillée. Nous avons entendu le vacarme des avions de combat dans le ciel au moment même où il est mort. La chambre est devenue calme après leur passage. J'étais bouleversée et je craignais de ne pouvoir supporter la perte de mon père, mais en même temps j'étais émerveillée par l'amour, la paix et le calme qui ont empli la pièce après sa mort. Je m'en suis imprégnée. C'était comme si le temps s'était arrêté. Ç'a été un moment très intense. Cette expérience a généré un souvenir sensoriel qui m'a porté tout au long de ce moment difficile – et qui continue de me porter aujourd'hui. Maintenant, chaque fois que je me sens perdue ou déprimée, je me rappelle ces moments de calme intense et je me replonge en eux.*

PRENDRE LES AUTRES EN CONSIDÉRATION

Penser à des amis, parler gentiment ou se montrer généreux sont de merveilleuses occasions d'expériences positives. Les pensées, les mots ou les actes affectueux procurent généralement un sentiment de bien-être. D'ailleurs, une étude a montré que les centres cérébraux de la gratification s'activaient davantage quand les gens choisissaient de donner de l'argent pour une cause plutôt que de le garder pour eux.

Cette forme de bienveillance relève à la fois d'expériences intérieures et de comportements extérieurs. Dans le premier cas, il peut s'agir de se souvenir de quelqu'un qu'on aime. Dans le second, de sourire à un étranger, de toucher quelqu'un pour lui témoigner sa compassion, de border un enfant dans son lit ou d'arrêter de couper la parole à son épouse (je travaille moi-même sur ce point). Pour aller plus loin, on peut être heureux en anticipant un acte de considération, heureux en le réalisant et heureux en se le rappelant. Et l'attention que vous portez aux autres pourrait tout simplement inciter les autres à vous en offrir davantage.

Voici l'exemple d'un grand-père qui s'est imprégné d'une expérience d'amour extraordinaire : *Je tenais mon petit-fils encore bébé dans mes bras et, alors que je le berçais et que je chantais doucement, ses yeux se sont fermés, sa respiration s'est apaisée et il s'est endormi. J'ai savouré pendant plusieurs minutes le sentiment d'étreindre un être précieux et j'ai laissé ce moment m'habiter, demeurer ici. Stupéfiant.*

VOIR CE QUI EST BON DANS LA VIE DES AUTRES

Une des formes de bienveillance envers autrui est tellement importante que j'aimerais la distinguer. Nos ancêtres vivaient dans des petits groupes au sein desquels les individus devaient coopérer pour protéger leur vie et celle de leurs enfants dans un environnement difficile. En grandissant, la capacité à prendre plaisir aux joies et aux succès des autres a probablement contribué à approfondir les liens affectifs favorables à la survie et à la transmission des gènes. Se réjouir du bonheur des autres est une inclination innée et profonde du cœur humain. Elle vous offre des occasions illimitées de vous sentir bien puisqu'il y a toujours quelqu'un qui se réjouit de quelque chose quelque part.

Pensez à un fait positif dans la vie d'un être qui vous inspire de la bienveillance. Puis voyez si vous parvenez à vous réjouir pour cette personne. C'est ce qu'on appelle parfois la *joie altruiste*, le bonheur de voir les autres heureux. Si ce sentiment vous pose problème, essayez de l'appliquer à un enfant réel ou imaginaire : par exemple, un bambin qui ouvre un cadeau, qui lèche une glace en cornet ou qui joue avec un chiot. Il est fréquent que d'autres sentiments surgissent alors, comme de la tristesse provoquée par vos propres difficultés. Si c'est le cas, notez leur présence, puis ramenez délicatement l'attention sur ce que vous voulez encourager dans votre esprit : vous réjouir du bien-être d'autrui.

Essayez cette pratique avec différentes personnes de votre entourage, puis avec des gens que vous ne connaissez pas

– des étrangers dans la rue, au journal télévisé – ou que vous imaginez très loin. Personnellement, je l'adore. En plus de développer la bienveillance envers autrui, elle permet peu à peu d'ouvrir le cœur. En outre, c'est une très bonne manière de se défaire de l'envie, de la jalousie ou de la rancune. Quand vous réalisez cette pratique, vous remplacez les pensées négatives liées à votre vie par des sentiments positifs liés à celle des autres.

IMAGINER DES FAITS POSITIFS

Les réseaux corticaux médians qui nous permettent de penser à l'avenir et au passé – des capacités que l'être humain est le seul à posséder – sont le fondement neuronal du formidable cinéma intérieur qu'est l'imagination. Si vous êtes comme moi, vous avez trop facilement tendance à utiliser cette salle de projections à mauvais escient, comme pour rejouer encore et encore une interaction blessante. Faites-en plutôt un bon usage, par exemple en imaginant des faits positifs qui pourraient être vrais – ou pas.

Les choses susceptibles d'être vraies

Je n'ai jamais fait de surf, mais j'adore voir des vidéos de surfers chevauchant d'immenses vagues. Quand je m'imagine à leur place, je me sens excité et heureux. Cette projection, qui ne se réalisera probablement jamais, n'en demeure pas moins possible et s'avère donc une source potentielle d'expériences positives.

Vous pouvez utiliser cette méthode de différentes façons. Par exemple, en imaginant la voix d'un être cher qui vous encourage à surmonter une difficulté. Si vous possédez des talents que vous n'avez jamais exploités pleinement, songez à ce qui se passerait dans le cas contraire. Si vous préférez vous sentir plus fort, imaginez que vous avez une ceinture noire de karaté. Si vous aimez vous sentir plus serein, visualisez-vous tranquillement assis au milieu de la nature. Dans chaque cas, soyez réaliste sur ce que vous pourriez éprouver : n'en faites pas trop pour ne pas saper la puissance de cette pratique.

Les choses non susceptibles d'être vraies

Vous pouvez également vous servir de votre cinéma intérieur pour imaginer des choses qui n'ont aucune chance de se réaliser. Au fin fond des centres de la mémoire émotionnelle, les expériences imaginées bâtissent des structures neuronales par des mécanismes similaires aux expériences réelles, vécues. Vous n'employez pas cette méthode pour vous leurrer sur vos déficiences, ni pour glisser dans un monde idéal qui vous empêche d'améliorer celui-ci. Vous savez pertinemment ce qui est vrai. Mais vous le subissez moins.

Par exemple, je connais des gens qui n'ont jamais reçu d'amour de la part de leurs parents. Or, se sentir aimé lorsqu'on est enfant est nécessaire à un développement psychologique sain, et les carences dans ce domaine laissent des blessures au cœur. Pour ces personnes, imaginer un parent aimant, puis s'imprégner du sentiment d'être câliné, apaisé et chéri, s'est révélé une expérience puissante. Cela ne signifie pas qu'ils ont oublié ce qui s'est réellement passé dans leur enfance. Mais, en découvrant des moyens de s'offrir une *forme* de sentiment vital – se sentir aimé par un parent affectueux –, ils sont devenus leur propre ressource. Même s'il ne s'agit pas d'un remède miracle, cette pratique a amélioré les choses pour eux.

PRODUIRE DES FAITS POSITIFS

Presque chaque journée recèle l'occasion de créer des faits positifs, qui sont eux-mêmes l'occasion d'expériences positives. Vous pouvez adresser un compliment à quelqu'un, mettre une fleur dans un vase, écouter de la musique, changer des meubles de place, prendre un itinéraire différent pour vous rendre au bureau, manger des protéines au petit déjeuner, inviter votre chat à monter sur vos genoux ou changer votre taie d'oreiller. Le but n'est pas de crouler sous de nouvelles exigences, mais d'être simplement ouvert à l'opportunité de créer un élément capable d'encourager une bonne expérience.

Un des moyens de créer un fait positif est de faire quelque chose qui vous rend heureux. Une amie s'est fabriqué une petite boîte, qu'elle garde dans son sac à main, où sont rassemblés des coquillages d'un voyage en Italie, une photo de son chien et une croix : lorsqu'elle a besoin d'un coup de fouet, elle l'ouvre et regarde à l'intérieur. Une autre amie s'est procuré une photo d'enfance qu'elle a glissée à côté de son permis de conduire, si bien qu'elle voit cette adorable petite fille chaque fois qu'elle présente sa pièce d'identité.

La retenue permet aussi de créer des faits positifs. Éteindre la télévision lorsqu'une émission devient éprouvante. S'abstenir de faire des critiques. Refuser de s'inquiéter plus de trois fois pour quelque chose qu'on ne peut pas changer : au troisième coup, l'inquiétude disparaît ! Si vous êtes coincé face à une difficulté et que vous finissiez par vous libérer, vous créez d'emblée du positif : prenez un moment pour enregistrer ce fait et appréciez-le avant de passer à autre chose.

Chaque matin, vous pouvez choisir un fait positif que vous allez réaliser au cours de la journée. Et quand vous y êtes, savourez réellement l'expérience qui suit.

SUSCITER DIRECTEMENT UNE EXPÉRIENCE POSITIVE

Plus vous renforcez les traces neuronales d'expériences positives, plus il devient facile d'activer à votre gré des états mentaux positifs, sans avoir à penser à des faits agréables pour les susciter. Voyez si vous pouvez mobiliser directement un sentiment positif. Commencez par une expérience accessible. Par exemple, une sensation de force, de calme, d'amour ou de joie. Au début, cet exercice fonctionne mieux si votre esprit n'est pas inquiet ni stressé. Mais, avec de la pratique, vous apprendrez à activer les circuits neuronaux d'états positifs même lorsque vous êtes bouleversé ou contrarié, comme si vous parveniez à attraper l'outil dont vous avez besoin au milieu d'un capharnaüm.

CONSIDÉRER LA VIE COMME UNE CHANCE

Dans le chapitre précédent et celui-ci, nous avons exploré de multiples manières de réaliser l'étape 1 de notre méthode pour nous imprégner de ce qui est bon : Activer une expérience positive. Il s'agit de :

Repérer une expérience positive *déjà* présente

1. au *premier plan* de la conscience
2. au *second plan* de la conscience

Créer une expérience positive

3. trouver des faits positifs dans votre *environnement actuel*
4. trouver des faits positifs dans des *événements récents*
5. trouver des faits positifs dans des *situations persistantes*
6. trouver des faits positifs dans vos *qualités personnelles*
7. trouver des faits positifs dans le *passé*

8. anticiper des faits positifs dans l'*avenir*
9. *partager* ce qui est bon avec autrui
10. trouver du *positif dans le négatif*
11. *se préoccuper* des autres
12. *voir ce qui est bon* dans la vie des autres
13. *imaginer* des faits positifs
14. *créer* des faits positifs
15. *susciter directement* une expérience positive
16. considérer la vie comme une *chance*

Même si la vie est difficile, nous sommes entourés de faits positifs. Le soleil s'est levé aujourd'hui, d'autres personnes sont heureuses et la nourriture sent bon. Des faits positifs persistent en vous : votre corps fonctionne, votre esprit déborde de capacités et vous êtes un être fondamentalement bon. Même les faits négatifs contiennent des occasions de bonnes expériences. Et il y a de multiples manières de vivre de bonnes expériences sans se référer à aucun fait.

Parfois, il est impossible de repérer ou de créer une expérience positive. L'esprit peut être bouleversé par une douleur atroce ou une perte terrible, étouffé par une dépression accablante ou submergé de panique. À ce moment-là, vous ne pouvez que surmonter la tempête – être avec elle, la laisser exister – avec, si possible, un sentiment sous-jacent d'autocompassion.

Mais, la plupart du temps, il est *réellement* possible de repérer ou de créer une bonne expérience, qu'il s'agisse de chercher des yeux quelque chose que vous aimez, de reconnaître vos bonnes intentions ou d'avoir une pensée agréable. Voire, tout simplement, d'adopter une position plus confortable dans votre fauteuil. Reconnaître que chaque jour offre de nombreuses occasions de générer une bonne expérience est réconfortant en soi. Imaginez que vous découvriez que vous pourriez faire du bien à un ami cher, ou à quelqu'un qui souffre. Vous en seriez probablement heureux. Eh bien, vous disposez du même pouvoir de vous accorder de bonnes expériences. C'est la seizième façon d'avoir une expérience positive : considérer la vie comme une chance.

Même au milieu des difficultés et des souffrances, vous avez généralement le pouvoir de déclencher une pensée, une sensation, une émotion, un désir ou un acte positif. Vous avez aussi le pouvoir de nourrir les bonnes expériences pour les prolonger : c'est ce que nous allons voir en détail dans le chapitre suivant.

À RETENIR

- Être capable d'activer soi-même des expériences positives – de mobiliser délibérément des forces intérieures – est fondamental pour gérer les défis, se sentir bien et être efficace au quotidien. Avec de la pratique, ces expériences et ces forces s'activeront de plus en plus d'elles-mêmes.

- Pour transformer l'idée d'un élément positif en une expérience plus incarnée, vous pouvez vous mettre à l'écoute de votre corps, vous assouplir et vous ouvrir, puis songer à des aspects de l'élément qui génèrent naturellement des émotions, des sensations, des désirs ou des actes positifs.

- Vous pouvez trouver des faits positifs dans votre environnement actuel, mais aussi dans des événements récents, des situations durables, des qualités personnelles, le passé et la vie des autres. Vous pouvez aussi en créer. Tout fait positif est la base potentielle d'une bonne expérience.

- Pour créer des expériences positives, vous pouvez aussi imaginer l'avenir, partager de bonnes expériences avec autrui, trouver du positif dans le négatif, être attentionné, imaginer des faits positifs (susceptibles ou non d'être vrais) et susciter directement une expérience positive.

❀ Parfois, il est tout simplement impossible d'avoir une expérience positive. Mais, la plupart du temps, vous pouvez en repérer ou en créer une. Ce fait est une source supplémentaire de bonnes expériences : considérer la vie comme une opportunité.

7

Bâtir son cerveau

Après avoir utilisé les méthodes décrites dans les deux chapitres précédents, imaginons que vous vous sentiez détendu, reconnaissant ou aimant. C'est déjà bien, vous avez accompli l'étape 1 de notre méthode. Et maintenant ?

Il va falloir aider cette expérience positive à pénétrer dans votre cerveau. C'est ici qu'interviennent les étapes 2 et 3. La première permet d'*enrichir* l'expérience en la prolongeant et en la cultivant dans votre esprit. La seconde, de l'*absorber*, en sentant délibérément l'expérience devenir une part de vous-même. Ces deux étapes *installent* les expériences dans votre cerveau, transformant des états mentaux positifs en traits neuronaux.

ENRICHIR UNE EXPÉRIENCE

Cinq facteurs majeurs renforcent l'apprentissage, la conversion d'événements mentaux fugaces en structures neuronales durables. Plus la *durée*, l'*intensité*, la *multimodalité*, la *nouveauté* et la *pertinence personnelle* d'une expérience sont importantes, plus celle-ci a de chances d'être retenue par la mémoire. Chacun de ces éléments est un moyen de stimuler l'activation des neurones de sorte qu'ils se raccordent davantage ensemble chaque fois que vous vous imprégnez de ce qui est bon. En répétant ces expériences, vous renforcerez encore ces traces neuronales.

Les étages supérieurs du système cerveau/esprit peuvent produire de grandes envolées de l'imagination, des raisonnements mathématiques subtils, des sentiments à la texture riche et des images ou des mélodies exquises, mais au sous-sol, en quelque sorte, la construction de nouvelles structures est un processus mécanique. Plus vous disposez d'outils, plus vous les utilisez souvent, plus vous le faites durablement et plus vous développez des réseaux neuronaux. Plus c'est, mieux c'est. En outre, il est agréable de disposer de cinq options différentes pour enrichir une expérience : si l'une n'est pas applicable ou ne fonctionne pas pour vous sur le moment, il reste possible d'en essayer d'autres.

Durée

Très souvent, les bonnes expériences semblent filer sans laisser de traces. Aidez-les donc à durer, en demeurant avec elles pendant au moins cinq à dix secondes d'affilée : plus c'est long, plus c'est bon. Vous pouvez utiliser les méthodes qui vous ont permis d'activer l'expérience positive pour la réactiver encore et encore et la prolonger. J'ai reçu un témoignage frappant sur cette pratique : *J'adore le gâteau au chocolat et la glace. Pour réactiver ce bon moment, je le fais ressurgir sous forme de souvenir. Je ne me rappelle pas seulement les saveurs, mais les textures et les températures. Je reconnais le plaisir que j'éprouve et j'imagine mon cerveau parcouru de petits smileys. Je pense à prolonger autant que possible le plaisir que me procurent le gâteau au chocolat et la glace. Quand je suis distrait par des pensées, je prends une autre bouchée mentale. J'essaie de rester avec cette expérience pendant trente secondes, une minute, plusieurs minutes, voire plus.*

Ensuite, au cours de ma journée, si quelque chose me dérange, je me dis : « C'est l'heure du gâteau et de la glace ! »

Vous aussi, accueillez votre bonne expérience. Soyez-lui dévoué, en renonçant à tout le reste aussi longtemps que vous le souhaitez. Consacrez-lui votre esprit : en un sens positif, laissez-la vous conquérir. Faites-lui de la place, préservez-lui une forme de sanctuaire dans votre esprit.

RESTER CONSCIENT D'UNE EXPÉRIENCE POSITIVE

- Appliquez délibérément votre attention à l'expérience, puis maintenez-la. C'est un peu comme du patinage sur glace. Mais au lieu de planter votre pied, puis de vous laisser glisser, vous appliquez votre attention, puis vous restez en contact avec l'expérience.
- Conservez une partie de l'attention sur l'attention même pour pouvoir la ramener si elle part ailleurs. Vous pouvez vous aider en murmurant des instructions, comme si une voix douce vous disait dans votre tête : « Reste ici. »
- Pour réduire les distractions causées par les tensions et le stress, inspirez longuement à une ou deux reprises : vous activerez l'aile parasympathique apaisante de votre système nerveux.
- Nommez délicatement l'expérience pour vous-même, par exemple : « apaisante… relaxante… sécurisante ».
- Si vous êtes facilement distrait, tâchez de vous imprégner d'expériences particulièrement stimulantes, qu'il s'agisse de plaisirs physiques, d'émotions dynamisantes – comme la délectation, l'émerveillement, la joie, l'affection ou l'enthousiasme – et d'attitudes incarnées, comme une farouche détermination.

Si votre attention part ailleurs, c'est normal. Quand vous vous en rendez compte, essayez de ramener le projecteur sur l'expérience positive sans vous critiquer. Des expériences négatives, comme des sentiments ou des sensations d'inconfort, surgiront peut-être simultanément. Si c'est le cas, reconnaissez-les, laissez-les exister et demeurez avec l'expérience positive. N'oubliez pas que vous pourrez penser à autre chose plus tard. Par ailleurs, testez les suggestions de l'encadré de la page ci-contre, « Rester conscient d'une expérience positive ».

Intensité

Quand l'intensité d'une expérience augmente, les niveaux de noradrénaline, un neurotransmetteur qui favorise la formation de nouvelles synapses, augmentent aussi. Plus une expérience favorise la création de nouvelles synapses, plus elle se tisse à votre cerveau. Et plus une expérience devient agréable – en particulier si elle s'est révélée plus gratifiante que prévu parce que vous l'avez délibérément intensifiée et que vous vous êtes ouvert à elle en vous imprégnant de ce qui est bon –, plus les niveaux de dopamine s'élèvent également, ce qui crée aussi de nouvelles synapses. Au fond, plus une expérience est forte, plus sa conversion en structures neuronales est importante. Par conséquent, intensifier volontairement des expériences positives pour se sentir aussi bien que possible est un moyen remarquable de prolonger leurs bienfaits.

Pour y parvenir, vous pouvez encourager l'expérience à devenir plus riche, plus pleine et plus vaste dans votre corps et dans votre esprit. Plongez en elle et laissez-la devenir aussi forte que possible. Soyez conscient de ses aspects gratifiants, telle une sensation extraordinaire qui vous parcourt la peau ou l'émotion que vous inspire la bienveillance d'une personne à votre égard. Vous pouvez inspirer un peu plus rapidement ou créer l'impression de pomper de l'énergie en vous. Vous pouvez aussi fermer les yeux ou les baisser vers un objet fixe pour vous focaliser réellement sur ce moment délicieux. Une expérience peut être subtile – comme la sérénité, un sentiment d'appartenance ou d'épanouissement –, mais imprégner malgré tout votre esprit. Appréciez-la, savourez-la. Cueillez-la !

Multimodalité

La multimodalité consiste à être conscient d'un maximum d'aspects de l'expérience. Supposons que vous songiez aux qualités d'un ami. Vous pouvez alors vous mettre à l'écoute de sensations, d'émotions, de désirs et d'actes associés. Si vous vous sentez reconnaissant, vous pouvez visualiser un flot d'éléments positifs qui pénètre votre vie, sentir votre corps s'apaiser, noter le souhait de partager avec autrui une partie de ce que vous avez reçu et vous imaginer exprimant votre gratitude à haute voix.

Surtout, tâchez de ressentir les bonnes expériences dans votre corps entier. Laissez votre attention pénétrer votre organisme comme l'eau pénètre la terre. Portez la conscience sur votre respiration pour rester plus facilement en contact avec les sensations physiques. Voyez si vous pouvez même avoir l'impression de respirer avec le corps entier, en mêlant des sentiments de bonheur, d'amour ou de paix à la respiration.

Nous abordons la vie en tant que *corps* physique : cette réalité est tellement évidente que nous avons tendance à l'oublier. Les centres de contrôle du sous-cortex surveillent en permanence l'état de votre organisme et transmettent des appels à l'action et des signaux émotionnels associés à votre cortex. Ces signaux façonnent les points de vue et les valeurs contenus dans le cortex, et leurs répercussions se font sentir jusqu'au sous-cortex et au tronc cérébral. Par ce circuit, l'action modèle la pensée, qui modèle l'action – un phénomène à la base de ce que l'on appelle la *cognition incarnée.* Par exemple, selon des études, lorsqu'on se penche vers une récompense, on augmente la réponse du cerveau à celle-ci. De même, les expressions faciales, la posture et même le fait d'ouvrir ou de fermer les mains influencent l'expérience et le comportement de chacun.

Par conséquent, vous pouvez enrichir une expérience en l'incarnant par différents types d'actions, même subtiles. Au début de mon mariage, quand ma femme me parlait d'un problème et… que je commençais à me sentir visé, je reculais physiquement (« Sortez-moi de là ! »). Mais, petit à petit, j'ai constaté qu'en me penchant vers elle j'avais l'esprit plus ancré dans la conversation et le cœur plus ouvert. De la même manière, vous pouvez esquisser un sourire pour vous remonter le moral, vous asseoir un peu plus droit pour être plus vigilant ou écarter les jambes pour vous sentir un peu plus fort. En général, plus nous abordons les expériences positives de manière active et incarnée, plus leur impact est important.

L'art est un moyen créatif de vivre une expérience en mobilisant nos différents sens. Même les choses les plus simples peuvent être extrêmement efficaces, comme vous le montrera l'exemple de cette psychologue scolaire (pour en savoir plus sur les moyens de s'imprégner de ce qui est bon avec les enfants, voir le chapitre 9) : *Dans les groupes d'aide aux élèves démotivés que j'anime, j'ai introduit un exercice de gratitude qui consiste à s'imprégner de ce qui est bon. Je fais passer des bandes de papier de couleurs différentes, des bâtons de colle et des marqueurs : chacun reçoit trois bandes. Je demande aux enfants de fermer les yeux et de prendre quelques minutes pour réfléchir aux choses qui leur inspirent de la reconnaissance dans leur vie. Puis je leur demande d'en choisir trois et de noter chacune sur une bande de papier. Je leur précise qu'il peut s'agir de choses extraordinaires ou aussi simples que du fromage fondu, de l'eau chaude ou des melons sans graines (qui font partie de mes préférés). Ensuite, chaque élève fabrique une chaîne en papier à partir de ses bandes. Chaque fois qu'il ajoute un chaînon, nous marquons une pause pour nous interroger sur ce qui est bon dans l'expérience concernée. J'invite les enfants à laisser l'expérience les pénétrer et devenir une part d'eux-mêmes. Quand nous réalisons cet exercice, ce qui me frappe avant tout, ce sont la paix et le calme qui emplissent notre espace, et les sourires qui s'esquissent sur tous les visages.*

Nouveauté

Votre cerveau est un détecteur de nouveautés, qui traque en permanence les éléments imprévus, puis s'empresse de les stocker en mémoire. Soyez donc attentif à la dimension inédite de vos expériences positives, surtout si elles sont ordinaires, comme manger une tranche de pain, arriver chez soi après le travail ou regarder un être cher dans les yeux. Laissez ces moments se renouveler. Cherchez des récompenses inattendues dans vos expériences – par exemple, des sentiments ou des sensations susceptibles de provoquer les réactions suivantes : «Je ne m'attendais pas à ce goût subtil de curry dans ma soupe» ou «Je ne savais pas que ça me ferait autant de bien de te serrer dans mes bras». Vos niveaux de dopamine augmenteront et l'expérience s'enregistrera plus facilement dans votre cerveau.

Portez votre attention sur les différents aspects d'une expérience. Faites le test avec quelque chose que vous connaissez bien, comme la respiration. Respirez à quelques reprises et explorez une partie des sensations qui apparaissent dans le ventre, la poitrine, le diaphragme (entre le ventre et la poitrine) et la gorge. Notez l'air frais qui entre et l'air chaud qui sort. Notez les sensations autour de la lèvre supérieure, dans votre dos, dans les petits mouvements des épaules, du cou, de la tête et des hanches. Chaque fois que votre attention se porte sur un nouvel aspect de l'expérience, votre cerveau est stimulé.

Notez combien les choses changent en permanence. Quand vous parlez à un(e) ami(e), soyez conscient des expressions qui vacillent sur son visage, du flux et du reflux des sentiments que provoquent ses paroles en vous. De même, quand vous êtes calmement assis et que vous vous sentez globalement bien, observez que les visions, les sons, les goûts, les contacts, les odeurs et les pensées ne cessent de surgir dans la conscience, puis de disparaître.

Comme vous l'avez vu au chapitre 2, l'hippocampe est très important pour la mémoire, et donc pour s'imprégner de ce qui est bon, mais ses neurones peuvent aussi être affaiblis ou détruits par l'hormone du stress, le cortisol. Heureusement, il est aussi la principale matrice de nouveaux neurones (la *neurogénèse*). Or, la survie de ces bébés est augmentée par la nouveauté de vos expériences. Comme aucune expérience ne se ressemble exactement, en vous focalisant sur ses différents aspects, vous encouragerez une sensation de fraîcheur, et par conséquent contribuerez à la neurogénèse et à la réparation de l'hippocampe.

Pertinence personnelle

Imaginez que vous traversiez un centre commercial ou que vous regardiez un site Internet. Votre cerveau est sans cesse à l'affût d'éléments susceptibles de vous intéresser. *Pertinent pour mes besoins, mes intérêts ou mes préoccupations ?* On zoome dessus. *Pas pertinent ?* On passe à autre chose. Et lorsqu'il finit par trouver ce qui vous convient, il stocke cette expérience.

Vous pouvez donc vous servir de ce processus naturel pour renforcer les traces neuronales de vos expériences positives.

Soyez conscient de la manière dont pourrait vous aider une expérience positive, pourquoi elle vous serait précieuse. Ainsi, la relaxation et le calme apaisent le stress et l'inquiétude, plaisanter avec votre partenaire peut vous aider à vous sentir plus connectés quand vos emplois du temps vous permettent difficilement d'être proches.

Il s'agit de replacer l'expérience dans le contexte de votre vie. Vous pouvez même vous dire : « Ceci me concerne parce que… » Au cœur de cette sensation de pertinence se trouve la bienveillance à votre propre égard, le sentiment que « c'est ce dont j'ai besoin, ça me fait du bien, c'est bien pour moi ». Vous ne nourrissez pas votre ego : vous vous offrez une expérience qui *compte*, comme vous pourriez l'offrir à un ami qui en aurait besoin.

ABSORBER UNE EXPÉRIENCE

Un jour, alors que nous étions en vacances, ma femme et moi regardions un coucher de soleil extraordinaire, même pour une île comme Hawaï. Je me suis dit : « Souviens-toi de celui-là » et, vingt ans plus tard, au moment d'écrire ces mots, je revois encore le ciel strié de violets et de roses éclatants.

Enrichir une expérience – la seconde étape de notre méthode – contribue en soi à l'installer dans votre cerveau, puisque vous intensifiez et prolongez l'activité neuronale. Et, de la même manière que vous pouvez graver l'image d'un beau coucher de soleil dans votre tête, vous pouvez amplifier cette installation en sentant délibérément l'expérience pénétrer en vous, devenir une partie de vous. C'est l'objet de notre troisième étape : Absorber.

En réalité, s'imprégner de ce qui est bon revient en quelque sorte à faire un feu. À l'étape 1, vous l'allumez ; à l'étape 2, vous l'alimentez pour l'entretenir ; et à l'étape 3, sa chaleur se répand en vous. Vous pouvez entamer la troisième étape après avoir achevé la deuxième mais, la plupart du temps, les sensations d'absorber et d'enrichir une expérience positive se chevauchent et se mêlent. Comme si vous étiez réchauffé par un feu alors que vous continuez d'y ajouter du bois.

Lorsqu'elles réalisent la troisième étape, certaines personnes visualisent l'expérience positive qui s'infiltre en elles telle une pluie fine ou une légère poussière d'or, ou qui se loge, tel un joyau, dans la malle aux trésors de leur cœur. La métaphore suivante décrit de manière frappante cette étape : *Si vous prenez un verre d'eau claire et que vous y ajoutez une goutte d'huile, cette dernière reste à la surface. Si vous prenez un autre verre d'eau et que vous y ajoutez un colorant alimentaire, la goutte se dissout peu à peu dans l'eau et la colore. C'est l'image que j'emploie pour expliquer aux gens en quoi consiste s'imprégner de ce qui est bon. L'huile est une expérience fugace qui n'a aucun impact, alors que le colorant est un changement tangible, qui prend son temps pour pénétrer.*

Certains ont le sentiment que l'expérience positive les réchauffe comme une tasse de chocolat chaud ou qu'elle soulage des points douloureux en eux, tel un baume apaisant. D'autres savent simplement qu'ils reçoivent, enregistrent et retiennent l'expérience : qu'elle s'installe dans leur cerveau, devenant une part d'eux-mêmes, une ressource intérieure qu'ils peuvent emporter partout avec eux. Trouvez ce qui fonctionne le mieux pour vous et soyez certain que l'expérience positive se fraiera un chemin jusqu'à votre cerveau. Elle pénétrera en vous comme vous pénétrerez en elle.

Voici le témoignage d'une femme qui a absorbé régulièrement une expérience positive : *Récemment, un de mes chats est tombé malade. J'ai emmené Sammy, qui avait onze ans, chez le vétérinaire, en pensant qu'elle allait avoir des médicaments et qu'elle serait rétablie en un rien de temps. Mais j'ai appris qu'elle avait la poitrine remplie de liquide, ce qui l'empêchait de respirer correctement. Elle avait une maladie incurable. Après en avoir discuté avec mon vétérinaire et mon compagnon, j'ai décidé qu'il valait mieux euthanasier Sammy. Les animaux sont incroyablement précieux, mais cette décision impensable devait être prise. L'euthanasie a laissé une marque indélébile dans mon cerveau et dans mon cœur. J'ai pleuré pendant des jours. Au bout de quelque temps, après m'être un peu recentrée, j'ai tenté de m'imprégner de ce qui est bon. J'ai accueilli les souvenirs des précieux moments passés avec Sammy en savourant chacun d'eux pendant plus de trente secondes. J'ai senti ces émotions positives pénétrer en profondeur, tel un baume, et guérir ces derniers moments terribles avec elle. En un sens, c'était comme si Sammy même devenait une partie de moi. Une sensation de réconfort se répandait en moi quand je la revoyais assise sur mes genoux ou courant après un jouet.*

Quelle que soit la méthode que vous utilisez pour absorber une expérience, tâchez d'éprouver la volonté, et même le courage, d'être changé, de vous épanouir, de devenir un peu différent sous son effet. Par exemple, quand vous vous imprégnez d'une expérience de gratitude, essayez de vous sentir devenir réellement un peu plus reconnaissant. Quand vous vous imprégnez d'une sensation de force, essayez de devenir véritablement un peu plus fort. L'esprit (et le cerveau) prend la forme de l'objet sur lequel il se porte : il se façonne donc autour de l'expérience positive dont vous vous imprégnez.

PAIX, CONTENTEMENT ET AMOUR

Rassemblons tous ces éléments dans une longue pratique appliquée aux expériences fondamentales de paix, de contentement et d'amour, qui vous ramènera au mode réceptif de votre cerveau. La première fois que vous l'effectuez, il peut être utile de consacrer un peu de temps à chacune de ses parties séparément afin d'en avoir une idée claire. Puis vous pourrez accéder de plus en plus directement à un sentiment intégré de paix, de contentement et d'amour. C'est un exercice que j'utilise moi-même souvent, y compris au réveil. (Pour une version beaucoup plus brève, voir l'encadré de la page 199, « Une minute pour se faire du bien ».)

C'est parti !

Soyez conscient du sentiment d'être présent à tout ce qui traverse votre conscience : pensées, perceptions sensorielles, émotions, désirs et actions. Laissez-les exister ; laissez-les aller et venir.

Reconnaissez certaines des protections dont vous bénéficiez à l'instant même, y compris les murs qui vous entourent et les gens bienveillants qui sont à proximité. Reconnaissez certaines de vos ressources, comme des capacités, une bonne réputation ou un permis de conduire. Invoquez un sentiment de force, de détermination. Notez que votre corps se porte fondamentalement bien à l'instant même, que votre cœur bat, que la respiration se produit correctement, que vous allez bien même si vous n'êtes pas parfait.

Soyez conscient de tout sentiment superflu de menace, et voyez si vous pouvez le lâcher. Tâchez de vous désengager des inquiétudes et des projections : vous pourrez y revenir plus tard. Vous n'affrontez ni ne combattez quoi que ce soit ni qui que ce soit. Toute contrariété, exaspération, irritabilité ou colère se dissipe. Soyez conscient de toute méfiance, crispation ou anxiété inutile – et voyez si vous pouvez les lâcher. Ouvrez-vous à un sentiment de sécurité aussi raisonnable que possible. Vous devenez plus calme et détendu. Peut-être éprouvez-vous de la quiétude, tel un lac de montagne paisible. Il n'y a aucun motif d'aversion : vous ne résistez à rien, que ce soit en vous ou dans le monde. Vous permettez, dévoilez, une sensation de paix.

Prolongez la paix, appréciez-la. Enrichissez et assimilez la sensation de paix. Pénétrez dans la paix comme elle pénètre en vous. Demeurez ainsi aussi longtemps que vous le souhaitez.

À présent, laissez la sensation de paix passer au second plan de votre esprit, et portez au premier plan un élément qui vous aide à ressentir de la reconnaissance, de la gratitude. Pensez à un autre élément qui vous inspire du plaisir, du contentement, de la délectation ou de la joie. Souvenez-vous d'une occasion où vous êtes venu à bout d'une tâche. Soyez conscient des choses que vous avez réalisées, des buts que vous avez atteints. Remémorez-vous des moments de satisfaction et d'épanouissement. Invoquez d'autres choses qui vous procurent des sentiments de plénitude et de bien-être. Lâchez les déceptions, les frustrations, les insatisfactions. Ne vous reprochez pas vos pertes tout en acceptant leur réalité. Voyez si vous pouvez trouver un sentiment de satiété dans cet instant, voire d'abondance, sans souhaiter que cet instant ne soit autre que ce qu'il est. Sentez croître le contentement. Il n'y a rien à retenir, rien à traquer dans l'esprit ou dans le monde. Vous permettez, dévoilez, une sensation de contentement.

Prolongez le contentement, appréciez-le. Enrichissez et assimilez la sensation de contentement. Pénétrez dans le contentement comme il pénètre en vous. Demeurez ainsi aussi longtemps que vous le souhaitez.

À présent, laissez la sensation de contentement passer au second plan de l'esprit, et portez au premier plan des éléments qui vous aident à vous sentir aimé et aimant. Ouvrez-vous à un sentiment de connexion émotionnelle avec un être – une personne, un animal de compagnie ou un groupe de gens. Pensez à quelqu'un qui est chaleureux ou aimable avec vous, et nourrissez le sentiment d'être pris en considération. Rappelez-vous une occasion où vous vous êtes senti inclus, vu et compris, apprécié ou respecté, voire aimé. Laissez le sentiment d'être pris en compte vous emplir, adoucir vos traits, votre gorge et vos yeux, apaiser et réchauffer votre cœur. Laissez les rejets se dissiper, comme les ressentiments et les chagrins passés. Sachez ce que l'on ressent lorsqu'on est aimé. Reconnaissez certains éléments qui font de vous quelqu'un de bien, préoccupé par les autres. Soyez conscient de certains de vos apports aux autres, de certaines de vos capacités. Laissez pénétrer l'estime de soi. Encore une fois, accueillez en vous le fait que vous êtes vraiment quelqu'un de bien.

Songez à quelqu'un que vous appréciez, qui compte pour vous, que vous aimez. Trouvez de la compassion – le souhait qu'aucun être ne souffre – pour un être, peut-être un ami en difficulté, un enfant qui souffre ou des gens pauvres loin ou près de chez vous. Trouvez de la bienveillance – le souhait que les êtres soient heureux. Songez à quelqu'un, quelque part, qui est heureux. Réjouissez-vous de la bonne fortune des autres. Laissez toute envie ou jalousie se dissiper : vous n'avez pas à être perturbé par elles. Sentez-vous de plus en plus connecté, aux autres, à la vie entière, à la planète, et même au-delà. Il n'y a aucune raison de s'accrocher à qui que ce soit : vous êtes déjà lié aux autres, déjà aimé et aimant. L'amour afflue et reflue. Vous permettez, dévoilez, un sentiment d'amour.

Prolongez l'amour, appréciez-le. Enrichissez et assimilez la sensation d'amour. Pénétrez dans l'amour comme il pénètre en vous. Demeurez ainsi aussi longtemps que vous le souhaitez.

À présent, activez une sensation de paix, de contentement et d'amour simultané dans votre esprit, comme s'ils se soutenaient les uns les autres. Une sensation de plénitude, votre état naturel. Un sentiment intégré d'équilibre et de bien-être règne tandis que vous demeurez dans le mode réceptif de votre cerveau. Il y a peut-être des défis à affronter, des douleurs dans votre corps ou des soucis dans votre esprit, mais votre base n'est pas perturbée. Tout désir irrépressible ou nécessité de vous surpasser est inutile. Vous ressentez que vos besoins fondamentaux de sécurité, de satisfaction et de connexion sont globalement satisfaits à cet instant.

Vous êtes chez vous.

À RETENIR

- La deuxième et la troisième étape de notre méthode consistent à Enrichir et à Absorber une expérience positive pour l'installer dans votre cerveau.
- Cinq facteurs majeurs permettent d'enrichir une expérience et d'augmenter sa conversion en structures neuronales · la durée, l'intensité, la multimodalité, la nouveauté et la pertinence personnelle.

❁ Vous pouvez absorber l'expérience en l'imaginant pénétrer en vous, en la sentant entrer dans votre corps et en la laissant vous changer.

❁ Susciter régulièrement une sensation fondamentale de paix, de contentement et d'amour est un merveilleux moyen de revenir au mode réceptif et d'approfondir ses traces neuronales.

8

Des fleurs qui déracinent les mauvaises herbes

Les trois premières étapes de notre méthode n'impliquent que du positif. Vous pouvez les utiliser pour affronter un défi ou apaiser un élément qui vous perturbe depuis longtemps, mais vous vous focalisez entièrement sur des expériences positives. Par exemple, à l'école, où j'étais l'intello de la classe, j'étais souvent choisi en dernier pour les équipes sportives, ce qui m'embarrassait. Aussi, une fois adulte, je me suis imprégné de nombreuses expériences agréables sur les terrains de football et en escalade avec des amis. Dans ces moments-là, il n'y avait aucune trace dans mon esprit des gênes passées, même si ce qui me motivait en partie à rechercher ces expériences était la conscience que ce problème me suivait depuis mon enfance.

À l'inverse, la quatrième étape – Lier – consiste à maintenir *simultanément* les éléments positifs et négatifs dans la conscience. Les éléments positifs restent plus importants et intenses, mais vous les sentez se connecter à leurs pendants négatifs et, peu à peu, les apaiser, voire les remplacer. À cette étape, les fleurs des expériences positives évincent et supplantent progressivement les mauvaises herbes des pensées, des sentiments et des désirs négatifs.

Laissez-moi d'abord vous expliquer pourquoi cette méthode fonctionne, puis vous offrir quelques suggestions pour l'utiliser avec efficacité.

LES ÉLÉMENTS NÉGATIFS ONT UN COÛT

Les expériences désagréables font partie intégrante de la vie. Et certaines ont un intérêt. Le chagrin peut vous attendrir le cœur, les difficultés, vous rendre plus fort et la colère, vous donner l'énergie de gérer des mauvais traitements. De plus, si vous résistez aux expériences désagréables, vous les empêchez de traverser votre corps et votre esprit, où elles restent bloquées. Abordez le négatif de manière négative ne fait que l'aggraver.

Or, les expériences désagréables qui se transforment en éléments négatifs stockés dans votre cerveau sont néfastes. Les éléments négatifs ont des conséquences négatives. Ils assombrissent l'humeur, augmentent l'anxiété et l'irritabilité, et donnent le sentiment général de ne pas être à la hauteur, d'être inapte. Ces éléments incluent des convictions douloureuses, par exemple « personne ne peut vouloir de moi ». Les désirs et inclinations qu'ils recèlent vous égarent. Ils peuvent vous engourdir et vous museler. Ou encore, vous inciter à réagir excessivement aux autres, et donc créer des cercles vicieux. Les éléments négatifs affectent votre corps, minent votre santé mentale et physique à long terme et peuvent réduire votre espérance de vie.

Dans l'ensemble, les éléments négatifs de votre cerveau s'apparentent à un fort courant qui vous entraîne en permanence vers le mode réactif. Comprendre les mécanismes neuronaux de l'activation, puis du stockage de ces éléments offre des moyens de les *changer*, voire de les éliminer complètement.

COMMENT LES ÉLÉMENTS NÉGATIFS FONCTIONNENT DANS VOTRE CERVEAU

Parfois, nous faisons l'expérience de pensées, de sensations, d'émotions, de désirs ou d'actes négatifs liés à des souvenirs *explicites*. Quand je repense au jour où nous roulions avec nos enfants près de Yosemite et que notre voiture a failli glisser d'une falaise enneigée, je suis pris d'un sentiment d'effroi et d'impuissance. Mais la plupart des éléments négatifs émergent des entrepôts de la mémoire *implicite*. Supposez que vous ayez acheté un jean plus serré que d'habitude, qui a réactivé toute une masse d'autocritiques sur votre poids. Ou que vous soyez sorti vous promener, que vous vous soyez mis à penser à des questions d'argent et que vous ayez eu l'impression de soulever le couvercle d'une marmite d'anxiété.

Qu'ils proviennent de la mémoire implicite ou explicite, les éléments négatifs ne sont généralement pas activés comme les documents que vous ouvrez sur votre ordinateur. À moins qu'il ne s'agisse d'un « souvenir flash » traumatique, dont les moindres détails douloureux sont gravés dans l'esprit, il n'est pas récupéré dans sa totalité, mais *reconstruit* à partir de graines latentes. Le cerveau s'exécute tellement vite qu'on a l'impression qu'il extrait un dossier nauséabond précis d'un meuble à tiroirs quelque part dans notre tête, alors qu'en réalité il s'agit d'un processus actif de plusieurs dixièmes de secondes, au cours duquel de vastes quantités de synapses – des millions voire des milliards – se synchronisent en une sorte de confédération ou *coalition*, qui représente l'expérience consciente de ces éléments négatifs.

Puis, quand ces derniers – qu'ils prennent la forme d'une préoccupation anxieuse, de l'image d'un champ de bataille, d'un manque d'expression individuelle face à des figures d'autorité, d'une réactivité excessive vis-à-vis d'un conjoint ou du sentiment grandissant d'être « incasable » si l'on est célibataire –

ne sont plus actifs dans la conscience, ils sont peu à peu *reconsolidés* dans les structures de la mémoire. Les petites machines moléculaires ont besoin d'au moins plusieurs minutes, et probablement de plusieurs heures, pour recâbler les éléments négatifs dans votre cerveau. Le fait qu'il s'agisse d'un processus actif qui réclame du temps vous offre deux méthodes pour apaiser, guérir, voire remplacer les éléments négatifs.

DEUX MÉTHODES POUR CHANGER LES ÉLÉMENTS NÉGATIFS

Si un élément autre que les éléments négatifs est également présent dans la conscience, il est représenté par ses propres coalitions synaptiques. Les deux systèmes commencent à se lier, puisque les neurones qui s'activent ensemble se raccordent ensemble. Par conséquent, vous pouvez être délibérément conscient des éléments à la fois positifs et négatifs, de sorte que – en particulier si le positif s'affiche nettement au premier plan de la conscience – le positif se connecte au négatif. De fait, les pensées et les sentiments fortement positifs se tisseront à la trame des éléments négatifs. Lorsque ces derniers quitteront la conscience pour être reconsolidés dans des structures neuronales, ils auront tendance à emporter certains de ces liens positifs avec eux. Dès qu'ils seront réactivés, ils tendront également à s'accompagner de certaines de ces associations positives, de ces pensées et de ces sentiments positifs.

Écraser le négatif

Supposons que vous ayez eu une petite dispute avec un ami ou votre partenaire. L'expérience a été embarrassante et inconfortable, mais vous savez pertinemment que vous allez vous en remettre. Pourtant, vous ne pouvez pas vous empêcher de vous faire du souci. Vous pourriez donc être conscient, simultanément, de votre anxiété et du sentiment de compter pour quelqu'un (qui pourrait être la personne avec qui vous vous êtes disputé). Continuez à renforcer les sentiments positifs par rapport aux négatifs, tout en étant conscient des deux à la fois. Au bout d'une douzaine de secondes ou plus, lâchez l'anxiété et prolongez le sentiment de compter pendant une dizaine de secondes supplémentaires. Si l'inquiétude revient, il est possible qu'elle soit un peu (ou beaucoup) plus légère grâce à cette brève pratique. Et, comme pour tout autre exercice mental, plus vous le répétez, plus son impact est important sur le cerveau. C'est la première méthode destinée à utiliser le positif pour réduire le négatif.

Toutefois, aussi efficace soit-elle, les études indiquent que cette infiltration du positif dans le négatif peut parfois simplement « écraser » les éléments négatifs sans réellement les effacer, tel un joli motif sur une toile lugubre plus ancienne. Quand les éléments négatifs sont écrasés, ils peuvent revenir, vengeurs, en présence du déclencheur adéquat, ou se réactiver plus facilement par la suite.

Effacer le négatif

Pour gérer les faiblesses potentielles de la méthode précédente, de nouvelles études désignent une seconde piste : certains protocoles psychologiques effacent les associations négatives dans les structures neuronales au lieu de se contenter de les écraser. Voici comment. Les éléments négatifs sont souvent associés à un « déclencheur » neutre. Supposons que, dans votre enfance, vous ayez eu un entraîneur sportif qui parlait très fort, vous critiquait sans cesse et vous effrayait. Dans ce cas, l'autorité masculine – qui constitue un déclencheur neutre, puisqu'elle n'est pas négative en soi – s'est connectée dans votre cerveau à des expériences de peur et d'humiliation (éléments négatifs). Résultat, aujourd'hui encore, vous pouvez vous sentir mal à l'aise face à une figure d'autorité masculine au travail, bien que votre intellect sache pertinemment que ce n'est pas votre ancien entraîneur. Comment briser la chaîne qui lie le déclencheur neutre aux éléments négatifs ?

Dans votre cerveau, il existe une « fenêtre de reconsolidation » qui peut vous aider à y parvenir. Pendant une heure au moins après l'activation des éléments négatifs, puis leur départ de la conscience, si vous pensez de manière répétée au déclencheur neutre tout en n'éprouvant que des sentiments neutres ou positifs (pendant une douzaine de secondes ou plus), vous perturbez la reconsolidation des associations entre les éléments négatifs et le déclencheur neutre dans les structures neuronales, et vous réduisez même l'activation de l'amygdale liée au déclencheur neutre.

En reprenant l'exemple de la figure d'autorité masculine, vous pouvez tester les deux méthodes pour réduire les éléments négatifs. Premièrement, gardez à l'esprit un fort sentiment d'estime de soi accompagné au second plan de la conscience d'un épisode embarrassant provoqué par l'entraîneur sportif quand vous étiez enfant : c'est une façon de relier consciemment les éléments positifs et négatifs. Deuxièmement, après avoir lâché le souvenir douloureux, à quelques reprises au cours de l'heure qui suit, soyez uniquement conscient de choses neutres ou positives – par exemple, un sentiment d'estime de soi – tout en évoquant, en vous rappelant ou en visualisant pendant une douzaine de secondes ou plus une figure d'autorité que vous connaissez (déclencheur neutre).

Vous pouvez aussi utiliser cette méthode dans vos activités quotidiennes. Juste avant une réunion avec une figure d'autorité, vous pouvez relier dans votre conscience le sentiment intense d'estime de soi et le souvenir douloureux de l'entraîneur sportif. Puis, pendant la réunion, accédez de nouveau à plusieurs reprises à l'estime de soi sans vous référer au vieux souvenir de votre entraîneur. Vous pouvez également essayer cette approche de manière plus sobre, par exemple en observant la figure d'autorité sans cesser de renouveler votre sentiment d'estime de soi.

DE PUISSANTES POSSIBILITÉS

En résumé, pendant les phases de reconstruction et de reconsolidation, il est *possible de changer* les schémas neuronaux dont dépendent les éléments négatifs en les reliant de deux manières différentes à des éléments positifs. D'une part, vous pouvez imprégner les éléments négatifs d'influences positives : il s'agit alors de les replacer dans un cadre plus large, plus réaliste et plus optimiste, tout en apaisant et en atténuant les sentiments, sensations et désirs qu'ils impliquent. D'autre part, vous pouvez interrompre la reconsolidation des associations entre les éléments négatifs et des déclencheurs neutres dans les structures neuronales pour les effacer peu à peu.

Ces outils sont de puissants moyens de réduire et d'éliminer le négatif. Pour l'illustrer, voici l'un de mes exemples préférés : *Je gardais les chiens de ma fille, des Welsh corgis Cardigan. Je les vois souvent et nous nous aimons bien. Un jour, j'ai décidé de m'allonger calmement par terre pour voir leur réaction. En quelques secondes, ils se sont approchés. Ils ont posé leurs pattes sur ma poitrine, m'ont léché le visage et les lèvres, mordillé délicatement le nez et les oreilles, flairé le cou, avant de courir autour de moi puis de reprendre le même scénario. Inutile de préciser que je ne pouvais pas m'empêcher de rire et de glousser. C'était une merveilleuse expérience d'amour inconditionnel. Et puis je me suis rendu compte que je pouvais me servir de cette expérience pour guérir le souvenir très douloureux d'un événement qui s'était produit quand j'avais trois ou quatre ans. Ma grand-mère, qui était méchante et cruelle, m'avait enfermé dehors en me racontant que les vaches du champ voisin allaient venir me dévorer et d'autres histoires tout aussi folles qui m'avaient terrifié. J'ai maintenu à plusieurs reprises dans mon esprit l'expérience des corgis qui me sautaient dessus et me léchaient le visage, tout en me remémorant l'épisode douloureux avec ma grand-mère. Et ça a marché ! À présent, je ne peux plus penser à ma grand-mère sans faire surgir immédiatement l'image des corgis. Le vieux souvenir se dissipe, remplacé par la joie et l'amour.*

Voilà en quoi consiste la quatrième étape de notre méthode : en liant le positif au négatif, vous injectez directement un « médicament » dans les réseaux neuronaux où la douleur, la détresse et les dysfonctionnements sont ancrés.

Ce lien, qui peut sembler artificiel ou risqué, est en réalité naturel. Je suis certain qu'il vous est déjà arrivé de maintenir simultanément le positif et le négatif dans votre esprit. Par exemple, en vous souvenant du soutien d'un ami quand vous êtes inquiet pour vos enfants, en vous incitant à vous calmer quand vous vous emportez, en allant marcher dans la nature quand vous avez le cafard, en faisant une prière pour surmonter une maladie ou la perte d'un être cher, voire en accueillant une douleur chronique dans un espace de conscience vaste et paisible.

On peut lier le positif au négatif de manière informelle au quotidien ou de manière plus formelle dans différentes psychothérapies. Par exemple, la psychanalyse, qui associe des symptômes névrotiques à une nouvelle interprétation, et la thérapie rogérienne, qui accueille la douleur du patient dans le regard positif inconditionnel du thérapeute. En particulier, la thérapie de cohérence, développée par Bruce Ecker et ses collègues, relie systématiquement les éléments positifs et négatifs.

APPLIQUER LA QUATRIÈME ÉTAPE

À présent, explorons en détail cette quatrième étape. Vous commencez comme d'habitude par les trois premières phases – Activer, Enrichir et Absorber –, puis, quand vous vous sentez bien ancré dans l'expérience positive, vous la Liez à des éléments négatifs. Maintenez simultanément les deux types d'élément dans la conscience aussi longtemps que vous le souhaitez. Ensuite, lâchez le négatif et imprégnez-vous exclusivement du positif pendant quelques secondes de plus.

Si une situation, une action, une relation ou un désir neutre (c'est-à-dire le déclencheur) s'est associé aux éléments négatifs dans votre esprit, tâchez, à plusieurs reprises au cours de l'heure qui suit, d'être conscient d'éléments neutres ou positifs en même temps que du déclencheur neutre pendant une douzaine de secondes, voire plus, sans ressentir la présence du négatif. Parfois, il n'y a pas de déclencheur neutre clairement identifié ou, du moins, identifiable pour vous. Dans ce cas, ne vous en faites pas, contentez-vous de sauter cette partie de la quatrième étape. Le fait d'accueillir simultanément le positif et le négatif dans la conscience vous sera malgré tout bénéfique.

Garder deux choses à l'esprit

Il peut sembler un peu étrange au départ d'être conscient de deux choses en même temps, mais vous avez déjà vécu de nombreuses expériences de ce genre, lorsque vous écoutez quelqu'un tout en prenant des notes ou que vous encouragez un enfant sur la banquette arrière de votre voiture tout en le conduisant à l'école. Avec de la pratique, vous y parviendrez même de mieux en mieux.

Maintenez les éléments négatifs au second plan de la conscience, de sorte qu'ils soient vagues, modestes et légers. En parallèle, gardez les éléments positifs au premier plan, de sorte qu'ils soient vifs, vastes et intenses. Si le négatif prend trop d'ampleur, lâchez-le comme une patate chaude. Soyez dans votre propre camp. Vous êtes *pour* le positif. Vous voulez qu'il gagne ! Si nécessaire, imaginez des alliés à vos côtés, qui vous soutiennent, vous renforcent, vous encouragent.

Si le négatif est particulièrement intense ou accablant, vous pouvez en appréhender simplement l'*idée*, et rien de plus, tout en vous immergeant dans le positif. Vous pouvez aussi le percevoir de manière plus détaillée, mais le tenir à l'écart, dans les coulisses de la conscience, tout en laissant le positif sous le projecteur. Une autre méthode, plus exigeante mais sans doute plus puissante, consiste à sentir les éléments positifs entrer directement en contact avec les négatifs. Par exemple, vous pouvez imaginer le positif s'infiltrer dans le négatif comme une pluie chaude, douce et persistante, un baume doré qui touche et apaise des points intérieurs à vif, blessés ou meurtris, ou de l'eau qui remplit des cavités anciennes.

Créer des connexions

Vous pouvez aussi imaginer que les éléments positifs sont connectés à des couches plus jeunes de votre psyché, comme le montre le témoignage de cette personne : *Ma mère a abandonné notre famille quand j'avais trois ans. Je m'imprègne régulièrement de ce qui est bon en empruntant un proche sentier qui longe un lagon. Chaque jour, j'y vois des choses qui me nourrissent, comme le vol gracieux d'une nuée d'oiseaux ou les jeunes pousses d'un arbuste. Quand je repère ce genre de choses, je m'arrête pendant trente secondes environ pour m'en délecter. Je respire profondément et j'imagine les bienfaits de l'expérience qui pénètrent en moi – je trouve efficace l'image d'une malle aux trésors que je remplis dans mon cœur. Par la suite, je me suis mise à associer cette belle expérience à la pensée du départ de ma mère. Au début, c'était déconcertant. Mais, après avoir pratiqué cet exercice pendant quelques mois, je peux désormais penser à ma mère sans ressentir de souffrance.*

Vous pouvez même susciter la sensation que l'enfant en vous – puisqu'il y a des couches plus jeunes dans la psyché de chacun de nous – accède enfin à des éléments dont il a toujours eu besoin. Par exemple, comme l'a fait cette dame, en visualisant un adulte en elle qui tient et réconforte sur ses genoux des parties plus jeunes de sa psyché : *Récemment, une blessure profonde de l'enfance a émergé du repaire de ma mémoire. Il y a quelque temps, elle m'aurait emportée. Mais, cette fois, je me suis demandé : de quoi a besoin ce petit enfant terrorisé et seul ? La réponse était : quelqu'un qui le prenne avec amour dans ses bras et reconnaisse sa tristesse. Donc, j'ai simplement prolongé la sensation d'une présence prévenante, douce, caressante, qui écoutait cette petite fille sans essayer de réprimer ses sentiments. Au bout d'un très grand nombre d'années, ce petit enfant a fini par être entendu, senti et étreint. Cette blessure est réapparue plusieurs fois depuis, mais elle ne cesse de s'atténuer.*

En prime, si cela vous semble pertinent, explorez la sensation de recevoir les éléments positifs *dans* le négatif. Comme le sentiment d'être apaisé ou que les parties les plus jeunes de votre être reçoivent et intègrent au moins un peu des éléments auxquels ils aspirent. Ce point implique une forme de perspective duale dans laquelle vous expérimentez à la fois le fait d'offrir et de recevoir une expérience positive.

Trois exigences

Dans l'ensemble, la quatrième étape exige trois éléments. Premièrement, être capable de maintenir simultanément deux choses à l'esprit. Deuxièmement, ne pas se laisser kidnapper par les éléments négatifs. C'est la raison pour laquelle je vous conseille de ne pas utiliser cette méthode seul sur le trou noir d'un traumatisme (bien qu'un thérapeute formé puisse le faire). Troisièmement, maintenir les éléments positifs au premier plan afin d'éviter qu'ils s'imprègnent du négatif.

Au début, tout cela peut sembler compliqué, mais quand vous aurez essayé cette quatrième étape à quelques reprises, elle vous semblera claire, voire simple.

EXPÉRIENCES ANTIDOTES

La quatrième étape de notre méthode est un moyen très efficace d'associer des expériences ressources essentielles – que nous avons explorées au chapitre 4 – à vos propres problèmes et besoins. Ainsi, vous pouvez lier le sentiment d'être bien à l'instant même à l'anxiété, l'apaisement à l'irritabilité, la joie et la gratitude à la tristesse, la connexion à la séparation, le sentiment d'être aimé à celui d'être blessé, l'estime de soi à l'inaptitude et la motivation au blocage. En réalité, il s'agit de se servir d'une expérience particulièrement positive comme « antidote » à certains éléments négatifs. Pour d'autres exemples, voir le tableau 5 ci-contre, « Associer certaines expériences antidotes à des éléments négatifs », qui classe les expériences positives et négatives en fonction de vos trois besoins fondamentaux de sécurité, de satisfaction et de connexion. (Bien entendu, les « antidotes » répertoriés ne sont pas les seuls qui permettent de gérer les éléments négatifs.)

Voici le témoignage d'une femme qui a utilisé ses souvenirs positifs avec un être cher pour apaiser la douleur de sa mort : *J'ai perdu un ami intime il y a huit mois. C'était un être exceptionnel, qui m'aimait profondément. Quand j'éprouve du chagrin, je me focalise sur l'un des merveilleux moments que nous avons partagés ensemble. Je revis le souvenir de manière aussi précise que possible et je laisse les sentiments de bonheur de ces moments pénétrer en moi. La tristesse devient alors moins forte et cet amour qui ressemble à ce que nous partagions m'aide à la supporter.*

Peut-être y a-t-il quelque chose qui vous perturbe en ce moment. Peut-être êtes-vous confronté à une anxiété ou à une culpabilité chronique. À moins que vous ne tentiez de guérir une douleur ancienne, comme une perte qui vous a bouleversé quand vous étiez enfant. Essayez de nommer le problème en question dans votre tête, puis demandez-vous : quelles expériences seraient utiles pour le résoudre ? Dès que vous serez parvenu à une réponse – qui ne doit pas nécessairement être parfaite –, vous pourrez chercher des occasions de vivre ces expériences antidotes au quotidien et les utiliser dans la quatrième étape de notre processus. Par ailleurs, reportez-vous au chapitre 10 pour trouver des pratiques guidées dont vous pourrez vous servir pour mobiliser ces expériences clés tout seul et vous en imprégner.

Le fait de lier de manière répétée des expériences antidotes à des éléments négatifs m'a été très utile. C'est ce qui m'a permis principalement de combler peu à peu le trou dans mon cœur.

Tableau 5 : Associer certaines expériences antidotes à des éléments négatifs

Éviter les dangers

Éléments négatifs	Expériences positives
Faiblesse	Force
Impuissance, sentiment de subir les choses	Efficacité, sentiment d'être acteur
Alarme	Protection, sécurité, calme
Anxiété, peur, inquiétude	Réconfort, relaxation, voir vos forces, noter que vous allez bien à l'instant même
Sentiment d'être infecté	Purification, percevoir dans quelle mesure le corps et l'esprit sont sains
Sensibilité, activation rapide du système nerveux sympathique combat-ou-fuite	Apaisement des sens, activation du système parasympathique repos-et-digestion
Immobilisation, pétrification	Activité physique, évacuation des tensions

La recherche de récompenses

Éléments négatifs	Expériences positives
Déception, tristesse, perte	Gratitude, joie, beauté, plaisir, gain
Frustration	Accomplissement, voir les objectifs atteints

Échec	Succès
Compulsion	Satisfaction, épanouissement
Ennui, apathie	Sentir la riche plénitude de cet instant

S'attacher aux autres

Éléments négatifs	**Expériences positives**
Abandonné, négligé	Sentiment d'être aimé
Ignoré, incompris	Sentiment d'être vu, de recevoir de l'empathie
Isolé, exclus	Sentiment d'appartenance, d'être voulu
Inaptitude, honte, inutilité	Sentiment d'être reconnu, apprécié, précieux
Solitude	Amitié, bienveillance envers les autres, prévenance envers soi
Façade mensongère, « syndrome de l'imposteur »	Sentiment d'être accepté, s'accepter soi-même, sincérité
Ressentiment, colère envers quelqu'un	Affirmation de soi, soutien d'autrui, autocompassion

COMMENCER PAR LE NÉGATIF

La plupart du temps, quand vous mettrez en pratique la quatrième étape, vous commencerez par les éléments positifs, en suivant la séquence que j'ai décrite jusqu'à présent. Mais vous pouvez aussi utiliser le négatif comme point de départ.

Imaginons qu'un élément négatif ait été réactivé en vous. Vous répondrez par la première manière fondamentale d'engager l'esprit : *être avec* ce qui est là, qui revient à s'éloigner des éléments négatifs pour les observer. Au bout d'un certain temps, vous vous sentirez prêt à *diminuer le négatif*. Ici, il est possible de se détendre un peu, de pleurer ou de tenter de lâcher certaines des pensées nocives. Au bout d'un moment, vous pourrez *augmenter le positif*. Puis vous vous imprégnerez de ce qui est bon en vous focalisant particulièrement sur les expériences clés qui fourniront un « antidote » aux éléments négatifs à l'origine de ce processus.

J'utilise souvent cette séquence, généralement sur les expériences modérément négatives. Imaginons que je me sente de plus en plus frustré par la rédaction d'un e-mail. Je commencerai par être avec mes réactions, en essayant de comprendre ce qui me gêne autant. Peut-être est-ce la pression de devoir faire trop de choses en trop peu de temps. Puis je me mettrai à lâcher cette sensation de stress en expirant lentement et en regardant par la fenêtre. Quand mon indicateur de stress passera de l'orange au jaune, voire au jaune-vert, je laisserai entrer des éléments agréables, comme une sensation d'accomplissement lié à ce que je suis parvenu à faire aujourd'hui ou le sentiment général que tout ira bien même si je ne termine pas cet e-mail à l'instant. Enfin, en appliquant la quatrième étape de notre méthode, j'aiderai ces sentiments positifs à se connecter aux parties épuisées de mon esprit pour les pénétrer, les rassurer, apaiser leur inquiétude. Aussi, la prochaine fois que ma boîte de réception se mettra à déborder, je serai moins tendu.

Lorsqu'ils sont stressés, inquiets, frustrés ou blessés, les gens utilisent fréquemment les deux premières manières d'engager leur esprit – laisser être et lâcher prise – mais ils sautent la troisième : laisser entrer. Malheureusement, si l'on reprend l'image du jardin, ils manquent une occasion de faire pousser des fleurs – des forces intérieures – dans l'espace laissé par les mauvaises herbes qu'ils ont arrachées. De plus, comme le savent tous les jardiniers, si vous ne remplacez pas les mauvaises herbes par des fleurs, elles reviennent. Par conséquent, quand les sentiments négatifs se dissipent, ou au moins une partie d'entre eux, n'oubliez pas de vous imprégner de sentiments positifs.

LIER DES ÉLÉMENTS POSITIFS À DES SITUATIONS NÉGATIVES

Une variante de la quatrième étape consiste à renforcer délibérément une expérience extrêmement positive dans des contextes qui vous posent des difficultés. Au fil du temps, les éléments positifs dont vous vous êtes régulièrement imprégné se mettront à s'activer automatiquement, se transformant en force intérieure dans ces circonstances jusque-là délicates. En guise d'exemple, je vous propose de travailler sur la relaxation et l'apaisement du corps dans des situations de plus en plus tendues.

Commencez par les cas les plus faciles, puis augmentez peu à peu les difficultés sur une échelle de 1 à 10. Imaginons que vous fassiez la queue chez un traiteur en attendant de commander votre sandwich et que vous vous sentiez un peu nerveux à l'idée de retourner au travail en retard : supposons qu'il s'agisse d'un 1 sur notre échelle. Vous utilisez donc vos méthodes de relaxation en patientant (vous expirez lentement, vous vous rappelez des moments heureux, etc.) et vous vous sentez progressivement plus à l'aise. Ensuite, choisissez un défi un peu plus exigeant, un 2, 3 ou 4 sur notre échelle. Vous avez une réunion importante aujourd'hui et le choix du chemisier ou de la cravate que vous allez porter vous tourmente inutilement. Continuez à calmer votre corps jusqu'à ce que vous vous sentiez plus stabilisé. Puis mettez la barre encore plus haut. À 6, vous pourriez oser exprimer votre désaccord à un collègue et à 8, à votre patron (évidemment, ne faites rien qui pourrait vous porter préjudice). Continuez à détendre votre corps, y compris dans ces situations. Ne visez pas la perfection : s'il s'agit d'un 6, sans parler d'un 8 ou d'un 10, il est normal d'être toujours un peu nerveux ou agité. Lorsque vous êtes prêt, vous pouvez aborder un 10 en révélant à une personne importante les sentiments que vous inspire un sujet très délicat ou crucial pour vous.

Il est aussi possible d'utiliser cette méthode sur une situation en cours. L'auteur du témoignage suivant a appris à relier des sentiments positifs et des douleurs chroniques : *Je souffre de maux de dos sévères, qui sont aggravés par la peur qu'ils suscitent en moi. Pour y remédier, j'ai commencé à me focaliser sur les moments où je n'avais* pas *mal au dos. Quand je revenais du travail et que je ne souffrais pas, je passais plusieurs minutes à le reconnaître et à en concevoir des sentiments positifs. J'imaginais une sorte de chaleur – parfois une lumière chaude, comme celle du soleil, ou parfois un liquide chaud, pétillant et épais, un peu comme du chocolat fondu – qui s'infiltrait dans chaque cellule de mon corps, en particulier mon dos. J'avais vraiment l'impression que cette chaleur agréable me soulageait, comme du lubrifiant sur une porte qui grince. Chaque fois que mon dos allait bien, qu'il se sentait bien, j'enregistrais une sorte de vidéo dans mon esprit. J'ai fini par avoir des centaines de films positifs, dans lesquels j'étais réellement à l'aise et je me déplaçais sans difficulté. Je me suis mis à attendre de plus en plus ces moments de confort, plutôt une douleur atroce que je redoutais en permanence. C'était comme si le fait d'être plus souple dans ma tête me permettait d'être plus souple dans mon corps.*

PRATIQUER LA QUATRIÈME ÉTAPE

La pratique suivante est focalisée sur des expériences clés du système de recherche des récompenses. Nous commencerons par une expérience positive qui constitue un antidote aux éléments négatifs susceptibles d'apparaître lorsqu'on n'atteint pas un but, par exemple la frustration, la déception, le sentiment d'échec ou d'inaptitude. Les expériences antidotes capables d'apaiser et de remplacer ces éléments négatifs incluent le succès, la réussite, la satisfaction et les éloges ou la valorisation.

Pour effectuer cet exercice, vous devez connaître à la fois les éléments négatifs que vous tentez de calmer et de guérir et leur antidote. Cette clarté vous sera en soi utile car vous saurez mieux quelles expériences positives rechercher ou créer. Je vous suggère de choisir des éléments négatifs d'intensité légère à modérée. Voyez si une situation, un acte ou un désir fondamentalement neutre (le déclencheur neutre) s'est associé aux éléments négatifs dans votre esprit. Par exemple, rédiger une liste de choses à faire, vous fixer des objectifs ou révéler aux autres vos espoirs et vos rêves sont des éléments neutres, voire positifs, mais qui, chez vous, se sont peut-être liés à des expériences de déception ou d'échec. Si vous ne parvenez pas à identifier un déclencheur neutre, n'ayez crainte : vous pouvez quand même effectuer la quatrième étape. Si vous vous sentez happé par les éléments négatifs, lâchez-les et demeurez avec les seuls éléments positifs. Une fois stabilisé dans le positif, si vous le souhaitez, ramenez le négatif dans la conscience.

1. **Activer** : portez l'esprit sur une ou plusieurs occasions où vous avez atteint un objectif. Vous pouvez choisir une réalisation importante, une série de tâches que vous êtes parvenu à effectuer, voire une sorte de film accéléré de votre vie où apparaissent les nombreux jalons franchis. Il peut aussi s'agir de choses, petites ou grandes, apprises, terminées ou menées avec succès.

Laissez la connaissance de ces faits se muer en expériences de réussite, de contribution et de valeur ajoutée. Laissez-la devenir une expérience de satisfaction – plus que de satisfaction, de succès.

2. **Enrichir** : ouvrez-vous à cette expérience et demeurez avec elle. Laissez-la devenir plus intense. Pénétrez en elle. Aidez-la à grandir dans votre esprit. Explorez ses différents aspects, en y trouvant des choses nouvelles ou fraîches. Songez à la manière dont cette expérience de succès vous est pertinente.

3. **Absorber** : sentez délibérément cette expérience entrer en vous. Laissez le sentiment de succès pénétrer en vous comme vous pénétrez en lui. À mesure que le sentiment de réussite et de succès croît en vous, laissez tout besoin effréné de vous dépasser se dissiper, toute sensation intérieure d'avidité ou tout désir impérieux de récompenses en tout genre.

4. **Lier** : quand vous êtes prêt, essayez la quatrième étape. Au second plan de votre conscience, portez l'esprit sur des éléments négatifs. Vous pouvez simplement en avoir une idée en passant ou une vue d'ensemble, entrevoir les sensations qu'ils provoquent dans votre corps ou repérer un souvenir négatif. Simultanément, maintenez les éléments positifs en évidence dans la conscience. Accueillez le positif et le négatif en même temps, comme deux objets sur scène, le premier à l'avant, sous les projecteurs, et le second à l'arrière, moins éclairé.

Vous pouvez aussi sentir le positif se connecter au négatif, le pénétrer en quelque sorte, l'imprégner, l'infiltrer comme un baume chaleureux qui apaise des blessures internes, une poussière d'or qui s'immisce dans des endroits difficilement accessibles ou de la lumière qui transperce des ombres. Imaginez de merveilleux joyaux, ou ce que vous aimez, combler petit à petit le trou dans votre cœur.

Vous pouvez avoir la sensation que des parties ou des couches plus tendres de votre être reçoivent ce qu'elles désirent depuis longtemps, visualiser ou sentir que des éléments nourrissants ou bienveillants étreignent une version plus jeune de vous-même et lui donnent ce dont il a besoin.

Si vous êtes trop happé par le négatif, augmentez le positif en lui accordant plus de place dans la conscience, au premier plan de votre esprit. S'il reste trop puissant, lâchez-le. Recentrez-vous dans le positif. Au bout d'un certain temps, ramenez les éléments négatifs à l'arrière-plan de la conscience, pour les imprégner de nouveau des éléments positifs plus puissants.

Si cela vous semble pertinent, voyez s'il vous est possible d'éprouver la sensation de *recevoir* les éléments positifs – une sensation qui pénètre dans vos parties vulnérables, jeunes, meurtries, affamées, privées d'affection ou envieuses.

Puis lâchez complètement les éléments négatifs et demeurez avec le positif. Si cela vous semble difficile ou peu naturel, tâchez de vous dire que vous pouvez être avec le positif, que vous avez le droit de le faire, que ce sera bénéfique pour vous et pour les autres. Et soyez dans votre propre camp, en vous servant de votre détermination pour vous focaliser exclusivement sur l'expérience positive.

À quelques reprises au cours de l'heure suivante, pendant une douzaine de secondes ou plus, maintenez uniquement des éléments neutres ou positifs dans la conscience, y compris peut-être un sentiment d'accomplissement et de succès, tout en songeant également à des déclencheurs neutres (c'est-à-dire des personnes, des situations, des idées…) associés au sentiment d'échec.

Il faut du courage pour affronter la quatrième étape. Soyez donc particulièrement bienveillant envers vous-même quand vous vous ouvrez au négatif. Au fil du temps, laissez pénétrer le fait que l'expérience réelle d'une grande partie, voire de la majorité, des éléments négatifs est assez brève et surmontable. Ce fait est une bonne nouvelle en soi.

À RETENIR

- Les expériences désagréables font partie de la vie et peuvent avoir de l'intérêt. Mais, à cause du penchant du cerveau, elles sont facilement stockées sous forme d'éléments négatifs, qui se répercutent sur vous, et souvent sur les autres.

- Quand les éléments négatifs sont activés, le plus souvent à partir des entrepôts de la mémoire implicite, ils ne sont pas récupérés en *bloc* mais reconstruits au cours d'un processus dynamique. Une fois dans la conscience, ils s'associent aux autres éléments présents simultanément. Puis, lorsqu'ils ne sont plus activés, ils sont de nouveau reconsolidés dans la mémoire.
- Le caractère dynamique de ces phénomènes de reconstruction et de reconsolidation vous offre deux méthodes efficaces pour changer les éléments difficiles. Premièrement, le positif peut apaiser, compenser et parfois finir par écraser le négatif lorsqu'il est maintenu au premier plan de la conscience à côté de ce dernier. Deuxièmement, pendant la « fenêtre de reconsolidation », si vous pensez à un déclencheur neutre associé aux éléments négatifs tout en n'éprouvant que des sentiments neutres ou positifs, vous pouvez interrompre le processus de reconsolidation et effacer progressivement le lien entre le déclencheur neutre et les éléments négatifs.
- Pour effectuer la quatrième étape de notre méthode – Lier des éléments positifs et négatifs –, vous devez maintenir simultanément le positif et le négatif dans la conscience tout en gardant le positif au premier plan et en évitant de vous laisser kidnapper par le négatif.
- Dès lors que vous avez identifié des expériences clés pour votre propre situation, vous pouvez vous servir de la quatrième étape pour mieux gérer des douleurs anciennes ou d'autres problèmes. Cherchez des occasions d'activer ces bonnes expériences, puis aidez-les à se connecter aux éléments négatifs comme « antidote ».
- Vous pouvez également utiliser la quatrième étape en commençant par une expérience négative. Premièrement, demeurez avec l'expérience difficile, en l'observant avec autocompassion. Deuxièmement, au moment où cela vous semble approprié, essayez de la lâcher. Troisièmement, mobilisez une expérience positive adaptée et reliez-la aux éléments négatifs originaux.
- Liez des expériences positives à des situations négatives, réelles ou imaginaires. Avec le temps, vous pourrez devenir plus à l'aise et efficace dans ces situations.

9

Bons usages

Après avoir exploré les quatre étapes pour nous imprégner de ce qui est bon, voyons comment utiliser cette pratique dans différentes situations.

ACCUEILLIR LES BONNES LEÇONS

La vie quotidienne offre de nombreuses occasions d'apprendre des choses importantes, et donc de changer peu à peu. Depuis quelque temps, ma femme me reproche de la faire attendre, qu'il s'agisse de partir en voiture ou de regarder ensemble une émission de télévision. Être pris en défaut et critiqué m'agace, mais je sais bien qu'au fond de moi je ne cherche pas à la faire attendre. J'ai donc renforcé en moi un sentiment de considération pour cet enjeu qui lui tient à cœur, et je m'abandonne à ce sentiment pour qu'il me porte jusqu'au salon quand nous devons regarder ensemble la télévision.

De manière plus formelle, quand vous pratiquez une activité structurée – que vous choisissiez de vous former en ressources humaines, de prier, de méditer, de tenir un journal intime, de faire du yoga, de participer à un atelier de pleine conscience ou de suivre une psychothérapie – et que vous êtes vraiment touché ou interpellé par quelque chose, prenez le temps de vous en imprégner. En fin de séance, accordez-vous quelques instants pour laisser ce qui était particulièrement nourrissant s'installer en vous et adhérer à vos côtes mentales.

Vous pouvez appliquer les quatre étapes de notre méthode à tout nouvel apprentissage, qu'il s'agisse d'utiliser un levier de changement de vitesse ou de garder votre sang-froid face à un adolescent qui s'emporte. Plus les sensations et les émotions associées à la compétence seront fortes, plus vous rejouerez les sentiments qu'elle vous inspire dans votre esprit, plus sa trace sera forte dans la mémoire et plus vite vous l'assimilerez.

VOULOIR CE QUI EST BON POUR VOUS

Pour vivre bien, l'une des clés est d'apprendre à vouloir les choses qui sont bonnes pour vous et dont, sincèrement, vous n'avez *pas* particulièrement envie. Par exemple, je ne veux pas trimer sur mon tapis de course pendant une demi-heure, mais c'est bon pour moi. Au travail, certaines personnes sont réticentes à s'exprimer en public, pourtant cela pourrait faire avancer leur carrière. Vous-même, peut-être aimeriez-vous pratiquer une activité – comme jouer du piano tous les jours – sans arriver à vous y tenir.

Certes, vous pouvez toujours serrer les dents et mobiliser toute votre volonté, mais cela exige des efforts délibérés, qui sont épuisants et difficiles à maintenir à long terme. De plus, certaines personnes présentent naturellement une variante génétique qui produit des récepteurs de dopamine moins efficaces, de sorte qu'elles ont besoin d'un sentiment de récompense accru pour ne pas tomber en panne de motivation. En revanche, si vous vous imprégnez d'expériences gratifiantes associées à ce que vous souhaitez encourager, votre cerveau s'inclinera dans cette direction, tel l'âne proverbial vers la carotte. Pour reprendre l'exemple du piano, quand l'idée d'en jouer vous vient à l'esprit, mobilisez une sensation de plaisir et d'autres sentiments positifs liés à cet instrument. Quand vous jouez, refocalisez sans cesse l'attention sur ce qui est agréable ou amusant, et aidez ces expériences à pénétrer. Et juste après avoir joué, imprégnez-vous de sentiments de satisfaction, de réussite, de plaisir esthétique, d'estime de soi et de bonheur. Enfin, si vous le pouvez, maintenez simultanément dans la conscience la volonté de jouer du piano et les récompenses impliquées : elles se mettront alors à se lier.

Ces méthodes sont également utiles si vous êtes confronté à des désirs problématiques, comme les drogues, l'alcool, la suralimentation ou le jeu, et que vous tentez d'emprunter une meilleure voix. Les récompenses intenses de la voie basse permettent difficilement d'apprécier celles souvent plus modestes mais plus saines de la voie haute : par exemple, si vous donnez trop de bonbons à un enfant, les pommes ne lui sembleront plus assez sucrées. Par conséquent, parallèlement à d'autres ressources (notamment, évoquer honnêtement votre problème avec un ami intime, suivre une thérapie ou vous inscrire aux Alcooliques anonymes), servez-vous de notre méthode pour renforcer les récompenses, et donc l'attrait de la voie haute. Supposons que vous tentiez de boire modérément, voire pas du tout. Quand vous sortez dîner avec des amis, notez que vous allez très bien avec un seul verre de vin. Voyez comme il est agréable d'avoir l'esprit clair et valorisant de rester fidèle à son objectif : soyez attentif à toute réaction positive de la part de votre entourage et imprégnez-vous du sentiment d'être respecté. Le matin, quand vous vous réveillez, soyez heureux de vous être arrêté à un verre. Il paraît que la sagesse consiste à préférer un plus grand bonheur à un plus modeste. Au fil du temps, le fait d'intérioriser de manière répétée de riches expériences de récompenses liées à un plus grand bonheur vous aidera peu à peu à incliner votre cerveau dans cette direction.

Si vous le souhaitez, vous pouvez vous encourager à vous imprégner de ce qui est bon en rédigeant une simple check-list inspirée de celle qui suit, « Enraciner votre bonheur ». Dans les en-têtes des colonnes, insérez les expériences dont vous voulez vous imprégner – notamment, celles qui vous aideront à vouloir ce qui est bon pour vous ou qui vous sont importantes. Par exemple, la force, la relaxation, l'enthousiasme, le sentiment d'être pris en considération et l'amour. J'ai laissé les cases vierges pour vous permettre de photocopier le tableau, puis de l'adapter à vos propres besoins. Sentez-vous libre de partager ou d'utiliser cet outil avec d'autres personnes (les participants d'une formation au travail, des enfants, etc.).

ENRACINER VOTRE BONHEUR

- Vous pouvez photocopier ce tableau vierge page ci-contre, le reproduire en quelques exemplaires, puis insérer les expériences dont vous souhaitez vous imprégner dans les en-têtes de colonnes.
- Puis cochez les jours où vous avez réalisé la pratique. (Vous pouvez les cocher autant de fois que vous l'avez réalisée.)

Lundi					
Mardi					
Mercredi					
Jeudi					
Vendredi					
Samedi					
Dimanche					

UNE PART DU GÂTEAU

Dans la vie, nous nous préoccupons de situations, de conditions et d'actions – de *circonstances* –, comme avoir de l'argent, arriver à l'heure au bureau ou recevoir des compliments. Or l'intérêt de ces circonstances réside dans les *expériences* qu'elles nous permettent de vivre. Ce fait peut nous être très utile quand nous ne disposons pas des circonstances que nous voulons.

Imaginons que vous tentiez de trouver une compagne ou un compagnon – circonstance –, mais que vous n'y parveniez pas. Mon propos n'est pas d'atténuer l'importance de ce genre de relation ni la douleur d'en être privé. Mais il pourrait y avoir d'autres moyens de bénéficier d'au moins *une partie* des expériences associées à une relation sentimentale, comme la joie, l'affection, la sécurité, le plaisir physique et l'amitié. Si vous souhaitez vous sentir aimé, quel autre moyen pourrait vous permettre de vivre en partie cette expérience ? Être aimé par un ami, un parent ou un enfant offre de nombreux aspects de l'expérience de l'amour romantique. Ce n'est pas tout ce que vous voulez, mais ce n'est pas rien non plus. C'est une possibilité de se sentir aimé d'une certaine manière. Si vous ne pouvez pas avoir tout le gâteau, mangez-en au moins une part.

Malheureusement, beaucoup de gens se détournent des occasions de savourer certains éléments de l'expérience qu'ils désirent parce qu'elle ne leur est pas disponible en totalité. Ils craignent en quelque sorte de se priver à jamais du gâteau entier s'ils n'en mangent qu'une part. Mais ce n'est pas vrai. Pourquoi le fait de s'imprégner du respect d'un collègue au travail, de la chaleur d'un ami ou de l'amour d'un parent empêcherait-il quelqu'un de trouver un partenaire amoureux ? En réalité, s'imprégner des parts qui sont bel et bien disponibles permet souvent de faire un pas vers le gâteau entier.

Certains pensent également qu'accepter de mordre dans cette part accessible revient à donner l'absolution à ceux qui auraient dû leur donner le gâteau entier dans le passé, mais ne l'ont pas fait – ou les ont peut-être privés totalement de gâteau. Oui, ces parents, professeurs, frères et sœurs, camarades de classe, amants ou compagnons de vie auraient dû vous offrir ce gâteau. Par cette métaphore, je ne cherche pas à banaliser le chagrin, la douleur, voire la maltraitance qui ont pu exister. Il n'est pas question de nier le mal occasionné. D'ailleurs, selon mon expérience, la plupart des gens ont plutôt tendance à minimiser ce qu'ils ont subi dans leur vie – en particulier lorsqu'ils étaient jeunes – et les souffrances qu'ils ont endurées. Mais refuser des tranches du gâteau à votre portée me rappelle l'adage des Alcooliques anonymes, selon lequel la rancœur revient à prendre un poison et à attendre que les autres meurent. Qu'est-ce qui est le plus important ? Se sentir mécontent et plein de rancœur à propos du passé, ou se sentir aimé dans le présent ? En outre, vous pouvez certainement avoir une perception claire des souffrances que vous ont infligées les autres tout en vous autorisant au moins certaines expériences susceptibles de nourrir votre cœur.

COMBLER LE TROU DANS VOTRE CŒUR

J'ai arraché beaucoup de pissenlits quand j'étais enfant et j'ai compris qu'ils repoussaient très vite si je ne retirais pas la pointe des racines. De la même manière, il faut que vos expériences antidotes clés atteignent les couches les plus tendres et profondes de vos problèmes si vous ne voulez pas les voir réapparaître. Certains chanceux ont eu une enfance douce mais, pour beaucoup, ce moment de leur vie a été compliqué. En termes d'évitement des dangers, vous vous êtes peut-être senti peu sécurisé et protégé, en proie à des peurs ou à des phobies ; peut-être avez-vous été harcelé, voire agressé. En termes de recherche de récompenses, vous pouvez avoir subi une perte ou ne pas avoir disposé des ressources dont vous aviez besoin pour réussir à l'école. Et en ce qui concerne l'attachement aux autres, vous vous êtes peut-être souvent senti rabaissé par un frère ou une sœur aîné, exclu, trahi et humilié par votre premier flirt ou mis de côté à cause de votre physique, votre origine ethnique ou votre classe sociale.

Beaucoup de gens sont gênés de « porter toujours leur passé ». Ils se demandent : *Pourquoi n'ai-je toujours pas surmonté ça, qu'est-ce qui cloche chez moi ?* Mais le cerveau est conçu pour être sans cesse remodelé durablement par les expériences. Si la vie peut nous changer en mieux, elle peut aussi, forcément, nous changer en pire : de fait, le penchant négatif nous rend très vulnérable aux expériences désagréables. Le cerveau est aussi conçu pour apprendre énormément de choses pendant l'enfance, de sorte que les problèmes liés à cette phase de la vie – la maltraitance, la négligence, les humiliations, le harcèlement, les discriminations, les réprimandes trop sévères, les difficultés financières voire la pauvreté, les secrets pesants, les expériences effrayantes, l'exclusion, les tensions familiales, les blessures, les infirmités et les maladies – continuent à planer pendant longtemps. Même les expériences relativement modérées s'accumulent, comme le sentiment de se sentir un peu mal à l'aise en société. Votre tempérament affecte la manière dont les événements vous touchent, de sorte que ce qui a peut-être été déplaisant, mais tolérable pour quelqu'un d'autre, a pu vous blesser profondément. Bien entendu, nous sommes autant marqués par les expériences nocives que nous avons vécues que par les expériences bénéfiques que nous n'avons pas vécues. Votre histoire personnelle compte, elle a des conséquences. Elle peut vous laisser un trou dans le cœur.

Vous ne pouvez pas changer le passé, mais vous pouvez utiliser un certain nombre d'expériences clés pour combler ce trou aujourd'hui. Songez à un problème important de votre enfance. Déterminez le système – évitement, approche, attachement – auquel il appartient principalement. Puis reportez-vous au tableau de la page 159, « Associer certaines expériences antidotes à des éléments négatifs », afin de trouver une expérience susceptible d'être efficace pour le problème en question. Vous pouvez aussi vous poser les questions suivantes : *Qu'est-ce qui aurait pu faire toute la différence quand j'étais enfant ? Au fond de moi, à quoi est-ce que j'aspire par-dessus tout ?* Enfin, essayez à plusieurs reprises d'activer ces expériences et de vous en imprégner.

Il n'est pas question de vouloir nier le passé ni de résister à des sentiments douloureux dans le présent, mais de vous *ressourcer* pour gérer ce qui est gérable et tolérer ce qui ne l'est pas. Au fil du temps, vous parviendrez peu à peu à vous accorder une partie, et peut-être même l'essentiel, de ce que vous auriez dû recevoir quand vous étiez jeune. C'est ce que j'ai fait moi-même à l'université, quand je me suis imprégné d'expériences d'inclusion et de valorisation pour combler le trou dans mon cœur.

DISSIPER LES IDÉES NOIRES

Plusieurs membres de ma famille et un grand nombre de mes patients sont accablés par la dépression, une maladie douloureusement fréquente. Beaucoup d'approches psychologiques (les psychothérapies, les livres, etc.) de la dysthymie (dépression chronique) et des dépressions légères à modérées invitent les patients à se sentir acteurs plutôt que prisonniers ou impuissants, à pratiquer des activités agréables et gratifiantes, à passer de bons moments avec des amis, à développer la compassion pour soi et à remplacer les idées catastrophiques ou critiques par des pensées réalistes et encourageantes. Par conséquent, il peut être utile d'appliquer les quatre étapes de notre méthode pour augmenter l'impact de ces axes d'intervention – et plus généralement, améliorer votre vie et votre cerveau.

De manière générale, pour les dépressions sévères, qui rendent très difficile, voire impossible, la création d'expériences positives, s'imprégner de ce qui est bon n'est pas recommandé. Essayer de le faire vous-même ou demander aux autres de le faire, notamment si vous êtes thérapeute, ne serait que frustrant, voire pire. L'exception potentielle concerne des expériences de plaisir physique simple, comme manger un aliment sucré ou se réchauffer lorsqu'on a froid. Même les gens sévèrement déprimés peuvent probablement vivre de brèves expériences de plaisir basiques. Appliquées aux sensations physiques, les méthodes d'enrichissement et d'absorption du chapitre 7 sont susceptibles d'aider ces personnes à retrouver peu à peu la capacité à prendre plaisir.

SE REMETTRE D'UN TRAUMATISME

Qu'il s'agisse d'un accident de voiture, d'une agression, d'un viol, d'une blessure ou d'abus sexuels dans l'enfance, tout traumatisme implique l'incapacité à empêcher un fait horrible de se produire. (Bien entendu, la personne traumatisée n'est pas fautive.) L'un des aspects du traitement consiste donc à développer de plus grandes capacités, de plus grandes forces, à l'intérieur du sujet concerné. Dans ce contexte général, s'imprégner de ce qui est bon – tout en travaillant avec un thérapeute ou seul – peut être bénéfique. Par exemple, l'un des aspects centraux du traumatisme est le piège, l'immobilisation et l'impuissance : la personne ne peut échapper à l'horreur. Il peut donc être utile de s'imprégner d'expériences liées à la puissance d'action (page 218 du chapitre 10), de faire se produire quelque chose, ne serait-ce que dans sa tête. Une autre caractéristique commune du traumatisme est la crainte de communiquer pleinement et fermement, si bien que les expériences d'affirmation de soi (page 238 du chapitre 10) peuvent se révéler efficaces. Mais attention : le simple fait de savoir qu'une expérience positive est une ressource destinée à gérer un traumatisme peut rappeler ce dernier, puis le réactiver. Avant tout, ne faites rien qui puisse vous nuire.

Le traumatisme est comme un trou noir susceptible de vous aspirer si vous ne prenez garde. Et se faire aspirer – revivre le traumatisme – peut constituer une re-traumatisation. Comme la quatrième étape de notre méthode consiste à porter la conscience sur des éléments négatifs, je vous déconseille de l'appliquer seul sur les expériences centrales du traumatisme, bien qu'il puisse être bénéfique de le faire avec un thérapeute expérimenté (de nombreuses thérapies du trauma relient le positif au négatif), mais vous pouvez l'employer seul sur des problèmes périphériques. Par exemple, il est possible de s'imprégner de compassion pour soi (page 234 du chapitre 10) si l'on s'est senti trahi par des protecteurs, comme des proches qui n'ont pas repéré des signes d'abus sexuels chez un enfant et n'y ont pas mis un terme.

Pour plus d'informations sur les manières de traiter le traumatisme et de s'en remettre, veuillez vous reporter au travail de Judith Herman, Peter Levine, Pat Ogden et Bessel Van der Kolk.

NOURRIR LES RELATIONS

Que ce soit à la maison, au travail ou dans d'autres contextes, les relations sont comme des tapisseries : le rythme effréné et les inévitables contrariétés du quotidien mettent leurs fils à rude épreuve. Si nous n'enregistrons pas en permanence les bonnes expériences qu'elles procurent, leur étoffe s'effiloche et peut même finir par se déchirer. Il n'est pas question d'ignorer les vrais problèmes, mais plutôt de prêter *également* attention aux qualités de l'autre, à ce qu'il y a à apprécier et à découvrir chez lui ou chez elle. Comme me l'a écrit cette femme, les choses en apparence dérisoires sont souvent les plus touchantes : *Chaque matin, je prends un moment pour me sentir reconnaissante envers mon mari. Je me rappelle les choses que j'apprécie chez lui, comme sa manière de décorer les salades avec de petites rondelles de poivron et des lamelles de carotte. Ce n'est pas un grand cuisinier, mais il tient absolument à me faire plaisir. Je souris et je m'imprègne du sentiment d'avoir un époux qui m'aime. Quand mon esprit se porte sur ce qui m'agace – comme sa manie de laisser son linge sale traîner par terre, à côté du panier –, je reviens rapidement à ce que j'éprouve lorsqu'il veut réel-*

lement me faire plaisir. Cette modeste pratique a réellement changé ma vie et mon mariage.

Apprécier les aspects positifs d'une relation vous permet de nourrir votre cœur, de vous sentir bien et de relativiser les désaccords et les tiraillements. De plus, c'est un moyen d'inciter votre partenaire à mieux vous traiter, puisqu'il/elle se sent plus vu(e) et apprécié(e).

Si vous avez réellement besoin de réparer une relation, il est crucial de vous imprégner des expériences positives qu'elle génère. Sinon, vous resterez fixé sur les mauvais côtés et vous ignorerez ou minimiserez les bons. Vous vous sentirez mal et découragerez votre partenaire, qui n'aura plus envie de poursuivre ses efforts. Si vous le souhaitez, vous pouvez aussi lui demander d'être plus conscient(e) des expériences positives avec *vous* et plus enclin(e) à les laisser entrer.

AIDER LES AUTRES

Parfois, il peut être utile d'aider les autres à s'imprégner de ce qui est bon, surtout si vous êtes un professionnel de la santé, un dirigeant, un formateur en ressources humaines, un instructeur de yoga, un coach ou psychothérapeute (veuillez vous reporter à la section des pages 181-185 pour appliquer les quatre étapes avec les enfants, en tant que parent ou professeur).

Il existe quatre manières d'aider les autres à s'imprégner de ce qui est bon : vous pouvez en utiliser une ou plusieurs. Premièrement, vous pouvez le faire implicitement, sans attirer l'attention du sujet sur la méthode, par exemple en ramenant sa conscience sur une reconnaissance bien méritée mais négligée. Deuxièmement, vous pouvez lui décrire la méthode, mais lui laisser le choix de l'utiliser ou non. Troisièmement, vous pouvez le guider explicitement au fil des étapes (en mettant de côté la quatrième si c'est approprié).

Enfin, vous pouvez l'encourager à pratiquer seul, puis vérifiez ce qui se passe.

Beaucoup de gens sont très réceptifs à ce processus, que ce soit de manière générale ou pour des problèmes particuliers. Imaginez que vous soyez un manager qui souhaite encourager la créativité d'un employé. Quelles forces intérieures permettraient d'atteindre cet objectif? Se sentir valorisé par les autres plutôt que nerveux à l'idée de commettre des erreurs. Vous pourriez donc demander à la personne de chercher des occasions où elle est appréciée, puis de s'imprégner de cette expérience. Ou supposez que vous soyez thérapeute et que vous travailliez avec quelqu'un qui a grandi avec des parents distants sur le plan émotionnel. Quel sentiment intérieur serait essentiel pour ce patient ? Par exemple, sentir qu'il compte vraiment. Vous pourriez lui suggérer de chercher des occasions présentes ou passées où il a été chéri, prisé ou voulu par quelqu'un, puis d'intérioriser ces expériences.

S'imprégner de ce qui est bon peut permettre d'améliorer les résultats des démarches formelles (comme l'entraînement à la pleine conscience ou les psychothérapies) et informelles destinées à aider les autres à prendre soin de leur santé et à être plus heureux. Le « retour sur investissement » en termes d'états mentaux positifs est d'autant plus important qu'un grand nombre de ces expériences passagères sont transformées en structures neuronales durables.

LA MÉTHODE POUR LES ENFANTS

J'utilise cette méthode avec de jeunes patients en thérapie et j'en ai aussi discuté avec des parents et des enseignants qui l'appliquent avec leurs propres enfants ou élèves. Comme pour les adultes, cette méthode peut être proposée de quatre manières différentes, en adaptant les étapes à l'âge des sujets et à la situation.

Premièrement, vous pouvez guider l'enfant au fil des étapes sans attirer explicitement l'attention sur elles. Vous commencez par activer une expérience positive ou, si c'est déjà le cas, vous essayez de la faire durer, parfois en encourageant l'enfant à la laisser pénétrer. Imaginez que vous aidiez un bambin de quelques années à renforcer un sentiment intérieur d'apaisement afin qu'il se sente mieux et moins agité. Une fois qu'il est apaisé, vous pouvez prendre dix secondes ou plus pour lui murmurer ce genre de phrases : « Oui, tu te sens mieux… C'est agréable de se sentir bien… John se sent mieux… Tu te sens bien à l'intérieur. » Ou, supposez que votre fille, qui est élève en sixième, se trouve impopulaire depuis un certain temps. En sachant qu'elle aime s'asseoir avec des camarades pour le déjeuner, vous pouvez l'amener à exprimer ce qui lui plaît dans cette expérience, sans jouer au thérapeute ni vous laisser happer par l'angoisse que vous inspirent les problèmes sociaux de votre enfant, mais en prêtant simplement une oreille attentive. Si c'est approprié, aidez-la à mettre des mots sur ses expériences ou faites écho à ses paroles pour maintenir son attention sur les sentiments positifs et éviter qu'elle ne passe trop rapidement à autre chose. Si cela semble adapté, vous pouvez l'inviter à laisser le sentiment d'être aimée pénétrer dans les zones intérieures en souffrance (en amenant votre enfant à la quatrième étape). Il est aussi possible d'utiliser cette approche pour encourager des qualités de caractère. Imaginez que vous tentiez d'aider un enfant à prêter ses jouets à un frère ou une sœur plus jeune : quand ces derniers rendent un jouet intact, vous pouvez aider l'aîné à s'imprégner de soulagement et de la satisfaction que vous inspire sa générosité.

Deuxièmement, vous pouvez nommer les quatre étapes, mais laisser à l'enfant libre de les utiliser ou non. Je trouve cette approche particulièrement utile avec les adolescents ou les bambins qui accordent une grande importance à l'indépendance. Comme notre méthode pour s'imprégner de ce qui est bon est rapide et le plus souvent agréable, elle plaît aux plus jeunes. Elle est simple à enseigner : il suffit de donner des exemples et de partager l'expérience que vous en avez. Vous pouvez évoquer ensemble les occasions où il est possible de s'imprégner de ce qui est bon, par exemple lorsqu'ils réalisent une tâche avec succès ou qu'un petit camarade est gentil avec eux. Avec les sujets de six ans et plus, il me semble utile d'expliquer en quelques mots la tendance du cerveau à agir comme du Velcro sur le négatif mais comme du Teflon sur le positif : ils se rendent immédiatement compte que c'est la vérité et ne veulent pas que ces éléments négatifs leur collent au cerveau. Si c'est approprié, j'ajoute que le cerveau les contrôle et les bouscule – ce qu'aucun enfant n'aime – mais qu'ils peuvent le prendre en main s'ils le veulent.

Troisièmement, vous pouvez amener les enfants à franchir les étapes de manière explicite. Comme nous le faisons pour l'écriture ou la lecture, nous pouvons leur enseigner des compétences intérieures destinées à développer l'intelligence émotionnelle, y compris s'imprégner de ce qui est bon. Si nous accordons de l'importance à ce genre de compétences – qui offrent de nombreux bienfaits tout au long de la vie –, nous pouvons demander aux bambins de les apprendre de la même manière ou presque que des tables de multiplication. Par exemple, quand vous mettez votre fils ou votre fille au lit, vous pouvez prendre une minute ou plus pour passer la journée en revue ou penser à des choses positives afin qu'il puisse activer une bonne expérience. Votre fille a peut-être appris quelque chose de nouveau aujourd'hui, votre fils s'est peut-être distingué au football, ou peut-être savent-ils que leur grand-mère les aime. Une fois l'expérience positive déclenchée, vous pouvez leur suggérer de l'enrichir en la laissant grandir et se renforcer, puis de l'absorber comme s'ils plaçaient un joyau dans la malle aux trésors de leur cœur. Vous pouvez aussi les inviter à lier cette bonne expérience à toute tristesse ou blessure intérieure, de sorte que les bons sentiments remplacent peu à peu les mauvais, comme les fleurs supplantent les mauvaises herbes. Si vous êtes enseignant, n'hésitez pas à prendre une minute au début de la journée pour appliquer les trois premières étapes de notre méthode afin d'encourager les élèves à nourrir un certain enthousiasme à l'idée d'apprendre des choses nouvelles, puis à s'en imprégner, ou à réserver une autre minute à la fin de la journée pour éprouver un sentiment d'accomplissement et s'en imprégner.

Quatrièmement, vous pouvez demander aux enfants d'utiliser seuls les étapes de notre méthode, peut-être dans des situations précises, par exemple quand leurs camarades font preuve de gentillesse ou qu'ils mènent une tâche à bien. Puis contrôlez de manière adaptée. Après une récréation à l'école, ou en fin de journée à la maison, vous pouvez leur demander s'ils se sont imprégnés de ce qui est bon et, si c'est le cas, comment ils se sentent. Dans le cas contraire, vous pouvez chercher à savoir pourquoi. Bien entendu, les enfants comme les adultes n'aiment pas être cuisinés : une petite enquête subtile aura donc beaucoup plus de chance d'aboutir.

Dans l'ensemble, une approche détendue et pragmatique est plus fructueuse. Les enfants franchissent souvent les étapes de notre méthode plus rapidement que les adultes, si bien que cinq ou dix secondes d'affilée peuvent suffire largement. Les jeunes personnes ressentent les choses de manière aiguë, mais ne sont pas toujours capables de mettre des mots sur leurs expériences. En leur demandant de les décrire, vous pourriez les mettre dans l'embarras et les dissuader de s'imprégner de ce qui est bon. N'hésitez pas à les aider délicatement à exprimer ce qu'ils ressentent. Si vous avez une idée des expériences clés dont ils ont besoin – par exemple, le sentiment de réussir quelque chose, peu importe quoi, pour surmonter un sentiment d'échec et d'inaptitude à l'école –, vous pouvez leur offrir des occasions naturelles de s'imprégner de ces expériences. Reportez-vous au tableau 5 du chapitre précédent pour trouver les « antidotes » susceptibles d'être le plus utiles pour votre enfant.

S'imprégner de ce qui est bon est bénéfique pour tous les jeunes, mais davantage encore pour certains d'entre eux. Les enfants anxieux ou rigides tendent à négliger les bonnes nouvelles de la vie et devraient développer des forces intérieures telles que le sentiment de sécurité et de détermination. Ceux qui débordent d'énergie ou présentent un trouble du déficit de l'attention avec ou sans hyperactivité (TDAH) (c'est-à-dire qui sont extrêmement distraits, impulsifs ou toujours à l'affût de stimulations) passent si rapidement d'une chose à l'autre que même les bonnes expériences n'ont pas le temps de pénétrer en eux. Il faut aussi les aider à renforcer le contrôle de soi. En outre, beaucoup de ses enfants présentent une variante génétique qui produit des récepteurs de la dopamine moins efficaces, si bien qu'ils ont besoin d'un grand nombre d'expériences de récompenses pour rester focalisés sur une tâche. Ceux qui sont confrontés à des problèmes ou à des défis, tels qu'un trouble de l'apprentissage ou un deuil familial, peuvent s'imprégner efficacement d'expériences ciblées sur leurs besoins, comme se sentir aimé par les autres même si un grand-parent ou un autre être cher est décédé. La plupart des adolescents sont intéressés par eux-mêmes et vivent (malheureusement) beaucoup d'expériences négatives. J'ai donc constaté qu'ils acceptaient volontiers de s'imprégner de ce qui est bon, en particulier d'expériences clés liées au sentiment d'être séduisant et aimé.

Demandez-vous quelles expériences auraient pu avoir de l'importance pour vous dans votre enfance. Laissez cette connaissance, et votre intuition, vous guider pour aider les enfants de votre entourage à s'imprégner d'expériences qui importent pour eux.

GÉRER LES BLOCAGES

Parfois, quand vous essayez de vous imprégner de ce qui est bon, vous butez sur un blocage, telles des pensées distrayantes. Les blocages sont courants. Ils ne sont ni mauvais ni condamnables – mais ils se mettent vraiment en travers de votre chemin. Pour les contourner, vous pouvez les explorer en développant l'acceptation de soi et voir ce qu'il est possible d'apprendre sur vous-même. L'un des aspects précieux de cette méthode est qu'elle révèle souvent d'autres problèmes, comme une réticence sous-jacente à vous laisser vous sentir bien. Si c'est le cas, vous pouvez gérer ces difficultés en vous inspirant des suggestions ci-dessous. Avec de la pratique et du temps, les obstacles finissent généralement par être levés.

Les blocages à toute pratique intérieure

- **Je suis facilement distrait** : pour maintenir votre attention sur les expériences positives, focalisez-vous sur leurs aspects stimulants.
- **Je suis incapable d'être en contact avec mon corps ou mes sentiments** : explorez des sensations agréables simples, comme le goût des pancakes au sirop, le contact de l'eau chaude sur vos mains ou l'apaisement de l'expiration, et familiarisez-vous avec elles.
- **Me mettre à l'écoute de ma propre expérience me met mal à l'aise** : installez-vous dans un cadre sécurisant et rappelez-vous que vous n'avez pas à vous inquiéter de ce qui se passe à l'extérieur. Cherchez autour de vous des objets ou des gens qui vous mettent à l'aise et vous inspirent une sensation de protection. Portez l'esprit sur les sentiments que vous procure la compagnie d'une personne qui se soucie de vous. N'oubliez pas que vous pouvez éloigner l'attention de votre

expérience à tout moment si vous le souhaitez. Soyez conscient d'un élément agréable dans la conscience, une jolie vue, un son agréable… et notez encore et encore que le maintenir dans la conscience ne vous pose aucun problème, qu'il ne vous arrive rien de mal.

- **J'analyse trop les choses, je sors de l'expérience** : ramenez l'attention dans votre corps et vos émotions. Par exemple, suivez une respiration du début à la fin, ou nommez doucement ce que vous ressentez (surexcitation… exaspération… apaisement… amélioration…).

Les blocages susceptibles d'apparaître lorsqu'on s'imprègne de ce qui est bon

- **J'ai du mal à recevoir, y compris une bonne expérience** : inspirez et sentez que vous pouvez laisser entrer quelque chose sans crainte. Choisissez une émotion positive simple, tel le soulagement ou la joie, ouvrez-vous à elle et laissez-la pénétrer dans votre esprit, puis reconnaissez que vous allez toujours bien.
- **Je crains d'être moins efficace au travail ou dans la vie si je ne me sens plus « affamé »** : prenez conscience qu'en renforçant des ressources internes comme la confiance en soi et le bonheur vous ne pouvez que contribuer à votre succès. Il est possible d'être ancré dans le bien-être tout en restant très déterminé et ambitieux. Par ailleurs, vous imprégner de ce qui est bon exerce votre esprit à voir la *totalité* du tableau, ce qui permet de repérer de nouvelles opportunités.
- **J'ai peur de baisser la garde si je me sens mieux, car c'est comme ça que les gens se font avoir** : rappelez-vous que vous pouvez rester vigilant tout en vous sentant bien. Focalisez-vous sur le développement

de forces intérieures telles que la détermination, la résilience, la confiance en soi et le sentiment d'être pris en considération pour être moins inquiet à la perspective d'être moins méfiant.

- **Je trouve que chercher à se sentir bien est égoïste, vain ou honteux, que c'est déloyal ou injuste vis-à-vis de ceux qui souffrent, que je ne le mérite pas** : il est moral de rechercher le bien-être de *tous* les êtres, y compris le vôtre. Vous comptez, vous aussi. En vous rendant plus heureux, vous ne rendrez pas les autres plus malheureux et en vous rendant plus malheureux, vous ne les rendrez pas plus heureux. En réalité, si vous développez vos forces intérieures, dont la paix, le contentement et l'amour, vous aurez plus de choses à offrir aux autres. De même, vous ne deviendrez pas prétentieux sous prétexte que vous vous imprégnez de compliments ou d'un sentiment d'accomplissement : plus les gens se sentent comblés à l'intérieur, moins ils sont enclins à la suffisance ou à l'arrogance.
- **J'ai peur d'en vouloir plus et d'être déçu si je m'autorise à me sentir bien** : si vous vous sentez bien aujourd'hui, reconnaissez qu'il y a de fortes chances que vous vous sentiez bien demain et que vous ne serez donc pas déçu. Même si vous l'êtes effectivement, sachez que cela sera désagréable mais pas insurmontable. Relativisez le risque de déception : qu'est-ce qui est mieux, le coût d'une déconvenue ponctuelle ou le bénéfice d'un sentiment de bien-être et du renforcement de vos forces intérieures ?
- **En tant que femme, j'ai été conditionnée pour rendre les autres heureux, pas moi-même** : vos besoins et vos désirs ont la même importance que ceux des autres. Et si vous voulez prendre soin de votre prochain, vous devez commencer par vous renforcer vous-même.

- **En tant qu'homme, j'ai été conditionné pour être stoïque et ne pas me préoccuper de ma propre expérience** : vous devez vous ravitailler si vous ne voulez pas vous retrouver à court de carburant. En outre, renforcer vos « muscles » intérieurs vous rend plus fort, et non plus faible.
- **Les expériences positives activent des expériences négatives** : c'est paradoxal, mais c'est fréquent. Par exemple, se sentir pris en considération peut éveiller le sentiment de ne pas être aimé par la bonne personne. Si quelque chose de ce genre vous arrive, sachez que le négatif, quel qu'il soit, ne change pas le positif. Puis refocalisez-vous sur l'expérience positive, en particulier sur ses aspects agréables (ce qui vous aidera à maintenir votre attention sur elle).
- **Il y a des avantages à ne pas se sentir bien** : parfois, soyons franc, il peut y avoir une certaine satisfaction à se sentir outré, mécontent, blessé, amer, indigné, voire déprimé. Mais, en définitive, qu'est-ce qui est mieux pour vous : ces avantages… ou votre bien-être réel ?
- **J'ai été puni parce que j'étais dynamique ou heureux** : reconnaissez que les personnes qui vous entourent aujourd'hui sont différentes de celles de votre enfance. Soyez attentif aux gens qui acceptent que vous vous sentiez bien. N'auriez-vous pas aimé que quelqu'un prenne votre défense quand vous étiez jeune, plein de vie et de joie ? Eh bien, vous pouvez être cette personne pour vous-même aujourd'hui.
- **J'ai la conviction qu'il n'y a rien de bon en moi** : le bien que les autres voient en vous n'est pas une illusion. Il est *réel*, aussi réel que vos mains. Accrochez-vous à la réalité de votre amabilité, de vos bonnes intentions et de votre prévenance. Si vous avez été rabaissé ou humilié dans le passé, reconnaître la réalité de votre bonté est un moyen d'être juste et bienveillant envers

vous-même aujourd'hui. (Pour plus d'informations sur ce sujet, veuillez vous reporter à la section du chapitre 6, reconnaître ce qui est bon en soi, et à la pratique de la page 236, « Sentir que l'on est quelqu'un de bien »).

- **Je ne vois pas pourquoi je me sentirais bien alors qu'il y a toujours des choses qui vont mal** : sachez que le négatif n'enlève rien au positif : le trou n'élimine pas le beignet. De plus, un des moyens de gérer le négatif est de développer le positif. J'adore ce proverbe : « Il vaut mieux allumer une seule bougie que maudire l'obscurité. »

GÉRER LES DÉFIS DE MANIÈRE RÉCEPTIVE

La vie nous soumet à de nombreux défis, des gens casse-pieds aux maladies graves. Pour les aborder, vous pouvez notamment vous référer à vos besoins fondamentaux de sécurité, de satisfaction et de connexion. Pour gérer un problème de manière réceptive plutôt que réactive, essayez de mobiliser les forces intérieures et leurs expériences associées susceptibles de satisfaire au mieux le besoin fondamental qui pose problème.

Supposons que vous soyez confronté à une personne agressive ou menaçante, même de manière subtile, auprès de qui vous ne vous sentiriez pas complètement en sécurité : ce scénario activerait le système d'évitement des dangers de votre cerveau. Une approche réactive se caractériserait par des sentiments d'anxiété (du simple malaise à une peur extrême), de colère (de l'exaspération à l'indignation) ou d'engourdissement et impliquerait un certain nombre d'actes, par exemple de combat (une dispute), de fuite (retrait) ou d'immobilisation (pétrification). Bien que « basculer dans le rouge » soit parfaitement compréhensible et fréquent, ce mode a un coût pour vous et pour les autres.

À l'inverse, imaginez une approche réceptive avec le même scénario. Vous pourriez commencer par vous ranger de votre côté, faire montre de compassion envers vous-même et gagner du temps pour comprendre la situation et concevoir un plan pour la gérer. Puis vous pourriez mobiliser des forces intérieures et leurs expériences associées dans le système d'évitement des dangers. Par exemple, songer à des protections et à des ressources disponibles dans votre vie et vous rappeler des expériences passées où vous vous êtes senti fort et déterminé. Revoir une fois de plus vos hypothèses et vos pensées et vous assurer que vous ne sous-estimez ou surestimez pas la menace : relativiser le danger, quel qu'il soit. Expirer et pratiquer d'autres exercices de relaxation pour vous sentir moins tendu et plus détaché, calme et centré. Renforcer vos ressources, comme le soutien d'autres personnes : essayez de ressentir la présence d'alliés à vos côtés. Quand vous passez concrètement à l'action, montrez-vous raisonnablement prudent, mais ni craintif ni intimidé. Soyez avisé, sérieux et résolu, plutôt qu'impulsif ou prompt à vous dénigrer et à jeter l'éponge. Imaginez les résultats probables d'un « passage au vert ». Bien que cette approche ne soit pas la garantie d'une issue positive, c'est en général la stratégie qui y mène le plus sûrement.

Vous pouvez adopter une approche similaire face à des circonstances qui mettent à mal vos besoins de satisfaction ou de connexion. Reportez-vous au tableau de la page 159, « Associer certaines expériences antidotes à des éléments négatifs » du chapitre précédent et déterminez les expériences et les forces intérieures qui pourraient vous aider à rester réceptif face à n'importe quelle situation difficile dans votre vie aujourd'hui. En activant et en mobilisant ces expériences et ces forces, vous aurez l'occasion de vous en imprégner encore et encore, et donc de les installer toujours plus profondément dans votre cerveau.

En plus de faire appel à des expériences adaptées aux circonstances délicates au moment même où elles se présentent, vous pouvez *imaginer* que vous gérez les choses de manière réceptive à l'avenir. C'est ce qu'on appelle la *répétition mentale*, qui améliore les performances dans différentes tâches. Essayez la pratique ci-dessous, en l'adaptant comme vous le souhaitez. Elle inclut des forces intérieures utiles à vos trois besoins fondamentaux, mais vous pouvez vous focaliser sur celles qui vous seront plus utiles pour relever un défi particulier : le chapitre suivant propose des pratiques guidées qui explorent en détail un grand nombre de ces forces intérieures. C'est parti !

Portez l'attention en vous, en respirant à quelques reprises, en vous centrant. Choisissez un défi et observez-le comme si vous étiez très haut dans le ciel. Songez à certaines des réactions qu'il a suscitées en vous, et à la manière dont vous aimeriez l'aborder à l'avenir.

Pour commencer, éveillez le sentiment d'être de votre propre côté, de vous aimer, d'avoir de la compassion pour ce qui vous est difficile ou douloureux. Trouvez une sensation de force et de détermination. Laissez-vous pénétrer par le sentiment que vous allez fondamentalement bien à l'instant même.

Pour ce qui est du défi, soyez conscient de ce qui vous protège et vous soutient. Expirer lentement et détendez-vous un peu. Imaginez que vous gérez le défi en restant maître de vous-même, en étant raisonnablement calme, même si vous devez rester ferme, sans vous embrouiller avec les autres, sans partir en guerre contre qui que ce soit ou quoi que ce soit. Expirez et inspirez quelques fois de plus. Voyez si vous pouvez trouver un sentiment de paix lié à ce défi.

Éveillez un sentiment de gratitude et de joie pour l'ensemble plus vaste de votre vie. Soyez conscient des nombreuses choses qui vont toujours bien malgré ce défi. Sentez-vous nourri par la plénitude de cet instant. Focalisez-vous sur ce que vous avez le pouvoir de changer dans ce défi. Commencez à prévoir ce qu'il vous est possible de faire. Notez certains des nombreux autres éléments de votre vie susceptibles de vous inspirer un sentiment d'accomplissement et de réussite. Imaginez comment vous pourriez aborder ce défi depuis un lieu habité par le sentiment d'être déjà satisfait et épanoui.

Imaginez-vous ancré dans la considération que vous portent les autres tandis que vous abordez ce défi. Sentez-vous encouragé par eux, recevez leur compassion, leur sympathie et leur soutien. Essayez de ressentir leur amour qui s'écoule vers vous, en vous, comblant votre cœur. Imaginez aussi de la considération, de la bienveillance et de l'amour qui s'écoulent de vous. Voyez si vous pouvez vous sentir soulevé et porté par la générosité, de sorte de gérer les difficultés depuis un lieu de compassion pour vous-même et pour les autres. Souhaitez-vous et aux autres du bien tout en vous affirmant. Imaginez comment vous pourriez gérer ce défi si vous éprouviez le fort sentiment d'être aimé et aimant.

Imaginez que vous ressentez une sensation générale de paix, de contentement et d'amour en faisant face à ce défi. Maintenez toute expérience négative dans un vaste espace de conscience serein. Imaginez certains des avantages qu'il y aurait à gérer ce défi en demeurant fondamentalement paisible, content et aimant. Laissez la connaissance et la reconnaissance de ces avantages vous motiver à aborder ce défi de manière réceptive dans les jours à venir.

À RETENIR

- Dans des contextes formel et informel, quand vous apprenez des choses positives, utilisez les étapes de notre méthode pour les aider à pénétrer réellement. S'imprégner de ce qui est bon peut améliorer considérablement les bienfaits d'une formation aux ressources humaines, d'une psychothérapie, d'un entraînement à la pleine conscience, d'un programme de coaching ou des aspects psychologiques des traitements de santé.

- Imprégnez-vous d'expériences liées aux comportements que vous voulez encourager chez vous. Pour les désirs problématiques comme les addictions, vous pouvez vous aider à choisir de plus en plus souvent un plus grand bonheur plutôt qu'un plus modeste.
- Quand vous cherchez des expériences clés, soyez ingénieux et bienveillant envers vous-même. Si vous ne pouvez pas avoir le gâteau entier auquel vous aspirez, imprégnez-vous quand même de tout ce que vous pouvez.
- Il est normal d'être affecté par le passé à cause d'événements douloureux ou de manques de « provisions » psychologiques importants. Mais vous pouvez utiliser des expériences clés pour combler ce trou dans votre cœur.
- Si vous devez gérer des idées noires ou un traumatisme, vous pouvez intensifier les bienfaits d'outils standard en vous imprégnant de ce qui est bon.
- Dans le cadre des relations, apprécier et intérioriser ce qui est réellement bon permet généralement aux deux personnes de se sentir mieux et de renforcer le lien entre elles.
- De manière formelle ou informelle, vous pouvez utiliser les étapes de notre méthode pour aider les autres, y compris les enfants.
- Il est fréquent que des blocages apparaissent lorsqu'on s'imprègne de ce qui est bon. Ce sont des occasions d'en apprendre davantage sur soi-même. Mais il est possible de les gérer de manière efficace.
- Quand vous êtes confronté à un défi, des expériences de forces clés vous aideront à l'aborder de manière réceptive. Plus vous expérimenterez ces forces, plus vous parviendrez à rester dans la zone verte face à des difficultés de plus en plus intenses.

10

La malle aux trésors de votre cœur : 21 joyaux

Ce chapitre offre un recueil de pratiques destinées à développer des forces clés en vous. Je les considère comme vingt et un joyaux destinés à la malle aux trésors de votre cœur. Ils comprennent la protection, la relaxation, le plaisir, l'enthousiasme, la compassion pour soi, l'estime de soi – et, bien entendu, les principales caractéristiques du cerveau réceptif : la paix, le contentement et l'amour. Ce sont les forces intérieures fondamentales qui ont changé ma propre vie et celle d'autres personnes. Cherchez des occasions d'expérimenter ces forces au quotidien et utilisez les pratiques guidées décrites ci-dessous pour les tisser à votre cerveau quand vous le souhaitez.

COMMENT UTILISER CE CHAPITRE

Les forces clés sont organisées en fonction de vos trois besoins fondamentaux – sécurité, satisfaction et connexion –, soit sept forces par besoin. Chaque pratique commence par une introduction, puis vous guide à travers les quatre étapes de notre méthode. Comme vous les connaissez déjà, mes suggestions seront brèves et directes. Chacune étant autonome, certaines répétitions sont inévitables. Sentez-vous libre de les adapter à vos propres besoins. Par exemple, vous constaterez peut-être que mes explications sur la manière d'absorber une force particulière est aussi applicable à d'autres forces.

N'oubliez pas que la quatrième étape est optionnelle. Si vous décidez d'inclure cet élément, avant d'entamer l'une des pratiques guidées, tâchez d'identifier un déclencheur neutre qui s'est associé aux éléments négatifs. Mais, souvent, il n'existe pas de déclencheur neutre évident : si vous n'en trouvez pas, ce n'est pas un problème, vous pouvez tout de même effectuer les autres parties de la quatrième étape.

Un seul problème ou désir

Si vous êtes aux prises avec une situation, une relation ou un état d'esprit particulier, qu'il s'agisse d'une tâche épuisante mais nécessaire au travail, d'une déprime ou d'un adolescent doté d'une forte personnalité, vous pouvez trouver la force susceptible de vous fournir l'aide dont vous avez besoin et vous focaliser simplement sur cette dernière pendant quelque temps. Par exemple, trouver refuge (page 206) peut être efficace si vous vous sentez épuisé ; l'affirmation compatissante (page 238), si vous êtes confronté à une relation difficile ; ou la gratitude et la joie (page 215), si vous êtes déprimé. Pour les forces spécifiques à certains défis, veuillez consulter le tableau de la page 159, « Associer certaines expériences antidotes à des éléments négatifs », au chapitre 8.

Un seul besoin fondamental

Mais peut-être préférez-vous développer l'ensemble des forces associées à l'un de vos besoins fondamentaux. Si l'anxiété ou la colère vous préoccupe, imprégnez-vous des sept forces de la section intitulée « Sécurité », à la page 200. Pour les problèmes de déception, de frustration, de perte, de besoin de se surpasser ou d'addiction, reportez-vous à la section « Satisfaction » décrite plus loin page 212. Et pour la solitude, la douleur, la honte, l'envie, le manque d'estime de soi ou la rancœur, la section finale, « Connexion », à la page 227, est particulièrement adaptée. Si vous le souhaitez, focalisez-vous sur une force différente chaque jour et voyez comment vous vous sentez en fin de semaine. Vous pouvez aussi simplement garder les sept forces à l'esprit et puiser dans celle qui vous est le plus utile dans un contexte particulier. Enfin, il est possible de vous servir de la check-list du chapitre précédent, « Enraciner votre bonheur », pour suivre les forces que vous cultivez chaque jour.

Le Top 10

Toutes les forces répertoriées dans ce chapitre sont précieuses. Mais, si je devais en choisir dix, ce serait les suivantes : *prendre refuge*, *se sentir bien à l'instant même* et *paix* (pour la sécurité) ; *enthousiasme*, *sentir la plénitude de l'instant* et *contentement* (pour la satisfaction) ; *se sentir pris en considération*, *sentir que l'on est quelqu'un de bien* et *amour* (pour la connexion) ; et un sentiment intégré de paix, de contentement et d'amour (voir la pratique proposée à la fin du chapitre 7). Bien entendu, vous êtes invité à créer votre propre Top 10.

Chaque jour, vous pouvez essayer une nouvelle force, ou vous focaliser sur deux ou trois d'entre elles. Si vous voulez vous plonger en profondeur dans cet exercice, je vous propose de pratiquer les trois forces liées à la sécurité le jour 1, les trois liées à la satisfaction le jour 2 et les trois liées à la connexion le jour 3. Par ailleurs, matin et soir, réalisez l'exercice proposé dans l'encadré de la page 199, « Une minute pour se faire du bien ».

21 jours pour se faire du bien

Si vous souhaitez aller plus loin, pourquoi ne pas prendre trois semaines pour booster votre esprit, votre cerveau et votre vie ? Choisissez une nouvelle force par jour et sentez-la croître en vous.

Vous pouvez explorer les vingt et une forces dans la séquence proposée ici, ou les aborder dans des cycles de trois jours, en alternant les besoins (sécurité, satisfaction et connexion), chaque jour étant dédié à un besoin. Pour vous amuser, n'hésitez pas à opter pour une approche « pop-corn », c'est-à-dire choisir une force au hasard chaque matin, en les cochant peu à peu jusqu'à ce qu'il n'en reste plus qu'une. Si vous le souhaitez, vous pouvez remplacer une ou plusieurs des forces ci-dessous par une autre, comme la curiosité ou la générosité.

Afin d'enrichir ce processus, sentez-vous libre de tenir un journal intime, de le réaliser avec un(e) ami(e) ou en famille, voire de l'intégrer à votre thérapie, votre parcours de sevrage ou votre pratique spirituelle. Considérez ceci comme une forme de retraite, ou si cela vous semble trop spartiate, comme des vacances dans un spa de luxe, où vous vous immergez dans des expériences de guérison voluptueuses plutôt que dans une boue sulfureuse. Au terme des trois semaines, rendez hommage à vos efforts sincères et célébrez les résultats.

En vous réservant vingt et un jours d'affilée pour apprécier et approfondir ces forces, vous vous assurerez que vos besoins fondamentaux de sécurité, de satisfaction et de connexion sont davantage pris en compte, et vous serez de plus en plus stable dans le mode réceptif, vert, de votre cerveau. Tout au long de votre parcours, vous gagnerez en vitesse et prendrez l'habitude d'enraciner le bonheur, devenant ainsi un bon ami pour vous-même.

UNE MINUTE POUR SE FAIRE DU BIEN

Si les options précédentes vous semblent trop compliquées, ce n'est pas un problème. Consacrez simplement une minute à la pratique que je réalise souvent dès le réveil, juste avant de me coucher, de méditer ou d'affronter une situation délicate :

Le temps d'une ou de deux respirations, soyez conscient de ce qui se passe globalement dans votre esprit et votre corps, sans tenter de changer quoi que ce soit. Entrez en intimité avec vous-même.

Commencez à vous relaxer, en laissant votre respiration s'apaiser et ralentir. Désengagez-vous de toute pensée inquiétante. Lâchez toute tension. Effleurez un sentiment de force et reconnaissez l'existence de protections, comme des amis à proximité. Notez que vous êtes bien à l'instant même. Demeurez dans une paix toujours plus vaste.

Portez l'esprit sur une ou plusieurs choses qui vous inspirent de la gratitude ou de la joie. Pensez à quelque chose qui vous rend heureux. Percevez la plénitude déjà présente dans cet instant. Demeurez dans un contentement toujours plus vaste.

Portez l'esprit sur une ou plusieurs personnes (ou animaux de compagnie) qui tiennent à vous. Laissez-vous vous sentir apprécié, estimé ou aimé. Soyez conscient de votre propre chaleur et bienveillance envers les autres. Demeurez dans un amour toujours plus vaste.

Puis invoquez un sentiment de paix, de contentement et d'amour entremêlés dans votre esprit, trois aspects d'une seule et même expérience complète de bien-être et de retour chez soi. Demeurez dans l'esprit réceptif. Si vous le souhaitez, imaginez que vous vaquez à vos occupations quotidiennes sur ce mode.

Concluez de nouveau par une ou deux respirations tout en sentant cette paix, ce contentement et cet amour pénétrer en vous.

SÉCURITÉ

Quand vous expérimentez la sécurité, votre système d'évitement des dangers bascule dans le vert, dans le mode réceptif. Vous pouvez renforcer aussi bien votre capacité à *être* en sécurité que votre *sentiment* de sécurité en vous imprégnant régulièrement des éléments suivants : *protection, force, relaxation, trouver refuge, distinguer clairement les menaces et les ressources, se sentir bien à l'instant même* et *paix.* (Des expériences clés du système d'attachement peuvent également vous aider à vous sentir en sécurité. Nous les explorerons dans la partie « Connexion ».) Ces pratiques vous aideront à vous sentir de plus en plus à l'aise dans la vie et à avoir de moins en moins besoin de combattre ou de repousser les expériences désagréables.

Le système d'évitement est enraciné dans des circuits ancestraux du tronc cérébral et du sous-cortex, qui sont rapides (bon pour la survie), mais rigides (pas bon pour la qualité de vie ou pour soigner les vieilles blessures). Malheureusement, ces circuits sont lents à l'apprentissage, puisque le tronc cérébral et le sous-cortex présentent une plasticité neuronale moindre que le cortex. En effet, ces parties anciennes de votre cerveau ont besoin de *beaucoup* d'apaisement pour être en paix. Par conséquent, essayez de vous imprégner le plus souvent possible des expériences clés proposées ci-dessous.

En plus de leurs bienfaits généraux, les pratiques de cette section devraient renforcer votre *tolérance à la détresse*, c'est-à-dire la capacité à rester ouvert, centré et ancré dans le mode réceptif lorsqu'on vit des expériences inconfortables. La tolérance à la détresse est comme un amortisseur qui aide à gérer les secousses désagréables de la vie sans tomber dans l'aversion, et donc la réaction. Elles restent douloureuses et vous préféreriez les éviter, mais vous n'êtes pas contrarié et vous n'empirez pas les choses en réagissant de manière excessive. C'est la raison pour laquelle un grand nombre d'études montre que la tolérance à la détresse est une source fondamentale de résilience, de bonheur et de réussite.

Protection

La protection atténue le sentiment d'inquiétude. Quand vous vous sentez protégé, vous êtes moins crispé, sur vos gardes ou anxieux. C'est comme observer une tempête depuis un abri sûr : il peut y avoir des dangers ou des problèmes à l'extérieur, mais ils ne pénètrent pas pour vous faire du mal.

1. Activer : *notez tout sentiment de protection déjà présent au premier ou au second plan de la conscience. Par exemple, la sensation procurée par des murs solides, des portes fermées et verrouillées ou la proximité d'autres personnes.*

Par ailleurs, vous pouvez créer un sentiment de protection en songeant à des ressources en vous et dans votre vie – comme des capacités, des qualifications, des vertus, des amis et des parents – ou en imaginant des protecteurs – comme des gens qui tiennent à vous –, voire tout un groupe de protecteurs. Visualisez peut-être un champ de force qu'aucun élément nuisible ne peut pénétrer.

2. Enrichir : *ouvrez-vous à la sensation de protection. Explorez cette expérience. Laissez-la emplir votre corps et votre esprit et devenir plus intense. Demeurez avec elle, aidez-la à durer. Ouvrez-vous au soulagement ou à l'aise à mesure que vous vous sentez protégé. Vous pouvez enrichir cette expérience en l'incarnant : par exemple, en regardant des photos de personnes qui tiennent à vous, en effleurant des doigts le verrou d'une porte ou en vous appuyant contre un mur pour sentir sa solidité.*

3. Absorber : *sentez délibérément cette expérience de protection pénétrer en vous comme vous pénétrez en elle. Sachez qu'elle devient une part de vous, une ressource que vous pouvez emporter partout où vous allez. À mesure que la protection pénètre, sentez diminuer tout besoin de résister ou de vous crisper contre quoi que ce soit en vous ou dans le monde. Tout sentiment d'inquiétude ou de menace se dissipe. Tandis que la protection s'infiltre en vous, vous pouvez lâcher toute méfiance, vigilance et anxiété.*

4. Lier : *soyez à la fois conscient de la sensation de protection* et *des sentiments de peur ou de vulnérabilité. Maintenez l'expérience positive de protection plus en évidence dans la conscience, et si vous vous faites kidnapper par les éléments négatifs, laissez-les tomber. Sentez la sensation de protection vous apaiser et pénétrer des points apeurés ou vulnérables à l'intérieur. Peut-être pouvez-vous visualiser un protecteur nourrissant qui préserve du danger les parties les plus fragiles ou jeunes de votre être. Le sentiment de protection pénètre dans des parties apeurées, les rassurant, les aidant à se sentir mieux. Puis, quand vous le souhaitez, lâchez tout élément négatif et demeurez simplement avec cette sensation de protection. À quelques reprises au cours de l'heure qui suit, pendant une douzaine de secondes d'affilée ou plus, soyez uniquement conscient des éléments neutres ou positifs – comme une sensation de protection – tout en portant l'esprit sur un déclencheur neutre (des personnes, des situations, des idées, etc.) associé à un sentiment d'anxiété ou de vulnérabilité.*

Force

La peur provient de l'écart perçu entre des forces intérieures et des défis extérieurs. Plus vous développerez un sentiment de force authentique, plus cet écart se réduira, parfois même à néant. La force n'est pas synonyme de suffisance ni d'agressivité, mais de détermination, de ténacité, d'intégrité ou de capacité à plier sans rompre, de supporter les moments difficiles et de survivre aux plus terribles.

1. *Notez toute sensation de force déjà présente au premier ou au second plan de la conscience, comme une vitalité corporelle soutenue, des battements du cœur vigoureux ou une prévenance ancrée à l'égard des autres. La conscience même est forte, capable de contenir chaque once de votre expérience.*

Créez également un sentiment de force. Parmi les événements récents ou passés, cherchez des occasions où vous avez été fort. Peut-être avez-vous demandé à votre corps de rester debout pendant toute une journée de travail ou de continuer à courir pendant une séance de sport. Peut-être vous êtes-vous battu pour vous-même ou pour quelqu'un d'autre. Peut-être êtes-vous venu à bout d'une tâche alors que vous vouliez jeter l'éponge. Laissez les idées *de ces moments se transformer en une* sensation corporelle *de force.*

2. *Ouvrez-vous à la sensation de force. Explorez cette expérience. Laissez-la emplir votre corps et votre esprit et devenir plus intense. Demeurez avec elle, aidez-la à durer, offrez-lui un sanctuaire dans votre esprit. Si votre attention part ailleurs, revenez à cette expérience. Devenez plus calme et plus confiant à mesure que vous vous sentez plus fort. Sachez que vous pouvez gérer les défis de la vie. Trouvez des éléments inédits dans l'expérience de la force. Voyez ce que cela fait de se sentir fort sans la moindre colère. Souvenez-vous d'une occasion où vous avez été ferme, grave ou assertif sans devenir agressif ou irrité. Vous pouvez incarner la force de plusieurs manières. Par exemple, en contractant différents muscles pour sentir leur puissance, en vous redressant ou en adoptant une expression de détermination puis en vous regardant dans la glace. Soyez conscient de l'importance de la force pour vous personnellement, sachez pourquoi elle compte : reconnaissez sa pertinence pour vous.*

3. *Cherchez délibérément à faire pénétrer cette expérience de force en vous comme vous pénétrez en elle. Sentez la force vous emplir* *comme du carburant, une énergie vivifiante. Acceptez de changer un peu, de devenir plus fort. Sachez que la force pénètre, qu'elle se tisse à votre être, devenant une ressource intérieure que vous pouvez emporter partout où vous allez – à la fois puissante et portable. Plus la force pénètre, plus vous vous sentez libéré de toute lutte contre des éléments en vous ou dans le monde. Il est inutile de résister à qui que ce soit ou à quoi que ce soit.*

4. *Soyez à la fois conscient de la sensation de force* et *de sentiments de faiblesse. Maintenez l'expérience positive de la force plus en évidence dans la conscience, et si vous vous faites kidnapper par les éléments négatifs, laissez-les tomber. La force soutient et imprègne des parties de votre être qui se sont senties malmenées ou accablées, par exemple quand vous étiez enfant. Maintenant vous vous sentez fort, comme un arbre puissant, profondément enraciné : les vents de la vie et des gens soufflent, mais vous vous dressez toujours après leur passage. Puis, quand vous le voulez, lâchez tout élément négatif et demeurez simplement avec la sensation de force. À quelques reprises au cours de l'heure qui suit, pendant une douzaine de secondes d'affilée ou plus, soyez uniquement conscient des éléments neutres ou positifs – comme une sensation de force – tout en portant l'esprit sur un déclencheur neutre associé au sentiment de faiblesse ou d'accablement.*

Relaxation

Quand vous vous détendez, l'aile parasympathique de votre système nerveux s'active davantage, ce qui apaise l'aile sympathique de combat ou de fuite. Les tensions s'évacuent de votre corps, votre rythme cardiaque et votre respiration ralentissent et la digestion est facilitée – autant d'éléments qui apaisent les signaux internes de danger, ce qui vous aide à vous détendre encore plus.

1. *Notez toute sensation de relaxation déjà présente dans votre conscience. Par exemple, il pourrait y avoir de la sérénité et du relâchement dans votre respiration ou des parties de votre corps apaisées. Par ailleurs, vous pouvez créer une sensation de relaxation. Respirez à plusieurs reprises, en expirant deux fois plus lentement que vous n'inspirez. Détendez des points clés, comme les muscles de la mâchoire, la langue, la bouche et les yeux. Respirez avec le diaphragme, juste en dessous de la cage thoracique. Sentez les tensions s'évacuer de votre corps. Imaginez-vous dans un cadre relaxant, par exemple sur une plage réchauffée par un soleil agréable. Vous pouvez aussi détendre peu à peu l'ensemble du corps en remontant des pieds à la tête.*

2. *Ouvrez-vous à la relaxation et ressentez ses effets. Laissez-la vous emplir, devenir plus intense. Demeurez avec elle, aidez-la à durer. Lâchez de plus en plus prise à mesure que vous vous relaxez. Livrez-vous à une délicieuse sensation de calme. Notez différents aspects de cette expérience, en maintenant sa fraîcheur. Éprouvez une tranquillité toujours plus vaste. Incarnez la relaxation en vous allongeant, en vous balançant délicatement d'avant en arrière ou en laissant votre visage se détendre complètement. Songez à un moyen d'être plus détendu qui pourrait vous être utile chez vous ou au travail.*

3. *Sentez la relaxation pénétrer en vous, devenir une part de vous. Plus vous vous détendez, plus vous sentez les tensions ou les résistances se dissiper.*

4. *Soyez à la fois conscient de la relaxation* et *des tensions. Maintenez la relaxation plus en évidence dans la conscience : si vous vous faites kidnapper par les éléments négatifs, laissez-les tomber. La relaxation pénètre en vous et soulage des points noués ou contractés. Les tensions s'apaisent à mesure que la relaxation les imprègne telle une douce pluie. Puis, quand vous le voulez, lâchez tout élément négatif et demeurez simplement avec la sensation de relaxation.*

À quelques reprises au cours de l'heure qui suit, soyez uniquement conscient des éléments neutres ou positifs – comme une sensation de relaxation – tout en portant l'esprit sur un déclencheur neutre associé au sentiment de tension.

Trouver refuge

Un refuge est tout ce qui procure un sentiment de sanctuaire, de régénération, d'encouragement ou de sacré. Vous pouvez vous reposer et recharger vos batteries dans un refuge, y compris quand vous êtes pris dans les tourbillons de la douleur ou des difficultés.

1. *Notez toute sensation de refuge déjà présente dans votre esprit. Peut-être êtes-vous chez vous, au lit, dans la baignoire ou dans les bras de votre partenaire. À moins que vous ne soyez sous des arbres et des étoiles. Voire en paix, à méditer ou à prier. Vous pouvez aussi créer un sentiment de refuge en vous revoyant dans un endroit que vous aimez, comme une cabane sur un lac où votre famille séjournait chaque été. D'autres refuges potentiels comprennent des enseignants, des enseignements et des communautés d'apprenants. Vous pouvez trouver refuge en travaillant dur, en étant combatif et en tenant bon. Ou dans votre capacité à voir ce qui est vrai, à faire la différence entre le beignet et le trou, entre les gens qui vous traitent bien et ceux qui vous traitent mal. Vous pouvez trouver refuge dans la raison, dans le processus de compréhension des choses. Dans la spiritualité ou la religion, ou dans tout ce que vous expérimentez en Dieu.*

2. *Explorez les qualités de refuges précis, comme un lieu ou une personne. Puis ouvrez-vous à un sentiment général de refuge. Quel effet cela fait-il de se sentir abrité et en sécurité ? Ancré dans des choses fiables et nourrissantes ? Laissez cette expérience vous emplir, devenir plus intense. Demeurez avec elle, aidez-la à durer. Vous pouvez incarner ou concrétiser la sensation de refuge en vous rendant dans* *des sanctuaires personnels, que ce soit un fauteuil confortable dans votre salon, une église ou un temple. Vous pouvez également apporter un objet paré d'une signification personnelle ou sacrée dans votre chambre.*

3. *Sentez la sensation de refuge devenir une part de vous. Explorez-la comme s'il s'agissait d'un endroit d'où vous* venez *plutôt que d'un endroit où vous* allez. *À mesure que vous vous installez dans le refuge, lâchez toute lutte avec quoi que ce soit.*

4. *Soyez à la fois conscient de l'expérience du refuge* et *de tout sentiment d'épuisement ou de pression. Restez centré dans le refuge, abrité et nourri, tandis que ces défis passent. Laissez pénétrer le fait que les difficultés et les douleurs peuvent aller et venir sans vous submerger. Sentez peut-être les sentiments de refuge se connecter à des sentiments d'envahissement ou d'insécurité liés à l'enfance. Puis, quand vous le voulez, lâchez tout élément négatif et demeurez simplement avec la sensation de refuge. À quelques reprises au cours de l'heure qui suit, soyez uniquement conscient des éléments neutres ou positifs – comme une sensation de refuge – tout en portant l'esprit sur un déclencheur neutre associé au sentiment d'épuisement ou de pression.*

Distinguer clairement les menaces et les ressources

À cause de la «paranoïa des tigres de papier» (chapitre 2), votre cerveau tend à surestimer les menaces qui pèsent sur vous tout en sous-estimant les ressources dont vous disposez pour les gérer. Quand vous distinguez clairement ces déformations, vous pouvez vous imprégner de perspectives nouvelles, plus exactes et plus rassurantes.

1. *Notez chaque moment où vous prenez conscience qu'une inquiétude a été exagérée ou des ressources disponibles négligées.*

Soyez attentif aux occasions où les autres sont susceptibles de renforcer vos peurs, peut-être à leur propre avantage. De plus, réfléchissez délibérément à vos convictions sur les dangers du monde et les faiblesses en vous, et cherchez des preuves qu'elles ne sont pas fondées. Peut-être pourriez-vous parler de ces convictions et des éléments susceptibles de les confirmer ou de les infirmer avec d'autres personnes, ou simplement les évaluer dans votre tête. Par exemple, vous pourriez répertorier trois faits ou plus qui infirment une conviction liée à la peur ou au doute de soi.

2. *Ouvrez-vous à une vision plus réaliste des menaces qui pèsent sur votre vie et des ressources dont vous disposez pour les gérer. Laissez cette vision, cette perspective, se dilater dans votre esprit et revenez-y sans cesse. Ouvrez-vous à des sentiments associés de stabilisation, de confiance ou de calme. Vous pouvez incarner cette expérience en exprimant à voix haute ou en notant par écrit votre point de vue réaliste sur les menaces et les ressources.*

3. *Sentez ce point de vue réaliste devenir une part de vous. Laissez se former la conviction qu'il est vrai. Imaginez que vous veniez de cette perspective à compter de maintenant et ce que vous ressentiriez. Quand vous voyez les menaces et les ressources sans déformations, les sentiments de malaise et d'anxiété se dissipent, car vous savez dans votre cœur que vous êtes capable de gérer les choses. Toute peur devient inutile.*

4. *Soyez* à la fois *conscient de votre point de vue réaliste et de toute estimation inexacte des menaces et des ressources. Continuez à entretenir votre vision réaliste et votre certitude que les convictions inexactes sont fausses. Imaginez peut-être une personne forte, intelligente, en vous, qui représente le point de vue réaliste et s'oppose à une autre personne (peut-être excessive et sotte), qui incarne les convictions inexactes – et assurez-vous que le point de vue réaliste l'emporte. Puis, quand vous le voulez, lâchez tout élément négatif et demeurez simplement avec la vision réaliste. À quelques reprises au* *cours de l'heure qui suit, soyez uniquement conscient des éléments neutres ou positifs – comme un sentiment de conviction lié au point de vue réaliste – tout en portant l'esprit sur un déclencheur neutre associé à des convictions inexactes.*

Se sentir bien à l'instant même

La plupart des données qui pénètrent dans votre cerveau viennent de l'intérieur de votre corps plutôt que de votre environnement extérieur. Car votre cerveau a besoin de savoir, moment après moment, comment vos organes internes se portent pour s'assurer que vous allez bien. Une grande partie de ces informations traverse l'hypothalamus, qui, au moindre problème, déclenche une alarme et vous fait basculer dans le rouge. Même de modestes changements de la perception de la respiration, du rythme cardiaque, de la digestion ou des expressions faciales peuvent produire de grands bouleversements dans vos pensées et vos sentiments.

Le lien étroit entre l'esprit et le corps vous offre un moyen extrêmement efficace de demeurer dans une sensation toujours plus vaste de calme et d'aise puisque le plus souvent votre corps va plutôt bien. Les messages qu'il adresse à votre cerveau s'apparentent généralement aux appels rassurants d'un veilleur de nuit : « Tout va bien, tout va bien. » Vous n'alliez peut-être pas bien dans le passé et vous n'irez peut-être pas bien dans l'avenir, mais vous allez globalement bien à l'instant même.

Malheureusement, cette bonne nouvelle est souvent difficile à « entendre » à cause du penchant négatif, qui tisse en permanence une toile de fond d'anxiété pour nous permettre de survivre. La plupart du temps, ces messages de peur sont de fausses alertes. Quand vous profitez des signaux positifs (« tout va bien ») que votre corps fait remonter à votre cerveau en vous focalisant délibérément sur le fait que vous allez bien, chaque moment de votre vie ou presque devient une formidable occasion de sortir de la peur et de la colère pour accéder à la paix. Et, au fil du temps, cette pratique et d'autres exercices associés, comme s'imprégner de la relaxation, peuvent faire taire les murmures d'une vaine anxiété.

1. *Mettez-vous à l'écoute des signaux positifs (« tout va bien ») envoyés par votre corps. Notez que l'air abonde, que la respiration se passe très bien. Sentez votre pouls et sachez que votre cœur bat bien. Percevez votre corps dans sa totalité et reconnaissez sa vitalité fondamentale – même s'il y a aussi des maux, des douleurs et des maladies. Focalisez-vous sur les parties de votre corps qui vont bien même si ce n'est pas le cas d'autres parties. Examinez votre environnement immédiat et sachez que vous n'êtes pas attaqué, que vous n'allez pas mourir à cet instant. Observez que la conscience même va bien et qu'elle n'est jamais affectée par ce qu'elle contient : sachez que vous pouvez observer de l'inconfort sans être submergé. Encore et encore, enregistrez que vous êtes bien à* cet *instant même.*

2. *Ouvrez-vous au sentiment d'être bien à l'instant même. Continuez à renouveler ce sentiment, moment après moment, en dépit de toute anxiété. Ouvrez-vous également à des sentiments associés d'aise, de soulagement, de calme et de relaxation. Livrez votre esprit au sentiment d'être bien, parfaitement bien,* maintenant. *Notez la sensation d'arrière-plan permanente du corps, qui continue à fonctionner avec une continuité fiable. Sachez ce qu'on ressent lorsqu'on se sent bien. Vous pourriez incarner cette expérience en expirant avec une sorte de « ouf, enfin en sécurité ! ». Faites de petites choses pour vous sentir plus à l'aise, comme mettre un châle si vous frissonnez, et laissez entrer la vague de sensations agréables qui en résulte.*

3. *Sentez le fait de vous sentir bien devenir une part de vous-même. Être fondamentalement bien est votre essence, il n'y a aucune* *raison de repousser quoi que ce soit, aucun motif de peur. Toute lutte avec la vie, toute résistance ou tout désir irrépressible se dissipe.*

4. *Soyez* simultanément *conscient de l'expérience d'être bien et de toute contrariété ou anxiété. Aidez la sensation d'être bien au fond de vous-même s'infiltrer dans la contrariété ou l'anxiété, l'apaisant, la soulageant et la relativisant. Sachez que vous irez toujours bien même si vous devez gérer des choses difficiles. Puis, quand vous le voulez, lâchez tout élément négatif et demeurez simplement avec le sentiment d'aller bien à l'instant même. À quelques reprises au cours de l'heure qui suit, soyez uniquement conscient des éléments neutres ou positifs – comme se sentir bien à l'instant même – tout en portant l'esprit sur un déclencheur neutre associé au sentiment de contrariété ou d'anxiété.*

Paix

La paix est une sensation globale de sérénité et d'aise, sans besoin de lutter contre quoi que ce soit. Vous pouvez avoir conscience de dangers ou de défis, mais aucun désir de fuite ou de combat n'est présent dans votre esprit, aucune peur ni colère. Vous sentant en paix à l'intérieur, vous êtes pacifique avec les autres.

1. *Notez toute sensation de paix déjà présente dans votre corps ou votre esprit. La conscience même est paisible, tout comme le rythme de votre respiration, l'apparition spontanée des visions et la stabilité rassurante d'une chaise ou d'une table. Créez également la paix en portant l'esprit sur tout ce qui peut vous aider à vous sentir calme, serein ou tranquille. Peut-être l'image d'un bébé qui dort, le bruit de vagues sur une plage tropicale, le souvenir incarné d'une occasion où vous avez été complètement en paix ou le sentiment de l'immensité imperturbée de l'univers. Vous pourriez aussi activer une sensation de paix en puisant dans une ou plusieurs des* *expériences clés ci-dessus, telle la* relaxation *ou* se sentir bien à l'instant même.

2. *Une fois que vous avez trouvé une sensation de paix, ouvrez-vous à elle, livrez-vous à elle et laissez-la emplir votre cœur. Aidez-la à devenir aussi forte et durable que possible. Explorez les nuances de sentiments associés tels que le calme, la tranquillité, l'aise et la sérénité. Soyez pleinement en paix. Si vous le souhaitez, méditez sur la paix : laissez-la devenir votre objet d'attention et d'absorption. Incarnez la paix dans la manière dont vous marchez, regardez les autres, saisissez des objets et parlez.*

3. *Sentez la paix pénétrer en vous comme vous pénétrez en elle, devenant une part de vous. Sentez-vous respirer en paix, respirer la paix, être la paix. Il n'y a aucune raison de résister à quoi que ce soit en vous ou dans le monde.*

4. *Soyez* à la fois *conscient de la paix au premier plan de la conscience et de toute gêne au second plan. Sentez la paix irradier par vagues, se connecter à tout ce qui est perturbé, l'apaiser et le tranquilliser. La paix pénètre dans les parties les plus jeunes de votre être qui se sentent effrayées ou en colère. Puis, quand vous le voulez, lâchez tout élément négatif et demeurez simplement avec la paix. À quelques reprises au cours de l'heure qui suit, soyez uniquement conscient des éléments neutres ou positifs – comme une sensation de paix – tout en portant l'esprit sur un déclencheur neutre associé au sentiment de gêne.*

SATISFACTION

Quand vous expérimentez la satisfaction, votre système de recherche des récompenses passe en mode réceptif. Vous pouvez renforcer à la fois votre capacité à *être* satisfait et votre *sentiment* de satisfaction en cultivant régulièrement le *plaisir*, la *gratitude et la joie*, les *émotions positives*, l'*accomplissement et la puissance d'action*, l'*enthousiasme*, la *plénitude de l'instant présent* et le *contentement*. Si vous le faites régulièrement, à la fois au quotidien et dans le cadre des pratiques guidées ci-dessous, vous développerez la reconnaissance, l'épanouissement et la réussite plutôt que la déception, la tristesse, la frustration ou le besoin effréné de vous surpasser. Vous vous sentirez déjà comblé et vous n'aurez plus de raisons de traquer ou de retenir les expériences agréables.

Plaisir

Il peut sembler dérisoire d'apprécier la saveur d'un pain aux raisins toasté ou l'humour d'un dessin humoristique, mais ce genre de plaisirs simples apaise les troubles émotionnels, chasse les idées noires et enrichit la vie. Ils sont aussi bénéfiques pour la santé, car ils libèrent des endorphines et des opioïdes naturels qui vous extraient d'états réactifs stressants et épuisants pour vous faire accéder à des états réceptifs plus heureux. En prime, certains plaisirs – comme danser, avoir des rapports sexuels, assister à la victoire de son équipe de basket-ball ou rire avec des amis – s'accompagnent de sentiments stimulants de vitalité ou de passion qui améliorent la santé à long terme. Les opportunités de plaisir sont partout autour de vous, en particulier si vous incluez les petits riens, comme les scintillements multicolores des minuscules grains de sable d'un trottoir, le bruit de l'eau qui tombe dans une baignoire, le sentiment de connexion avec un ami ou le réconfort de voir fonctionner la cuisinière quand vous devez préparer un repas.

Votre cerveau tente de se raccrocher aux choses agréables, ce qui provoque un sentiment de stress puisque ces expériences sont par essence fugaces et sans substance. Dans cette pratique, vous obtenez le meilleur des deux mondes : vous savourez les plaisirs sans vous y accrocher, ce qui permet de les accroître. De plus, vous apprenez à laisser les expériences agréables traverser votre esprit sans chercher à vous agripper à elles de manière réactive.

1. *Notez toute sensation de plaisir déjà présente. Passez en revue la vision, l'ouïe, le goût, le toucher et l'odorat pour trouver des plaisirs au second ou au premier plan de la conscience. Dans votre esprit, voyez s'il y a des choses amusantes, intéressantes, ou plaisantes sur le plan esthétique. Créez également du plaisir en étant bienveillant envers votre corps, en recherchant la beauté, en rigolant, en utilisant vos mains pour confectionner des objets, en prenant de belles photographies ou en faisant l'une de vos activités préférées. Passez une minute ou une journée à chercher des choses qui vous donnent du plaisir. Explorez en profondeur vos plaisirs préférés, en ralentissant et en vous focalisant réellement sur l'expérience.*

2. *Ouvrez-vous à un plaisir, et aidez-le à durer. Ramenez-le sans cesse sous le projecteur de l'attention, et lâchez tout ce qui vous fait penser que vous n'êtes pas autorisé à éprouver ce plaisir. Délectez-vous-en, comme si c'était un morceau de truffe au chocolat que vous laissiez fondre lentement dans votre bouche pendant trente secondes. Recevez pleinement le plaisir et laissez-le vous traverser sans tenter de le retenir. Incarnez cette expérience en vous avançant vers les sources de plaisir, en pénétrant en elles ou en murmurant de plaisir. Réfléchissez brièvement à la pertinence du plaisir pour vous, à son importance dans votre vie.*

3. *Sentez délibérément ce plaisir pénétrer en vous comme vous pénétrez en lui. Telle l'eau qui s'infiltre dans le sol, le plaisir devient une part de vous, une ressource que vous pouvez emporter avec vous partout où vous allez. Sentez le plaisir s'installer en vous, sans tenter de vous y accrocher. Accueillez le sentiment qu'à cet instant tout est suffisant et qu'il n'est pas nécessaire d'en vouloir plus.*

4. *Soyez à la fois conscient du plaisir* et *de toute douleur, en maintenant l'expérience positive de plaisir au premier plan de la conscience. Sentez ces sentiments de plaisir apaiser et pénétrer toute douleur à l'intérieur. Puis, quand vous le voulez, lâchez tout élément négatif et demeurez simplement avec la sensation de plaisir. À quelques reprises au cours de l'heure qui suit, pendant une douzaine de secondes d'affilée ou plus, soyez uniquement conscient des éléments neutres ou positifs – comme une sensation de plaisir – tout en portant l'esprit sur un déclencheur neutre (des personnes, des situations, des idées, etc.) associé au sentiment douloureux.*

Gratitude et joie

La gratitude est un sentiment de reconnaissance lié à ce qui vous est donné. La joie, qui est le sentiment plus général d'être content, récompensé, ravi ou heureux, n'est pas nécessairement liée à un don. Mais, la plupart du temps, ces deux sentiments agréables se confondent, si bien que nous pouvons les explorer ensemble. La gratitude, la joie et les sentiments associés, telle l'appréciation, peuvent sembler si simples et convenus qu'ils sont faciles à négliger. Pourtant, les études montrent qu'ils sont la source de bienfaits durables et importants, y compris pour l'humeur, le sentiment de satisfaction générale et la résilience.

1. *Notez les sentiments de gratitude ou de joie déjà présents dans votre esprit. À l'arrière-plan de votre conscience, peut-être êtes-vous content de l'endroit où vous vivez. Peut-être êtes-vous heureux que votre enfant soit de bonne humeur aujourd'hui. Au fil de votre journée, soyez particulièrement attentif à tout sentiment de gratitude ou de joie qui survient naturellement. Créez également des expériences de gratitude ou de joie, même modestes ou simples en apparence, en recherchant des raisons de vous sentir reconnaissant ou heureux : un événement agréable, un garde-manger bien garni ou un* *ami qui vous apprécie. D'autres motifs de reconnaissance pourraient inclure un animal de compagnie, la chance, des personnes serviables, des plantes en fleurs ou le don de la vie même. Réfléchissez de manière similaire à votre passé et à votre futur. Trouvez des choses susceptibles de vous inspirer de la gratitude ou de la joie dans la vie des autres. Aidez la connaissance de ces faits à devenir des expériences de gratitude et de joie.*

2. *Ouvrez-vous à la gratitude et à la joie. Explorez ces expériences et faites-les durer. Aidez-les délicatement à devenir aussi riches et intenses que possible, à emplir votre corps entier. Ouvrez-vous à des sentiments associés tels que la joie, l'aise ou l'épanouissement. Incarnez la gratitude et la joie en souriant, en bondissant de ravissement, en adoucissant les traits de votre visage ou en tendant les bras au monde.*

3. *Laissez la gratitude et la joie pénétrer en vous. Tout en livrant votre esprit à la gratitude et à la joie, laissez le contentement vous imprégner. Sentez que vous êtes déjà comblé à cet instant et que vous n'avez pas besoin de rechercher ni de retenir quoi que ce soit d'autre.*

4. *Soyez conscient de la gratitude et de la joie* et *de sentiments de déception ou de perte. Maintenez la gratitude et la joie au premier plan de la conscience et, si vous êtes happé par les éléments négatifs, éloignez-les de la conscience. Sentez la gratitude et la joie se connecter à toute déception ou perte. Imaginez qu'une partie des choses qui vous inspirent de la gratitude ou de la joie vous arrose et comble peu à peu tout vide intérieur. Peut-être la gratitude et la joie touchent-elles des parties plus jeunes de votre être qui se sentaient malheureuses. Puis, quand vous le voulez, lâchez tout élément négatif et demeurez simplement avec la sensation de gratitude et de joie. À quelques reprises au cours de l'heure qui suit, pendant une douzaine de secondes d'affilée ou plus, soyez uniquement conscient des éléments neutres ou positifs – comme une sensation de gratitude et de joie – tout en portant l'esprit sur un déclencheur neutre (des* *personnes, des situations, des idées, etc.) associé à la déception ou à la perte.*

Émotions positives

Toute émotion positive est l'occasion d'apprécier la vie et de se sentir satisfait ici et maintenant. Les émotions positives ont également de nombreux bienfaits pour la santé physique, y compris renforcer votre système immunitaire, protéger votre système cardio-vasculaire et augmenter vos chances de vivre vieux.

Comme les attractions d'un vaste parc à thème, la multitude de sentiments positifs susceptibles d'être explorés et savourés est merveilleuse. Par exemple, le système de recherche comprend l'intérêt, l'enthousiasme, l'inspiration, le succès, l'abondance, la gaieté, l'exaltation, la béatitude, l'enjouement, l'émerveillement, la joie et le sentiment d'être chanceux ou béni. Il existe d'autres sentiments positifs dans les systèmes d'évitement et d'attachement, tels la quiétude et l'amour. Comme il y a énormément d'émotions positives différentes, dans la pratique qui suit, j'utiliserai l'expression « sentiment positif » – vous pouvez la remplacer à votre guise – et mes suggestions resteront simples et ouvertes.

1. *Notez la présence de tout sentiment positif au premier ou au second plan de votre conscience, ou créez un sentiment positif grâce aux indications du chapitre 6. Par exemple, songez à un élément qui vous rend heureux dans votre vie actuelle ou passée.*

2. *Ouvrez-vous au sentiment positif. Laissez-le vous emplir et s'intensifier. Demeurez avec lui, aidez-le à durer, faites-lui de la place dans votre esprit. Trouvez des moyens de l'incarner, par exemple en laissant une expression adaptée s'emparer de votre visage, en modifiant votre posture ou votre langage corporel pour* *qu'ils soient conformes à votre sentiment. Soyez conscient de la manière dont ce sentiment positif pourrait être pertinent pour vous.*

3. *Aidez ce sentiment positif à pénétrer en vous, telle la chaleur d'une tasse de thé chaud qui se répand dans vos mains. Laissez le sentiment positif générer une sensation de satisfaction, d'épanouissement, de sorte qu'il n'y ait aucune raison de s'agripper à quoi que ce soit de plus.*

4. *Soyez à la fois conscient du sentiment positif* et *d'un sentiment négatif associé. Par exemple, vous pourriez être simultanément conscient de la gaieté et de la morosité, de la confiance et du doute, du bonheur et de la tristesse ou de l'abondance et de la rareté. Focalisez-vous sur le sentiment positif, en reléguant le sentiment négatif aux coulisses de la conscience. Imaginez ou sentez ce sentiment positif se connecter à son pendant négatif, peut-être en s'infiltrant en lui tel un baume apaisant, qui le soulage et le remplace peu à peu. Puis, quand vous le voulez, lâchez le sentiment négatif et n'expérimentez plus que le positif. À quelques reprises au cours de l'heure qui suit, soyez uniquement conscient des éléments neutres ou positifs – comme un sentiment positif – tout en portant l'esprit sur un déclencheur neutre associé à un sentiment négatif.*

Accomplissement et puissance d'action

L'accomplissement est le sentiment d'avoir atteint un objectif et la puissance d'action, celui d'être capable de faire se réaliser quelque chose. Ces expériences sont généralement liées, si bien que nous les explorerons ensemble.

Vous accomplissez de nombreuses choses tous les jours, qui sont pour la plupart relativement modestes et aisément négligeables, y compris préparer vos enfants pour l'école, terminer une séance de travail, faire des courses ou rappeler quelqu'un. Vous accomplissez aussi des choses en faisant preuve de retenue, notamment quand vous laissez la parole aux autres, ou d'endurance, quand vous surmontez une crise de mal de dos. Chacun de ces accomplissements est une occasion d'expérimenter la gratification et le succès plutôt que la frustration et l'échec.

La puissance d'action – la capacité à faire se produire quelque chose – est le contraire de l'impuissance. Vous vous êtes peut-être déjà senti piégé, immobilisé, vaincu ou désespéré. Cette expérience de la futilité ou de l'impossibilité de toute action peut rapidement se transformer en une *impuissance acquise*, qui est à la fois difficile à modifier et très favorable à la dépression. Pour prévenir cette attitude ou contribuer à l'inverser, imprégnez-vous de manière répétée d'expériences de puissance d'action : sentez-vous comme un marteau plutôt que comme un clou.

1. *Notez les moments où vous êtes satisfait d'avoir atteint un objectif. Soyez aussi attentif aux moments où vous faites des choix, où vous engagez des actions, notamment modestes, comme décider de ce que vous pensez de quelque chose, adopter une position plus confortable ou attraper la salière.*

Créez aussi un sentiment d'accomplissement ou de puissance d'action en prêtant une attention particulière aux choses que vous réalisez au cours d'une journée. Songez à une réussite importante, sans oublier les nombreuses petites étapes qui ont permis d'y accéder. Repensez aux événements que vous avez surmontés dans votre vie et sur lesquelles vous n'avez plus à revenir, comme apprendre à marcher ou aller au lycée. Songez à ce que vous avez apporté dans certaines situations ou à certaines personnes. Souvenez-vous des occasions où vous avez influencé des gens ou joué un rôle clé. Soyez conscient des choix que vous avez faits. Laissez la connaissance de ces faits se muer en une expérience d'accomplissement ou de puissance d'action.

2. *Quand vous avez repéré une expérience d'accomplissement ou de puissance d'action, ouvrez-vous à elle et laissez-la vous emplir. Aidez-la à durer et à s'intensifier. Renforcez en vous la conviction que vous avez fait se produire des choses, que vous êtes compétent et efficace et que vous continuerez de l'être. Voyez s'il y a des sentiments associés, comme la dignité, la puissance, la fierté, le respect de soi ou la liberté. Notez toute résistance à un sentiment de succès ou d'estime de soi et consacrez-vous plutôt à faire de la place aux sentiments positifs dans votre esprit. Rejouez et savourez des réussites ou des récompenses passées. Explorez le sentiment d'être arrivé et de pouvoir respirer, puis jetez un regard en arrière et appréciez la distance que vous avez déjà parcourue.*

3. *Sentez cette sensation d'accomplissement ou de puissance d'action pénétrer en vous, devenir une ressource dont vous disposerez en vous partout où vous allez. Imaginez ce que vous ressentiriez si vous étiez déjà accompli et puissant, et voyez si vous pouvez éprouver cette sensation. Imprégnez-vous du sentiment de pouvoir bâtir des choses sur les fondations de ce que vous avez déjà réalisé. Laissez l'aise se répandre dans votre corps et votre esprit, et évacuez toute pression ou besoin effréné de vous surpasser.*

4. *Soyez conscient de l'accomplissement ou de la puissance d'action au premier plan de la conscience* et *d'une sensation de frustration ou d'échec au second plan – peut-être juste l'idée fugace d'une frustration ou d'un d'échec, la sensation qu'ils suscitent dans votre corps ou le souvenir d'avoir subi un échec ou de n'avoir pas été à la hauteur. Imaginez ou sentez cet accomplissement ou cette puissance d'action, plus des sentiments associés de succès et d'estime de soi, se connecter à la frustration ou à l'échec, les imprégnant, comme de bonnes nouvelles qui atteignent et satisfont une aspiration à l'intérieur. Vous pouvez imaginer que des parties ou des couches plus jeunes de votre être reçoivent la vérité de vos multiples accomplissements et réalisations. Peut-être visualisez-vous une personne nourrissante qui tient l'enfant que vous avez été dans ses bras, vous* *assurant que vous* allez *atteindre des objectifs, que vous viendrez à bout de choses et que vous ferez une différence. Puis lâchez tout élément négatif et demeurez quelques secondes ou plus avec la seule expérience positive. À quelques reprises au cours de l'heure qui suit, pendant une douzaine de secondes d'affilée ou plus, soyez uniquement conscient des éléments neutres ou positifs – comme une sensation d'accomplissement ou de puissance d'action – tout en portant l'esprit sur un déclencheur neutre (des personnes, des situations, des idées, etc.) associé à la frustration ou à l'échec.*

Enthousiasme

Je pense que l'idéal dans la vie est de chercher à réaliser ses rêves et de prendre soin des autres de tout son cœur, sans être stressé ou obnubilé par les résultats. Quand c'est le cas, vous vivez avec détermination et passion, sans perdre l'équilibre ni basculer dans la pression, la tension ou l'épuisement. Ce point idéal est très précieux : par conséquent, imprégnez-vous-en chaque fois que vous l'expérimentez. Dans la pratique ci-dessous, je désignerai ses divers aspects sous le terme générique d'« enthousiasme ».

1. *Notez quand vous vous sentez enthousiaste, stimulé par un objectif sans ressentir de stress. Vous pouvez passer un moment agréable avec vos enfants au petit déjeuner, faire de la musique avec engouement, vous sentir profondément lié à vos collègues de travail, être impatient de voir un ami, motivé pour terminer une séance de sport, désireux de connaître l'origine de l'inquiétude de votre partenaire, farouchement déterminé à protéger votre enfant d'un tyran ou vigoureusement engagé à venir à bout d'un projet au travail. Vous pouvez aussi créer l'enthousiasme en vous rappelant des activités passées. Au fil de votre journée, cherchez des occasions de permettre et d'encourager un sentiment d'énergie ou de passion dans des tâches familières, voire en apparence monotones. Notez toute inhibition que* *vous inspire la perspective d'être dynamique, ravi, animé, bruyant ou passionné – peut-être la peur d'être « too much » pour les autres – et voyez si vous pouvez lâcher ces inhibitions et les remplacer par votre enthousiasme.*

2. *Ouvrez-vous à l'enthousiasme, explorez les sensations qu'il vous inspire et prolongez-le. Aidez-le à s'intensifier et percevez-le dans votre corps. Savourez-le. Constatez que vous pouvez vous soucier d'un objectif sans tomber dans le besoin effréné de vous surpasser ni dans la contrariété. Explorez le sentiment de pouvoir travailler dur pour atteindre un objectif tout en étant satisfait d'avoir fait tout ce que vous pouviez, peu importe le résultat. Incarnez votre enthousiasme en le révélant aux autres, en laissant votre visage s'illuminer, voire en bougeant ou en parlant plus vite.*

3. *Sentez délibérément cet enthousiasme vous imprégner, sentez-vous devenir naturellement plus enthousiaste en tant que personne. Enregistrez réellement le sentiment du point idéal, cette énergie qui vous pousse à atteindre un but sans être stressé par son résultat. Imprégnez-vous de la sensation d'être engagé avec enthousiasme dans le présent sans être accroché à une issue à venir. Accueillez à la fois le contentement* et *la vitalité.*

4. *Soyez conscient de l'enthousiasme* et *des idées noires (ou de sentiments associés d'apathie, de dépression, d'ennui ou d'engourdissement). (À un autre moment, vous pourriez être conscient de l'enthousiasme* et *du besoin effréné de vous surpasser, ou des sentiments associés de pression, de compulsion et d'inquiétude liés à un objectif.) Continuez à renforcer l'enthousiasme. Sentez l'enthousiasme revitaliser les idées noires, se connectant et dynamisant des parties de vous qui se sentaient engourdies ou réprimées. Sentez l'enthousiasme se répandre en vous, correspondre de plus en plus à votre façon d'être. Puis, quand vous le voulez, lâchez toute idée noire et n'éprouvez que l'enthousiasme. À quelques reprises au cours de l'heure qui suit, soyez uniquement conscient des éléments neutres ou* *positifs – comme une sensation d'enthousiasme – tout en portant l'esprit sur un déclencheur neutre (des personnes, des situations, des idées, etc.) associé aux idées noires.*

Sentir la plénitude de l'instant

Le cerveau est continuellement submergé de stimulations issues du corps et de l'environnement, mais également du cerveau même. Une part infime de ce flux pénètre dans la conscience, mais une grande partie n'est que très partiellement illuminée par l'attention et le reste passe généralement inaperçu. Ce processus naturel vous offre une occasion extraordinaire, disponible à tout moment, d'élargir votre attention pour inclure tout le contenu de la conscience. Quand vous vous ouvrez à l'ensemble des sons, des visions, des saveurs, des contacts, des odeurs, des pensées, des sentiments et des désirs que recèle votre esprit à tout instant, il règne un sentiment presque étourdissant de plénitude et de satiété. Puisqu'il y a déjà tant de choses ici, pourquoi en vouloir plus ?

Pour moi, cette pratique s'apparente à baisser les yeux vers un verre d'eau pétillante. La conscience est la surface de l'eau et toutes les petites bulles qui éclatent sont les différents contenus de l'expérience qui émergent dans la conscience. Si vous pouviez observer ces bulles au ralenti, vous verriez que certaines voient le jour tandis que d'autres disparaissent, tout comme les sons et les sentiments se chevauchent dans votre esprit. Puis, en changeant de perspective pour regarder le côté du verre transparent, vous verriez des bulles s'élever jusqu'à la surface, comme des coalitions de synapses prenant quelques dixièmes de seconde pour former la base neuronale d'un son ou d'un sentiment qui pénètre dans la conscience. Nous n'expérimentons la vie qu'à la surface de l'eau, à la surface de ce moment de conscience, et nous ne pouvons qu'imaginer l'activité neuronale qui la sous-tend. Pourtant, la richesse incroyable de ces bulles à cet instant est palpitante et profondément satisfaisante en soi.

Au début, il est préférable de réaliser cette pratique dans un lieu calme, peut-être les yeux fermés, pour que vous ne vous sentiez pas bombardé de stimuli. Ensuite, vous pourrez la tester dans la vie de tous les jours.

1. *Détendez-vous et prenez davantage conscience de votre corps. Explorez les nombreuses sensations de la respiration, y compris au niveau du ventre et des hanches, de la poitrine, de la lèvre supérieure et du nez, de la gorge, des épaules et du cou. Notez le va-et-vient permanent des sensations, qui disparaissent tandis que d'autres apparaissent dans l'esprit. Accueillez le fait que les sensations changent en permanence. Vous pouvez lâcher vos expériences sans ressentir de gêne car elles se renouvellent à l'infini. Ensuite, au lieu de laisser l'attention passer d'une sensation à une autre, voyez si vous pouvez percevoir toutes les sensations de la respiration au même moment, comme si vous élargissiez le projecteur de l'attention pour éclairer la scène entière de la conscience. Cet élargissement est facilité par la relaxation et l'assouplissement, et par la capacité à laisser les sensations venir à vous sans chercher à les atteindre. Au début, il est normal que la sensation du corps entier qui respire ne dure qu'une seconde ou deux avant que l'attention ne se refocalise sur une sensation particulière, mais avec de la pratique vous parviendrez à ressentir l'ensemble pendant plus longtemps.*

Quand vous le souhaitez, ouvrez davantage l'attention pour inclure de plus en plus le flux de la conscience : les sons, les visions (les ombres ou les textures, si vous avez les yeux fermés), les goûts, les odeurs et les contacts, les pensées et les sentiments, les images et les désirs. Il est inutile de suivre toutes ces petites bulles d'expérience qui pétillent en pénétrant dans la conscience, inutile de les étiqueter, de les comprendre ou de les connecter entre elles. Laissez simplement chaque parcelle d'expérience aller et venir – comme si votre conscience était un filet à travers lequel le fleuve du temps s'écoulait, le contenu de ce moment d'expérience étant ce qui emporte cet instant à travers le filet.

2. *Devenez de plus en plus conscient de l'*arrivée *de ce flux, des nombreuses petites choses qui atterrissent dans la conscience à chaque instant, vous emplissant, se donnant à vous. Ouvrez-vous au sentiment d'être quasiment submergé par tout ce qui apparaît dans la conscience. Ayez une sensation de plénitude à l'esprit, un sentiment de satiété. Voyez si vous parvenez à activer le sentiment d'être tellement plein qu'il vous serait impossible d'en vouloir plus. Soyez conscient de tout sentiment de satisfaction ou de contentement. Ouvrez-vous à cette expérience de plénitude, laissez-la vous emplir l'esprit. Continuez à vous livrer à elle, à l'aider à durer.*

3. *Laissez la sensation de plénitude pénétrer en vous. Imaginez que vous abordiez la vie en vous sentant déjà plein, et aidez cette expérience à devenir une part de vous. Lorsque vous êtes nourri par la plénitude, il est inutile de s'accrocher à quoi que ce soit ou de chercher à saisir quoi que ce soit de plus.*

4. *Soyez conscient de la plénitude* et *de tout sentiment de pénurie ou de manque. Continuez à renouveler le sentiment de plénitude, en le maintenant plus en évidence que la pénurie ou le manque. Sachez ou sentez que la plénitude se connecte à la pénurie ou au manque, comme des vagues pénétrant des creux affamés à l'intérieur, les apaisant et les comblant. Tout besoin, toute volonté ou insistance se dissipe, remplacé par la plénitude. Puis, quand vous le souhaitez, lâchez les sensations de pénurie ou de manque et ne demeurez qu'avec la plénitude. À quelques reprises au cours de l'heure qui suit, soyez uniquement conscient des éléments neutres ou positifs – comme une sensation de plénitude – tout en portant l'esprit sur un déclencheur neutre associé à la pénurie ou au manque.*

Contentement

Le contentement est un sentiment global de bien-être où ne subsiste aucun souhait que ce moment soit différent de ce qu'il est. Des expériences agréables traversent la conscience sans qu'il soit nécessaire de les retenir. Vous vous sentez comblé dans votre essence, sans besoin effréné de vous surpasser, sans avidité ni possessivité. Comme vous êtes comblé à l'intérieur, vous vous montrez généreux avec les autres.

1. *Notez toute sensation de contentement déjà présente au premier et au second plan de la conscience. Un grand nombre de moments ordinaires – se brosser les dents, monter dans un bus, tenir un enfant dans ses bras, lire un livre, regarder par la fenêtre – contiennent déjà une sensation de bien-être, sans autre désir. Créez du contentement en pensant à des faits du passé ou du présent qui vous ont rendu heureux ou qui vous ont comblé. Vous pouvez aussi activer directement la sensation de disposer de tout l'air nécessaire, de toute la nourriture pour votre corps, de tous les plaisirs pour votre esprit : ils n'ont besoin de rien d'autre. Vous pourriez aussi créer un sentiment de contentement en puisant dans une ou plusieurs expériences clés de cette section, « Satisfaction », comme* joie et gratitude *ou* sentir la plénitude de cet instant.

2. *Quand vous avez trouvé du contentement, ouvrez-vous à lui, livrez-vous à lui et laissez-le vous emplir. Aidez le sentiment de contentement à être aussi fort et durable que possible. Soyez pleinement contenté. Si vous le souhaitez, méditez sur le contentement : accueillez-le comme objet d'attention et d'absorption. Voyez quel effet cela fait de respirer, d'être assis, de marcher, de regarder, de tendre la main, de parler ou d'agir avec contentement.*

3. *Sentez délibérément ce contentement devenir une part de vous. Imaginez que vous viviez dans le contentement et laissez cette sensation pénétrer en vous. Comme vous devenez le contentement, le* *contentement devient vous. Il n'y a pas la moindre raison de désirer ardemment quoi que ce soit en vous ou dans le monde.*

4. *Soyez conscient* à la fois *du contentement au premier plan de la conscience et du mécontentement (ou de sentiments associés, dont la déception, la frustration, etc.) au second plan. Laissez le contentement atteindre et nourrir toutes les parties – y compris les plus jeunes – qui sont affamées ou bouleversées en vous. Puis, quand vous le voulez, lâchez tout élément négatif et demeurez simplement avec le contentement. À quelques reprises au cours de l'heure qui suit, soyez uniquement conscient des éléments neutres ou positifs – comme une sensation de contentement – tout en portant l'esprit sur un déclencheur neutre associé au sentiment de mécontentement.*

CONNEXION

Quand vous expérimentez la connexion, votre système d'attachement aux autres passe au vert, à son mode réceptif. Vous pouvez aussi bien renforcer votre capacité à *être* connecté que votre *sentiment* de connexion en vous imprégnant régulièrement de la sensation d'*être pris en considération* ou *valorisé*, de *la compassion et* de *la bienveillance*, de *l'autocompassion*, de *l'affirmation compatissante*, du *sentiment d'être quelqu'un de bien* et de *l'amour*.

Ces expériences d'attachement seront également bénéfiques pour vos systèmes d'évitement et d'approche. Premièrement, elles vous aideront à vous sentir en sécurité. Pour nos ancêtres, qui évoluaient dans des milieux dangereux, la proximité émotionnelle et physique du groupe était indispensable à la survie : dans les plaines du Serengeti, l'exil équivalait à une condamnation à mort. Aujourd'hui, quand vous vous sentez pris en considération, l'ocytocine, qui calme et apaise, pénètre dans la sonnette d'alarme de votre cerveau, l'amygdale. Les récepteurs du cortisol augmentent également dans votre hippocampe, qui identifie donc plus rapidement sa présence et demande à votre hypothalamus d'arrêter de réclamer des hormones du stress. Deuxièmement, se sentir connecté est satisfaisant. Par exemple, les liens sociaux, les jeux et les contacts affectueux libèrent tous des opioïdes gratifiants dans votre cerveau. L'amour est un remède universel.

En un sens, le psychisme peut être divisé en trois parties : un moi central, une nourrice et un critique. (Cette idée est inspirée de l'analyse transactionnelle et d'autres travaux plus récents sur les traumatismes.) La nourrice intérieure prend soin, protège, guide et encourage, alors que le critique intérieur juge, rabaisse, doute, chicane et humilie. Les critiques ont leur utilité, mais dans l'enfance comme à l'âge adulte, beaucoup d'entre nous acquérons un critique intérieur bruyant et acerbe, et une nourrice relativement discrète et faible. Le moi central peut se sentir assiégé entre les cris du premier et les murmures bienveillants mais impuissants de la seconde. Nous avons tous besoin d'une nourrice forte pour maintenir le critique intérieur sous contrôle, mais également recevoir le soutien indispensable à la vie. Vous pouvez développer cette nourrice chaque fois que vous vous imprégnez des expériences clés présentées ci-dessous.

Se sentir pris en considération

Par *Se sentir pris en considération*, j'entends inclus, vu, apprécié ou aimé. Même si la considération dont vous bénéficiez n'est pas parfaite, essayez d'éprouver le bien qu'elle recèle. Ma mère, qui m'aimait de tout son cœur, l'exprimait souvent en m'incitant à mieux faire, ce qui pouvait être assez agaçant. Finalement, je me suis rendu compte que je pouvais dépasser cet aspect superficiel de sa personnalité pour percevoir l'amour qu'il dissimulait, comme si je distinguais un feu chaleureux à travers un écran de plantes grimpantes, de feuilles et d'épines. Je l'ai fait parce que c'était bon pour *moi*, mais également pour renforcer la paix entre nous.

1. *Notez dans quelle mesure vous vous sentez déjà inclus, vu, apprécié ou aimé. À l'arrière-plan de la conscience, peut-être avez-vous le sentiment d'appartenir à un couple, une famille ou une équipe de travail. Vous pouvez aussi créer un sentiment de considération. Rappelez-vous une occasion où vous avez fait partie d'un groupe, où vous vous êtes senti compris ou aimé. Portez l'esprit sur un ou plusieurs êtres qui se soucient de vous. Il peut s'agir d'une personne, d'un groupe, d'un animal de compagnie, voire d'un être ou d'une force spirituelle. La relation n'a pas à être parfaite, mais le gâteau inclut au moins une part de considération pour vous. Si de la tristesse ou des éléments associés au sentiment de ne pas être pris en considération surgissent, demeurez quelque temps en leur présence, puis tâchez de ramener votre attention sur des occasions où vous avez réellement été pris en considération.*

2. *Ouvrez-vous au sentiment d'être pris en considération. Laissez-le emplir votre esprit et votre cœur et devenir aussi intense que possible. Demeurez avec lui, aidez-le à durer, offrez-lui un sanctuaire dans votre esprit. Explorez différents aspects de cette expérience, notamment ce qui distingue « se sentir inclus » de « se sentir aimé ». Que ressentez-vous quand vous sentez que vous comptez pour quelqu'un ou que vous êtes chéri ? Vous pourriez incarner cette expérience en posant une main sur votre cœur ou votre joue : vous pourriez imaginer qu'un être aimant vous touche délicatement. Demandez-vous pendant quelques instants dans quelle mesure être pris en considération est important ou pertinent pour vous.*

3. *Sentez délibérément le sentiment d'être pris en considération pénétrer en vous. Notez toute difficulté à laisser entrer un aspect particulier de cette expérience, comme se sentir apprécié ou aimé, puis essayez de vous ouvrir davantage à lui. Quand vous vous sentez pris* *davantage en considération au plus profond de vous-même, voyez si vous pouvez lâcher tout attachement dans vos relations.*

4. *Soyez conscient du sentiment d'être pris en considération* et *du sentiment de ne pas l'être. Maintenez l'expérience positive au premier plan de la conscience. Sentez la considération toucher des parties de vous qui se sont senties exclues, non vues, mal appréciées ou mal aimées, et qu'elle les apaise ou les comble. La considération ne change pas ce qui s'est produit, mais elle peut soulager les douleurs du passé. Les vieilles blessures, y compris de l'enfance, sont peu à peu remplacées par la sensation que d'autres personnes vous prennent en compte. Puis, quand vous le voulez, lâchez tout élément négatif et demeurez simplement avec le sentiment d'être pris en considération. À quelques reprises au cours de l'heure qui suit, soyez uniquement conscient des éléments neutres ou positifs – comme un sentiment de considération – tout en portant l'esprit sur un déclencheur neutre (des personnes, des situations, des idées, etc.) associé au sentiment de ne pas être pris en considération.*

Se sentir valorisé

Les animaux sociaux que nous sommes ont profondément besoin de se sentir valorisés plutôt qu'exclus, rejetés, humiliés, insultés, méprisés ou dédaignés. Enfant, nous recherchons l'amour de nos parents, les éloges de nos professeurs et la reconnaissance de nos pairs. Adultes, nous aimons nous sentir attirants aux yeux de partenaires potentiel(le)s, appréciés par notre compagne/compagnon, respecté par nos collègues et notre direction, et appréciés à notre juste valeur par notre famille. Quand ces besoins normaux ne sont pas satisfaits, il est naturel de développer un sentiment d'inaptitude entremêlé de blessures et de colère, et des tendances extrêmes à l'attachement ou à la distance dans les relations. À l'inverse, quand nos besoins sont satisfaits à travers des expériences de valorisation, nous développons un sentiment sain d'estime de soi, qui, paradoxalement, encourage l'humilité et la générosité.

1. *Notez la présence d'un sentiment de valorisation ou de reconnaissance dans votre conscience, puis les raisons de son apparition, par exemple des éloges ou des marques de respect. Créez des expériences de valorisation en vous souvenant d'une occasion où vous avez été complimenté ou reconnu ; où vous saviez que vous étiez apprécié, peut-être pour votre contribution ou votre générosité ; où vous avez été voulu, recherché ou choisi. Songez à valoriser les autres, mais sans forcément le montrer. De même, certaines personnes peuvent vous valoriser sans vous le montrer. Par conséquent, appliquez un coefficient de correction en percevant de manière plus intuitive la valeur que vous accordent les autres. Élargissez votre notion de valorisation pour inclure les gens qui pensent l'une des choses suivantes de vous :* heureusement que tu étais là ; tu m'as aidé ; je suis heureux que tu sois dans ma vie ; tu es doué pour ça ; tu es intéressant et talentueux ; l'équipe est meilleure avec toi ; tu apportes quelque chose ; tu n'es pas commun ; je te respecte. *Cherchez de petits signes montrant que les autres vous apprécient.*

2. *Quand vous vous sentez valorisé, ouvrez-vous à cette expérience. Explorez ses différents aspects. Aidez-la à durer et à s'intensifier. Par exemple, imaginez un groupe d'amis et de parents qui vous encourage bruyamment, vous applaudit et vous félicite. Imaginez que vous vous parliez à vous-même de manière prévenante, comme à un ami qui se sent rejeté, médiocre ou raté ; ou que vous vous décriviez fermement ce que vous avez fait d'important pour les autres et vos qualités incontestables. Incarnez un sentiment de valorisation en vous asseyant ou en traversant une pièce avec dignité, comme quelqu'un qui apporte quelque chose.*

3. *Sentez le sentiment de valorisation pénétrer en vous, se répandre dans votre esprit telle une bruine dorée. Laissez la sen-*

sation d'avoir de la valeur, *d'être précieux, croître en vous. Imaginez-vous avec cette sensation au travail, chez vous ou dans une relation importante : laissez-la pénétrer en vous et laissez-vous la pénétrer. Plus elle pénètre profondément en vous, plus le besoin d'impressionner les autres ou de faire vos preuves se dissipe.*

4. *Soyez* à la fois *conscient de la sensation de valorisation et de tout sentiment d'inaptitude (ou élément associé de petitesse, d'inutilité ou de honte). Refocalisez-vous en permanence sur la sensation d'être valorisé, voulu, digne. Sentez cette sensation d'être apprécié, respecté, voire précieux se connecter à des sentiments d'inaptitude, apaisant toute douleur ancienne, vous rassurant au plus profond de vous-même et remplaçant peu à peu l'inaptitude par l'estime de soi. Laissez la sensation d'être valorisé toucher des parties de votre être qui se sont senties dévalorisées, exclues, dédaignées, rejetées. Puis lâchez tout élément négatif et focalisez-vous seulement sur les sensations d'estime de soi. À quelques reprises au cours de l'heure qui suit, soyez uniquement conscient des éléments neutres ou positifs – comme un sentiment de valorisation – tout en portant l'esprit sur un déclencheur neutre associé au sentiment d'inaptitude.*

Compassion et bienveillance

La compassion, qui consiste à souhaiter qu'un être vivant ne souffre pas, est généralement liée aux sentiments de préoccupation compatissante. La bienveillance, qui consiste à souhaiter qu'un être soit heureux, est plus souvent liée à des sentiments chaleureux. Au quotidien, les deux se confondent souvent – avec des sentiments associés d'amabilité, de cordialité et de soutien –, de sorte que nous les examinerons ensemble. Bien que la compassion puisse susciter une légère tristesse – ce qui est tout à fait normal –, la pratique proposée ci-dessous peut aussi activer des centres de la récompense dans votre cerveau et vous permettre d'éprouver le sentiment plus vaste de sa douceur et de sa beauté.

1. *Notez la présence d'un sentiment de compassion ou de bienveillance dans la conscience. Il est aussi possible de créer cette expérience en songeant à une personne, un groupe ou un animal de compagnie auquel vous tenez. Souhaitez-leur peut-être du bien, par exemple en vous disant : « Puissiez-vous être en paix. »*

2. *Ouvrez-vous à la compassion et à la bienveillance. Laissez ces sentiments emplir votre esprit et votre cœur, en s'intensifiant. Livrez-vous à eux et aidez-les à durer. Explorez votre poitrine près de votre cœur et imaginez de la chaleur s'y répandre. Songez à un ami et envoyez-lui de la compassion et de la bienveillance, peut-être en vous disant les choses suivantes : « Que tu connaisses la sécurité, la santé, le bonheur et l'aise. » Essayez la même chose avec d'autres types de personnes, y compris que vous appréciez réellement, qui vous sont neutres, comme des étrangers dans la rue, et peut-être même qui vous ont malmené. Vous pouvez étendre votre chaleur et vos souhaits aux gens que vous ne connaîtrez jamais, en laissant votre compassion et votre bienveillance irradier jusqu'à inclure le monde entier. Voyez ce que vous ressentez quand vous souhaitez du bien à tous les êtres vivants, y compris les animaux et les plantes. Incarnez la compassion et la bienveillance en murmurant des paroles de réconfort, comme si vous vous adressiez à un ami qui souffre ou, si cela vous semble approprié, en tendant les bras comme si vous berciez ou étreigniez quelqu'un.*

3. *Laissez la compassion et la bienveillance vous pénétrer comme la chaleur du soleil pénètre votre peau. Faites de la place en vous pour ces sentiments. Accueillez davantage de bienveillance et de compassion et, ce faisant, laissez toute colère ou rancœur envers les autres se dissiper.*

4. *Soyez conscient de la compassion et de la bienveillance* et *de toute indifférence ou rancœur envers les autres (ou de sentiments associés dont la jalousie, l'envie, la colère, le ressentiment ou la* *vengeance). Continuez à alimenter votre chaleur, en la sentant se connecter à toute indifférence ou rancœur et l'infuser peu à peu. Laissez la compassion et la bienveillance atteindre toute colère en vous. Voyez ce que cela fait de voir quelqu'un tel qu'il est, tout en ayant de la compassion et de la bienveillance pour lui. Voyez ce que cela fait de savoir que quelqu'un vous a malmené, de vouloir justice, tout en lui souhaitant de ne pas souffrir, mais d'être réellement heureux. Sentez la compassion et la bienveillance pénétrer dans toutes les parties de votre être qui se sont senties fermées ou froides envers les autres, en les desserrant, en les remplissant et en les réchauffant. Puis lâchez tout élément négatif et ressentez simplement la compassion et la bienveillance. À quelques reprises au cours de l'heure qui suit, soyez uniquement conscient des éléments neutres ou positifs – comme un sentiment de compassion et de bienveillance – tout en portant l'esprit sur un déclencheur neutre associé à l'indifférence ou à la rancœur.*

Autocompassion

Ce sentiment, qui consiste simplement à se considérer soi-même avec compassion, est souvent lié à d'autres éléments, par exemple la conscience que beaucoup de gens ont des difficultés et des peines semblables aux vôtres. Les études montrent que l'autocompassion atténue le stress et l'autocritique tout en augmentant la résilience et l'estime de soi. L'autocompassion ne revient pas à s'apitoyer sur son sort ou à se complaire en vain : au contraire, elle vous rend plus fort. Pourtant, un grand nombre de personnes qui sont volontiers compatissantes envers les autres peinent à s'appliquer le même traitement. Avant de vous ouvrir à l'autocompassion, vous pourriez amorcer la pompe en réalisant une autre pratique proposée au début de cette section, *se sentir pris en considération*.

1. *Notez la présence de sentiments de chaleur, de soutien ou de compassion envers vous-même. Vous pouvez aussi créer un sentiment d'autocompassion en vous accordant délibérément de la chaleur et en vous souhaitant du bien. Reconnaissez certains éléments, y compris dérisoires, qui vous blessent, vous accablent ou vous stressent. Que ressentiriez-vous face à un ami qui expérimenterait des faits similaires ? Vous vous sentiriez probablement compatissant et prévenant, et vous souhaiteriez que votre ami ne souffre pas, même très légèrement. Pouvez-vous ressentir la même chose pour vous-même ?*

2. *Ouvrez-vous à l'autocompassion et laissez-la vous emplir. Aidez-la à durer, à s'intensifier. Notez toute résistance à l'autocompassion et tâchez de lui faire de la place dans votre cœur. Dans votre tête ou à voix haute, adressez-vous des paroles compatissantes, comme : « J'aimerais me sentir mieux. Puisse cette douleur passer. » Vous pouvez être plus précis, par exemple : « Que je trouve du travail rapidement » ou « Je serai de nouveau aimé », « J'espère que cette chimiothérapie se passera bien ». Revenez sans cesse à l'autocompassion, sans vous laisser kidnapper par les contrariétés ou les douleurs. Incarnez cette expérience en posant une main sur votre cœur ou sur votre joue, ou en tapotant délicatement votre bras comme vous le feriez avec un ami qui en aurait besoin.*

3. *Sentez l'autocompassion pénétrer en vous, devenir une partie de vous, une ressource en vous partout où vous allez. Sentez à l'intérieur une chaleur de plus en plus grande envers vous-même, une douceur, une prévenance et une force dans votre propre intérêt. À mesure que l'autocompassion s'infiltre en vous, voyez si vous pouvez sentir le bien-être et la paix imprégner de plus en plus vos relations.*

4. *Soyez* à la fois *conscient de l'autocompassion et de l'autocritique (ou d'autres motifs de stress ou de douleur, tel un problème, une doléance ou une perte). Imaginez ou sentez cette autocompassion se connecter à l'autocritique, relativiser délicatement ce qui s'est passé,* *adoucir toute voix intérieure intransigeante. Apaisez toute honte en sachant que beaucoup d'autres gens partagent vos défauts. Imaginez que des parties plus jeunes de votre être reçoivent de la compassion, s'imprègnent d'une douce préoccupation compatissante. Puis lâchez tout élément négatif et ressentez simplement l'autocompassion. À quelques reprises au cours de l'heure qui suit, soyez uniquement conscient des éléments neutres ou positifs – comme l'autocompassion – tout en portant l'esprit sur un déclencheur neutre associé à l'autocritique.*

Sentir que l'on est quelqu'un de bien

Tout le monde a des qualités, que ce soit la patience, la détermination, l'équité, le pardon, l'honnêteté, la bienveillance et l'amour (voir la page 115 du chapitre 6). En reconnaissant ces qualités en vous, vous voyez simplement la réalité, de la même manière que vous pouvez reconnaître de bons aliments dans votre placard ou la bonté chez quelqu'un. Même si vous avez fait des choses regrettables – et j'en ai fait aussi –, elles n'effacent pas vos qualités : vous demeurez un être fondamentalement bon. Malheureusement, beaucoup de gens ont du mal à ressentir cette vérité. Mais si vous vous imprégnez à maintes reprises du sentiment d'être quelqu'un de bien, vous serez plus rassuré à l'intérieur et plus confiant dans vos relations avec les autres.

1. *Notez tout sentiment d'être quelqu'un de bien déjà présent à l'arrière-plan de la conscience, comme le simple fait d'avoir du savoir-vivre. Vous pouvez aussi créer cette expérience. Choisissez un trait de caractère positif que vous possédez indéniablement – la persévérance, un désir de justice, un cœur généreux, etc. – et songez à une ou plusieurs occasions où vous l'avez exprimé. Soyez conscient de toute difficulté à reconnaître la réalité de cette qualité, par exemple en vous souvenant des exceptions : lâchez-les, puis revenez aux preuves de* *cette qualité en vous. Percevez tout sentiment, toute sensation associée à la qualité. Songez à la manière dont cette partie de vous bénéficie aux autres. Acceptez d'être heureux de posséder cette qualité.*

Répétez la même séquence pour quelques autres qualités. Puis, au fil de votre journée, soyez conscient du bien que vous souhaitez aux autres et de la mise en pratique de vos qualités. Laissez cette conscience de vos intentions et actions spécifiques se transformer en un sentiment plus général de bonté en vous, et en la conviction croissante que vous êtes effectivement quelqu'un de bien.

2. *Ouvrez-vous à la sensation de la bonté en vous, à votre bienveillance, votre savoir-vivre, votre équité, votre sens des responsabilités, votre persévérance et à d'autres qualités réelles et naturelles en vous. Quels sentiments vous inspirent ces qualités ? Demeurez avec l'expérience de votre bonté. Protégez-la, offrez-lui un sanctuaire dans votre esprit. Sachez que vous n'avez pas à être hors du commun pour être quelqu'un de bien. Adoucissez-vous à l'intérieur, par exemple grâce au soulagement ou à la joie de sentir que vous êtes quelqu'un de bien. Laissez une sensation de bonté vous emplir. Incarnez cette expérience en laissant la bonté se manifester sur votre visage. Restez assis, marchez et parlez tout en sentant que vous êtes quelqu'un de bien. Enregistrez les moments où vous faites une bonne action.*

3. *Sentez la bonté se répandre en vous comme la chaleur ou la lumière, devenir une part de vous. Sentez la conviction d'être quelqu'un de bien grandir dans votre esprit. Imaginez que vous soyez face à des situations ou relations délicates tout en éprouvant fortement votre bonté, puis laissez cette façon d'être pénétrer. Vous sentez et connaissez ce qui est bon en vous, et vous n'avez donc pas besoin d'agir par culpabilité ou par honte, ni de vous accrocher au réconfort des autres.*

4. *Soyez* à la fois *conscient de votre bonté et de toute honte (ou sentiment d'être corrompu, détérioré, désagréable, déficient, voué à l'échec ou mauvais). Continuez à réactiver le fort sentiment de votre* *bonté, y compris certains aspects tels que la prévenance, le savoir-vivre et les bonnes intentions. Sachez que tout ce qui est bon en vous peut être obscurci, mais jamais perdu. Sentez le bon en vous toucher la honte et les sentiments associés, leur apportant de la lumière et de la chaleur comme le soleil levant pénètre les ombres les plus ténébreuses. Sentez la bonté en vous tout en étant conscient de – et prévenant envers – toutes les parties de votre être qui se sentent sales ou mauvaises. Puis, quand vous le voulez, lâchez tout élément négatif et demeurez simplement dans des sentiments de bonté, comme souhaiter du bien aux autres. À quelques reprises au cours de l'heure qui suit, soyez uniquement conscient des éléments neutres ou positifs – comme le sentiment d'être quelqu'un de bien – tout en portant l'esprit sur un déclencheur neutre lié à la honte ou à des sentiments associés.*

Affirmation de soi compatissante

Il est normal d'avoir des besoins et des désirs dans nos relations. Si nous ne les exprimons pas, ils ont peu de chance d'être satisfaits. Mais si nous cherchons à les imposer sans prendre en compte l'autre, ils ont aussi peu de chance d'être satisfaits, en particulier au fil du temps. L'affirmation de soi compatissante est l'association du cœur et de la force, qui sont les piliers jumeaux des relations saines. C'est elle qui vous permet d'agir avec intégrité et de souhaiter du bien aux autres tout en prenant soin de vous-même. Vous maintenez vos frontières tout en disant ce que vous avez à dire, et en le répétant si nécessaire. Vous pouvez communiquer avec dignité et gravité sans vous laisser happer par de vaines querelles. Vous êtes aimant, sans renoncer à vos droits ou vous faire exploiter. Chaque fois que vous vous imprégnez de l'*association* de la compassion et de l'affirmation de soi, vous approfondissez votre capacité à être direct, dévoilé et libre avec les autres. Et plus vous vous sentez fort, indépendant et autonome, plus vous êtes à l'aise dans les profondeurs de l'intimité.

1. *Notez tout sentiment d'affirmation de soi déjà présent dans la conscience. Au fil de votre journée, soyez attentif aux occasions où vous êtes clair, ferme ou persuasif, aux occasions où vous vous exprimez pleinement. Notez ce que vous ressentez dans ces moments-là, en particulier quand cela fait du bien. Notez qu'en général votre assurance ne pose pas de problème aux autres. En particulier, soyez conscient des moments où la bienveillance et la force sont toutes deux présentes dans votre cœur, de ce que vous ressentez dans ces moments-là et des résultats sur vos relations. Vous pouvez aussi créer une combinaison de compassion et d'affirmation de soi. Rappelez-vous une occasion où vous vous êtes senti à la fois bienveillant et fort. Ou imaginez que vous adoptiez cette attitude dans une relation. Vous pourriez songer à une personne que vous aimez et respectez, qui reste fondamentalement elle-même tout en se montrant aimante, puis imaginer ce que vous ressentiriez si vous lui ressembliez un peu plus.*

2. *Prolongez la prévenance et l'affirmation de soi. Laissez ce sentiment vous emplir les bras, la poitrine et le visage. Respirez profondément. Aidez ce sentiment à grandir à l'intérieur. Défendez votre droit à vous défendre. Sachez que vous avez des droits, et que le bonheur des autres dépend principalement d'eux, pas de vous. Rappelez-vous ou imaginez la sensation d'être à la fois aimant envers quelqu'un et de vous exprimer pleinement. Pour incarner cette expérience, laissez la dignité et l'autorité s'emparer de votre visage et de votre voix tout en étant prévenant et bienveillant.*

3. *Laissez le sentiment d'affirmation de soi compatissante pénétrer en vous. Laissez-vous vous remodeler autour de cette nouvelle façon d'être. Plus vous vous sentez détendu et indépendant dans vos relations, mais également compatissant, plus vous êtes en paix avec les autres, centré et équilibré. Laissez tout sentiment de manque ou de conflit se dissiper.*

4. *Soyez* à la fois *conscient de l'affirmation de soi compatissante et de toute sensation de faiblesse dans des relations (ou d'être piétiné, dominé, réduit au silence ou marginalisé). Maintenez la combinaison de force et de prévenance au premier plan de votre conscience, en la connectant peu à peu à tout sentiment de faiblesse au second plan. Laissez la force nourrissante atteindre et toucher des parties de votre être, y compris les plus jeunes, qui se sentent faibles ou dépassées. Puis, quand vous le voulez, lâchez tout élément négatif et demeurez avec l'affirmation compatissante. À quelques reprises au cours de l'heure qui suit, soyez uniquement conscient des éléments neutres ou positifs – comme un sentiment d'affirmation compatissante – tout en portant l'esprit sur un déclencheur neutre associé au sentiment de faiblesse dans les relations.*

Amour

L'amour est un sentiment profond, puissant et souvent intense d'affection, de bienveillance, de douceur et d'engagement. Il s'applique en général aux autres, bien qu'il soit possible d'éprouver de l'amour pour le monde naturel, l'humanité tout entière, Dieu (quelle que soit la manière dont vous l'expérimentez ou l'imaginez) et soi-même. L'amour est l'amour, qu'il entre ou qu'il sorte, que vous vous sentiez aimé ou aimant. Quand vous demeurez dans l'amour, tous les nœuds du désir ou de l'attachement peuvent se défaire et se dissiper.

1. *Trouvez toute sensation de connexion à des gens qui vous apprécient, qui vous veulent du bien. Vous pourriez ressentir que quelqu'un vous aime. Trouvez également la chaleur déjà présente en vous, les souhaits que vous portez aux autres, au premier ou au second plan de la conscience. Soyez attentif à toute sensation de réconfort, de protection, de sustentation ou de prévenance. Peut-être* *avez-vous une personne dans la tête, et peut-être y a-t-il de l'amour dans le mélange de pensées et de sentiments qu'elle vous inspire.*

Créez également la sensation d'être aimé en portant l'esprit sur quelqu'un qui vous aime ou qui vous a aimé. Rappelez-vous ou imaginez-vous les moments passés avec cette personne. Voyez son visage. Soyez conscient de l'amour qu'elle vous porte dans son cœur. Laissez-vous expérimenter la sensation d'être aimé. Songez à d'autres êtres qui vous ont aimé au fil des ans, ou qui vous aiment dans votre vie actuelle, et absorbez encore et encore la sensation d'être aimé. (Si vous le souhaitez, vous pouvez inclure des animaux de compagnie ou des êtres spirituels.) Songez à un éventail plus vaste de relations, en vous imprégnant de la sensation d'avoir été inclus, apprécié ou remercié par beaucoup de gens. Puis allez encore plus loin et explorez le sentiment d'être connecté à l'humanité, à la nature et à l'univers, en reconnaissant et en sentant à la fois votre propre place et votre appartenance à un plus vaste tout.

Essayez de vous sentir déjà suffisamment aimé. Vous pouvez très bien souhaiter plus d'amour tout en vous sentant suffisamment *aimé. Quand c'est le cas, vous n'avez pas à courir après l'amour ni à tenter d'influencer les autres pour qu'ils vous trouvent formidable, qu'ils recherchent votre compagnie ou qu'ils vous aiment. Toute sensation de stress ou d'inquiétude liée à l'amour se dissipe, toute douleur, toute perte ou tout désir.*

Créez la sensation d'être aimant en songeant à quelqu'un que vous aimez. Pensez à ceux que vous aimez, estimez ou appréciez. Pensez à des êtres qui vous inspirent de la compassion. Pensez à des êtres que vous êtes heureux de voir. Nourrissez le sentiment d'amour même : sentez l'amour s'écouler de vous.

2. *Ouvrez-vous au sentiment d'être aimé, aidez-le à durer, à grandir et à devenir plus plein en vous. Ouvrez-vous au sentiment d'être aimant, en irradiant la chaleur, la bienveillance et les bons souhaits autour de vous. Laissez le sentiment d'être aimé et aimant se confondre en une seule sensation d'amour. L'amour s'écoule en vous et de vous. Demeurez tel l'amour. Si vous le souhaitez,* *méditez sur l'amour : faites-en votre objet d'attention et d'absorption. Voyez ce que cela fait de respirer, de s'asseoir de marcher, de regarder, de toucher, de parler ou d'agir avec amour.*

3. *Sentez et sachez que l'amour se répand en vous. Laissez votre esprit se poser sur l'amour et prendre sa forme. Imaginez que vous viviez d'amour et laissez cette sensation pénétrer. Plus vous devenez l'amour, plus l'amour devient vous et moins il y a de raisons de s'accrocher ou de provoquer d'autres perturbations dans vos relations.*

4. *Sentez l'amour au premier plan de la conscience* et *toute blessure (ou sentiment associé, telle la colère) au second plan. Laissez l'amour atteindre et apaiser la blessure. Inspirez l'amour, expirez l'amour, sentez votre amour pénétrer dans des parties de votre être qui ne se sont pas senties correctement aimées. Voyez s'il vous est possible de sentir ces parties recevoir de l'amour et s'assouplir autour de lui. Puis, quand vous le voulez, lâchez tout élément négatif et demeurez avec l'amour. À quelques reprises au cours de l'heure qui suit, soyez uniquement conscient des éléments neutres ou positifs – comme une sensation d'amour – tout en portant l'esprit sur un déclencheur neutre associé au sentiment d'être blessé.*

Puis, au cours des jours suivants, faites confiance à l'amour. Plus que toute autre expérience, l'amour vous ramène chez vous. Chez vous, à l'état de repos de votre cerveau, à la force intérieure et à la paix, à votre propre bonté naturelle. Quand vous aimez, de manières petite et grande, les effets se propagent à l'extérieur pour toucher d'autres personnes connues ou inconnues, contribuant à ramener chacun au bonheur.

Postface

Comme vous l'avez sans doute remarqué, s'imprégner de ce qui est bon peut être très efficace pour chacun d'entre nous. Mais les implications de cette pratique dépassent l'individu pour toucher le plus vaste monde.

Le mode réactif du cerveau nous a été très utile au cours de l'essentiel de notre histoire, mais aujourd'hui il stresse la planète entière. Pendant plus de 99 % des 60 millions d'années écoulés, nos ancêtres humains et primates ont vécu dans de petits groupes de chasseurs-cueilleurs au sein desquels se maintenir en vie exigeait de s'identifier à « nous » et de se méfier d'« eux », voire de les attaquer. À présent, ces tendances réactives alimentent des conflits entre groupes politiques, ethniques et religieux, ou des tensions et des agressions entre nations. Même s'il s'agit d'un cliché, il n'en demeure pas moins alarmant : nous avons équipé un cerveau de l'âge de la pierre d'armes nucléaires. En parallèle, le mode réactif, apeuré, avide et égocentrique encourage une forme de prédation des ressources limitées de la terre, qui provoque la déforestation, des extinctions de masse et le réchauffement climatique.

Les conditions objectives de la vie de nos ancêtres primates et humains faisaient régulièrement basculer leur cerveau dans le rouge. Ils n'avaient aucun moyen de satisfaire de manière systématique et fiable leurs besoins fondamentaux de sécurité, de satisfaction et de connexion. Mais l'espèce humaine dispose désormais des ressources et des savoir-faire nécessaires pour protéger, nourrir et prendre soin de chaque individu. Nous pourrions le faire si nous le voulions. Cette possibilité ne s'est jamais offerte auparavant et il faut du temps pour qu'elle pénètre. La manière dont nous gérons cette réalité sans précédent sera l'enjeu central des prochains siècles, voire millénaires.

Pour saisir cette opportunité, nous ne pouvons pas nous contenter d'améliorer les conditions externes, comme l'accès à l'eau potable ou à l'éducation, aussi importants soient-ils. Depuis au moins une génération, il est devenu possible de subvenir aux besoins fondamentaux de chaque individu. Pourtant, cela n'a pas été fait, et la pauvreté et l'injustice sont encore omniprésentes dans le monde. Même dans des pays développés, beaucoup de peur, de frustration et de chagrin persiste au quotidien. Compte tenu de notre penchant négatif, nous devons aussi améliorer les conditions internes, au cœur du cerveau, en renforçant des forces intérieures et un sentiment profond de satisfaction de nos besoins fondamentaux. Nous deviendrons alors moins vulnérables aux manipulations commerciales et politiques, dont l'efficacité repose uniquement sur le sentiment sous-jacent de manque ou de perturbation.

Imaginez un monde dans lequel un nombre décisif de cerveaux humains – 100 millions ? un milliard ? plus ? – passerait l'essentiel, sinon la totalité du temps, sur le mode réceptif. Il finirait par y avoir un point de bascule, une altération qualitative du cours de l'histoire humaine. Les gens continueraient à verrouiller leur porte la nuit, à chercher à faire des bénéfices, à s'opposer et à se concurrencer. Ils continueraient à avoir besoin de valeurs et de vertus pour les guider. Mais les feux intérieurs ancestraux de la peur, de la frustration et du chagrin seraient contenus ou éteints, faute de carburant.

Souvenez-vous de ce que vous ressentez quand vous expérimentez un sentiment fondamental de paix, de contentement et d'amour. Souvenez-vous de ce que vous ressentez quand vous êtes entouré de personnes qui éprouvent également cet état d'être. Imaginez à quoi ressembleraient votre famille, votre travail et votre communauté si la plupart des gens étaient centrés sur le mode réceptif, le réglage vert du cerveau. Faites un pas de plus et imaginez comment les entreprises traiteraient leurs salariés, comment les gouvernements fonctionneraient et comment les nations se traiteraient entre elles.

Ce n'est pas une utopie. Le mode réceptif du cerveau est notre demeure, notre base. Pour notre bien et celui des enfants de nos enfants, j'espère que nous nous accueillerons bientôt chez nous.

Remerciements

S'imprégner de ce qui est bon est une pratique naturelle. Qui n'a jamais passé une dizaine de secondes à apprécier et à assimiler une expérience positive ? Pourtant, comme d'autres pratiques courantes telles que la gratitude et le pardon, celle-ci n'a attiré l'attention que récemment. J'ai exploré avec plaisir les recherches sur les saveurs de Fred Bryant, Nancy Fagley, Joseph Veroff, Jordi Quoidbach, Erica Chadwick, et le travail sur la thérapie de cohérence de Bruce Ecker, Laurel Hulley, Brian Toomey, Robin Ticic. De manière plus générale, je me suis inspiré d'un siècle de travaux en psychologie humaniste et positive, des sources qui incluent Abraham Maslow, Roger Walsh, Martin Seligman, Chris Peterson, Nansook Park, Shauna Shapiro, Barbara Fredrickson, Sonja Lyubomirsky, Michele Tugade, Todd Kashdan, Dacher Keltner, Roberts Emmons, Michael McCullough et Wil Cunningham. S'imprégner de ce qui est bon n'est pas mon invention. J'ai tenté de comprendre son importance à la lumière de notre penchant négatif et de développer des moyens systématiques de transformer des expériences positives fugaces en structures neuronales durables.

J'ai eu la chance d'être entouré d'une multitude de bienfaiteurs. Bien qu'ils soient trop nombreux pour être nommés, j'aimerais au moins en honorer certains, dont James Baraz,

Tara Brach, Jack Kornfield, Joseph Goldstein, Dacher Keltner, et tous les membres du Greater Good Science Center de UC Berkeley, Gil Fronsdal, Phillip Moffit, Wes Nisker, Mark Williams, Dan Siegel, Tom Bowlin, Richard Davidson, Andu Olendzki et Mu Soeng du Barre Center for Buddhist Studies, Saybrook University, Spirit Rock Meditation Center, Life and Mind Institute, Peter Bauman, les membres du San Rafael Meditation Gathering. Terry Patten, Daniel Ellenberg, Rick Mendius, Tami Simon et l'ensemble des collaborateurs de Sound True, Marci Shimoff, Suzanna Gratz, Julie Benett et l'ensemble des collaborateurs de New Harbinger Publications, Andy Dreitcer, Michael Hagerty et Linda Graham.

Michelle Keane est restée une formidable amie et directrice commerciale alors qu'elle portait, puis élevait un beau bébé. Marion Reynolds a géré mes besoins administratifs tardifs avec prévenance et compétence. Janelle Caponigro a déployé des talents extraordinaires pour les recherches sur mon cours consacré à ce qui est bon. Malgré des délais extrêmement courts, Kerri McGowan a fait naître l'ordre du chaos dans les Notes et Références et la Bibliographie. Vesela Simic a accompli un travail formidable sur les témoignages du livre et Michael Taft m'a sauvé la mise avec ses remarques, ses corrections et ses conseils habiles. Laurel Hanson, Stacia Trask, Daniel Ellenberg, Linda Graham et Risa Kaparo ont fait une lecture attentive du manuscrit et proposé de nombreuses suggestions utiles : un merci particulier à Laurel pour le mot « Lien » de la quatrième étape pour s'imprégner de ce qui est bon. En plus d'avoir du cœur, mon agent, Amy Rennert, maîtrise parfaitement son art : Michael Jordan est l'Amy Rennert du basket-ball. Ma relectrice chez Crown, Heather Jackson, a su déployer un merveilleux mélange d'encouragement, de cordialité et d'acuité : j'ai eu grand plaisir à travailler avec l'équipe de Crown, dont Jillian Sanders, Lisa Erickson, Meredith McGinnis, Sigi Nacson et Rick Willett.

Mon père, William ; ma sœur Lynne et son époux, Jim ; ainsi que mon frère Keith et sa femme, Jenny, sont des amis autant que des parents. Bien entendu, je n'oublie pas ma femme, mon fils et ma fille – Jan, Forrest et Laurel –, qui me rendent heureux chaque fois que je les vois : merci de m'aimer.

Je vous remercie tous du fond du cœur de m'avoir permis de m'imprégner d'au moins une partie des bienfaits que vous m'avez si généreusement offerts.

Notes et références

1. Cultiver ce qui est bon

FORCES INTÉRIEURES

Des chercheurs ont identifié d'autres forces : Steven M. Southwick et Dennis S. Charney, «The Science of Resilience : Implications for the Prevention and Treatment of Depression», *Science*, 338 (2012) : 79-82.

En médecine et en psychologie : j'ai adapté le modèle « diathèse-stress » utilisé dans les soins médicaux et les recherches sur le stress et ses conséquences.

Une force spécifique, les émotions positives : Michael A. Cohn *et al.*, « Happiness Unpacked : Positive Emotions Increase Life Satisfaction by Building Resilience », *Emotion*, 9 (2009) : 361-368 ; Greg C. Feldman *et al.*, « Responses to Positive Affect : A Self-Report Measure of Rumination and Dampening », *Cognitive Therapy and Research*, 32, no. 4 (2008) : 507-525 ; Tugade et Fredrickson, « Regulation of Positive Emotions : Emotion Regulation Strategies That Promote Resilience », *Journal of Happiness Studies*, 8 (2007) : 311-333.

Les émotions positives incitent : Lyubomirsky *et al.*, « Pursuing Happiness : The Architecture of Sustainable Change », *Review of General Psychology*, 9, no. 2 (2005) : 111-131.

Elles renforcent également votre système immunitaire : Ed Diener et Micaela Y. Chan, « Happy People Live Longer : Subjective Well-Being Contributes to Health and Longevity », *Applied Psychophysiology*, 3, no. 1 (2011) : 1-43 ; Fredrickson *et al.*, « Open Hearts Build Lives : Positive Emotions, Induced Through Loving-Kindness Meditation, Build Consequential Personal Resources », *Journal of Personality and Social Psychology*, 95, no. 5 (2008) : 1045-1062 ; Y. Chida et A. Steptoe, « Positive Psychological Well-Being and Mortality : A Quantitative Review of Prospective Observational Studies », *Psychosomatic Medicine*, 70, no. 7 (2008) : 741-756 ; S. Pressman et S. Cohen, « Does Positive Affect Influence Health ? », *Psychological Bulletin*, 131 (2005) : 925-971.

En moyenne, un tiers : Il s'agit d'une estimation approximative. Pour plus d'informations, voir les articles suivants : Tena Vukasovic *et al.*, « Genetic Contribution to the Individual Differences in Subjective Well-Being : A Meta-Analysis », *Journal for General Social Issues*, 21 (2012) : 1-17 ; Southwick et Charney, «The Science of Resilience».

AU JARDIN

trois manières principales de gérer son esprit : il y a une quatrième option – transcender l'esprit – qui consiste à sortir complètement du cadre de l'esprit et du cerveau, en se connectant à quelque chose de divin, de spirituel ou de non défini, si cela a un sens pour vous (c'est mon cas). Bien entendu, par définition, ce n'est pas un moyen de *gérer* l'esprit même. Je m'inclinerai donc devant cette possibilité, mais resterai dans le cadre du monde naturel dans ce livre.

PLASTICITÉ NEURONALE

sculpe lentement mais sûrement la structure neuronale : Eric R. Kandel, *In Search of Memory : The Emergence of a New Science of Mind* (New York, W.W. Norton & Company, 2007) ; Joseph E. LeDoux, *Synaptic Self : How Our Brains Become Who We Are* (New York, Penguin Books, 2003).

les gènes à l'intérieur des neurones s'allument et s'éteignent : Victoria Ho *et al.*, «The Cell Biology of Synaptic Plasticity», *Science*, 334 (2011) : 623-628 ; D. Feldman, « Synaptic Mechanisms for Plasticity in Neocortex», *Annual Review of Neuroscience*, 32 (2009) : 33-55 ; Gianluigi Mongillo *et al.*, « Synaptic Theory of Working Memory », *Science*, 319 (2008) : 1543-1546.

Toute activité mentale : Glen O. Gabbard, «A Neurobiologically Informed Perspective on Psychotherapy», *British Journal of Psychiatry*, 177 (2000) : 117-122 ; Kandel, *In Search of Memory*.

En revanche, si l'activité mentale est intense, prolongée ou répétée : Kandel, «A New Intellectual Framework for Psychiatry», *American Journal of Psychiatry*, 155 (1998) : 457-469.

les chauffeurs de taxi de Londres : Eleanor Maguire *et al.*, « Navigation-Related Structural Change in the Hippocampi of Taxi Drivers », *National Academy of Sciences*, 87 (2000) : 4398-4403.

les méditants de pleine conscience : au-dessus du tronc cérébral, bien qu'il n'y ait qu'un hypothalamus et une glande pituitaire, la plupart des parties du cerveau fonctionnent par paires, une à gauche et une à droite, y compris l'hippocampe et l'insula. Malheureusement, les neurosciences parlent de ces paires au singulier (l'hippocampe), une convention qui prête à confusion, mais que je suivrai ici.

les aires *préfrontales* qui contrôlent l'attention : Eileen Luders *et al.*, «The Underlying Anatomical Correlates of Long-Term Meditation : Larger Hippocampal and Frontal Volumes of Gray Matter», *NeuroImage*, 45 (2009) : 672-678 ; Sara Lazar *et al.*, « Meditation Experience Is Associated with Increased Cortical Thickness », *Neuroreport*, 16 (2005) : 1893-1897.

l'*insula* : Britta Holzel *et al.*, « Investigation of Mindfulness Meditation Practitioners with Voxel-Based Morphometry », *Social Cognitive and Affective Neuroscience*, 3 (2008) : 55-61 ; Lazar *et al.*, « Meditation Experience ».

l'hippocampe : Luders *et al.*, «Anatomical Correlates of Long-Term Meditation » ; Holzel *et al.*, « Investigation of Mindfulness Meditation ».

des gènes qui apaisent les réactions de stress : Jeffery Dusek *et al.*, « Genomic Counter-Stress Changes Induced by the Relaxation Response », *PLoS One*, 3 (2008) : e2576.

LES EXPÉRIENCES QUI VOUS SONT LE PLUS BÉNÉFIQUES

les expériences négatives ne sont pas dénuées d'intérêt : Southwick et Charney, «The Science of Resilience ».

2. Du Velcro sur le négatif

L'ÉVOLUTION DU CERVEAU

L'évolution du cerveau : les dates de cette section sont approximatives.

Tous les êtres humains partagent : Scott W. Emmons, «The Mood of a Worm », *Science*, 338 (2012) : 475-476.

Des créatures multicellulaires ont vu le jour : Elizabeth Pennisi, « Nervous System May Have Evolved Twice », *Science*, 339 (2013) : 391.

L'apparition des mammifères : les spécialistes ne sont pas d'accord sur ces dates, selon la manière dont ils catégorisent les mammifères et les primates.

Il y a 2,5 millions d'années : Shannon McPherron *et al.*, « Evidence for Stone-Tool Assisted Consumption of Animal Tissues before 3.39 Million Years Ago at Dikika, Ethiopia », *Nature*, 446 (2010) : 857-860 ; Semaw *et al.*, « 2.5-Million-Year-Old Stone Tools from Gona, Ethiopia », *Nature*, 385 (1997) : 333-336.

et notre espèce même – *Homo sapiens* : Michael Balter, « New Light on Revolutions That Weren't », *Science*, 336 (2012) : 530-561.

Au cours des 600 millions d'années écoulées : ces données sont approximatives. Pour un échantillon d'études allant dans ce sens, voir Pierre-Yves Placais et Thomas Preat, «To Favor Survival Under Food Shortage, the Brain Disables Costly Memory », *Science*, 339 (2013) : 440-442 ; Linda Palmer et Gary Lynch, «A Kantian View of Space », *Science*, 328 (2010) : 1487-1488 ; Tobias Esch et George B. Stefano, «The Neurobiology of Stress Management », *Neuroendocrinology Letters*, 31, no. 1 (2010) : 19-39.

Nos prédécesseurs hominidés et humains : Pontus Skoglund *et al.*, « Origins and Genetic Legacy of Neolithic Farmers and Hunter-Gatherers in Europe », *Science*, 336 (2012) : 466-469.

Certains groupes interagissaient de manière paisible : Jung-Kyoo Choi et Samuel Bowles, «The Coevolution of Parochial Altruism and War », *Science*, 318 (2007) : 636-640.

LE NÉGATIF EST PLUS FORT QUE LE POSITIF

Le négatif est plus fort que le positif : le titre de cette section est emprunté à l'article de Roy Baumeister *et al.*, «Bad Is Stronger Than Good», *Review of General Psychology*, 5 (2001) : 323-370.

Pour commencer, votre cerveau est toujours : Eldad Yechiam et Guy Hochman, «Losses as Modulators of Attention : Review and Analysis of the Unique Effects of Losses Over Gains», *Psychological Bulletin*, 139, no. 2 (2013) : 497-518.

Puis, quand le moindre détail : Baumeister *et al.*, «Bad Is Stronger Than Good» ; Paul Rozin et Edward Royzman, «Negativity Bias, Negativity Dominance, and Contagion», *Personality & Social Psychology Review*, 5 (2001) : 296-320.

Les stimuli négatifs sont perçus plus rapidement : Baumeister *et al.*, «Bad Is Stronger Than Good» ; Rozin and Royzman, «Negativity Bias.»

La colère se lit plus vite que le bonheur : J. S. Morris *et al.*, «A Differential Neural Response in the Human Amygdala to Fearful and Happy Facial Expressions», *Nature*, 383 (1996) : 812-815.

en fait, le cerveau réagit même : J. S. Morris *et al.* «Conscious and Unconscious Emotional Learning in the Human Amygdala» *Nature*, 393 (1998) : 467-470.

Le psychologue Daniel Kahnemann : Daniel Kahneman et Amos Tversky, «Prospect Theory : An Analysis of Decision Under Risk», *Econometrica* 47, no. 2 (1979) : 163-292 ; Yechiam and Hochman, «Losses as Modulators of Attention».

Dans une relation durable : John Gottman, *Why Marriages Succeed or Fail : And How You Can Make Yours Last* (New York, Simon & Schuster, 1995).

Les gens commencent réellement à s'épanouir : Fredrickson, *Positivity*.

Le négatif contamine le positif : Rozin et Royzman, «Negativity Bias».

un méfait nuira davantage à la réputation d'un héros : Rozin et Royzman, «Negativity Bias».

L'impact supplémentaire du négatif : Baumeister *et al.*, «Bad Is Stronger Than Good.»

L'amygdale, en forme d'amande : Cunningham et Brosch, «Motivational Salience» ; Israel Liberzon *et al.*, «Extended Amygdala and Emotional Salience : A PET Activation Study of Positive and Negative Affect», *Neuropsychopharmacology*, 28, no. 4 (2003) : 726-733 ; Stephan B. Hamann *et al.*, «Ecstasy and Agony : Activation of the Human Amygdala in Positive and Negative Emotion», *Psychological Science*, 13, no. 2 (2002) : 135-141 ; Hugh Garavan *et al.*, «Amygdala Response to Both Positively and Negatively Valenced Stimuli», *Neuroreport*, 12, no. 12 (2001) : 2779-2783.

chez la plupart des gens elle est davantage activée : Cunningham *et al.*, «Neural Correlates of Evaluation Associated with Promotion and Prevention Regulatory Focus», *Cognitive, Affective, and Behavioral Neuroscience*, 5 no. 2 (2005) : 202-211 ; Andrew J. Calder *et al.*, « Neuropsychology of Fear and Loathing», *Nature*, 2 (2001) : 353-363.

La colère de cette personne a activé votre amygdale : Hugo D. Critchley, « Neural Mechanisms of Autonomic, Affective, and Cognitive Integration », *Journal of Comparative Neurology*, 493 (2005) : 154-166.

Votre hippocampe a élaboré une première trace neuronale : Guestavo Morrone Parfitt *et al.*, « Moderate Stress Enhances Memory Persistence : Are Adrenergic Mechanisms Involved ? », *Behavioral Neuroscience*, 126, no. 5 (2012) : 729-730.

gravant même à jamais la peur dans de nouveaux bébés neurones : E. D. Kirby *et al.*, « Basolateral Amygdala Regulation of Adult Hippocampal Neurogenesis and Fear-Related Activation of Newborn Neurons », *Molecular Psychiatry*, 17 (2012) : 527-536.

Cet effet boule de neige se produit : Bruce McEwen et Peter Gianaros, « Stress- and Allostasis-Induced Brain Plasticity », *Annual Review of Medicine*, 62 (2011) : 431-435.

Faisant d'une pierre deux coups : McEwen et Gianaros, « Stress- and Allostasis-Induced Brain Plasticity » ; Poul Videbech et Barbaba Ravnkilde, « Hippocampal Volume and Depression : A Meta-Analysis of MRI Studies », *American Journal of Psychiatry*, 161, no. 11 (2004) : 1957-1966 ; Stephanie Campbell *et al.*, « Lower Hippocampal Volume in Patients Suffering from Depression : A Meta-Analysis », *American Journal of Psychiatry*, 161, no. 4 (2001) : 598-607.

Cela pose problème : McEwen et Gianaros, « Stress- and Allostasis-Induced Brain Plasticity.»

LA PARANOÏA DES TIGRES DE PAPIER

nous ne sommes pas à l'abri de la seconde erreur : Tali Sharot, *The Optimism Bias : A Tour of the Irrationally Positive Brain* (New York, Vintage, 2011).

Mais, en général, le réglage par défaut : Deborah Kermer *et al.*, « Loss Aversion Is an Affective Forecasting Error », *Psychological Science*, 17, no. 8 (2006) : 649-653 ; Baumeister *et al.*, « Bad Is Stronger Than Good » ; Rozin and Royzman, « Negativity Bias ».

Il y a même des régions : Nadine Gogolla *et al.*, « Perineuronal Nets Protect Fear Memories from Erasure », *Science*, 325 (2009) : 1258-1261.

VELCRO ET TEFLON

Plus vous remontez dans le temps : Daniel L. Schachter, *The Seven Sins of Memory : How the Mind Forgets and Remembers* (New York, Houghton Mifflin Harcourt Books, 2002).

où sont stocké[e]s la plupart de vos forces intérieures : les forces intérieures comme les sentiments d'inaptitude, etc. qui ne relèvent pas de l'apprentissage et de la mémoire – en d'autres termes, qui ne sont pas *acquis* – sont basés sur des caractéristiques et des tendances *innées*, déterminées par la génétique.

Malheureusement, un *penchant* négatif affecte : pour des références sur les affirmations de ce paragraphe, voir Baumeister *et al.*, « Bad Is Stronger Than Good » ; Rozin and Royzman, « Negativity Bias ».

en sentiment d'impuissance : Seligman, *Learned Optimism* (New York, Vintage, 2006). Trad. *La Force de l'optimisme*, Paris, InterEditions, 2008.

un des facteurs majeurs de la dépression : Seligman, *Learned Optimism.*

EFFORTS VAINS

C'est la principale faiblesse : certaines psychothérapies sont de notables exceptions, notamment le *focusing* (Eugene T. Gendlin, *Focusing* [New York, Random House, 1982]), l'EMDR (Deborah L. Korn et Andrew M. Leeds, « Preliminary Evidence of Efficacy for EMDR Resource Development and Installation in the Stabilization Phase of Treatment of Complex Posttraumatic Stress Disorder », *Journal of Clinical Psychology*, 58, no. 12 [2002] : 1465-1487) ; la thérapie de cohérence (Toomey et Ecker, « Competing Visions » ; Ecker et Toomey, « Depotentiation of Symptom-Producing Implicit Memory in Coherence Therapy ») ; et le *broad minded affective coping* (Nicholas Terrier, « Broad Minded Affective Coping [BMAC] : A "Positive" CBT Approach to Facilitating Positive Emotions », *International Journal of Cognitive Therapy*, 31, no. 1 [2010] : 65-78.)

3. Cerveau vert, cerveau rouge

TROIS SYSTÈMES D'EXPLOITATION

Pour ce modèle, j'ai adapté le travail influent de Paul MacLean : Paul D. MacLean, *The Triune Brain in Evolution : Role in Paleocerebral Functions* (New York, Springer, 1990).

Jaak Panksepp : Jaak Panksepp, *Affective Neuroscience : The Foundations of Human and Animal Emotions* (New York : Oxford University Press, 1998) ; Panksepp, « Affective Consciousness : Core Emotional Feelings in Animals and Humans », *Consciousness & Cognition*, 14, no. 1 (2005) : 30-80 ; Jeffrey Burgdorf et Panksepp, « The Neurobiology of Positive Emotions », *Neuroscience and Biobehavioral Reviews*, 30 (2006) : 173-187.

Stephen Porges : Stephen W. Porges, *The Polyvagal Theory : Neurophysiological Foundations of Emotions, Attachment, Communication, and Self-Regulation* (New York, W.W. Norton & Company, 2011).

Paul Gilbert : Paul Gilbert, « Introducing Compassion-Focused Therapy », *Advances in Psychiatric Treatment*, 14 (2009) : 199-208.

E. Tory Higgins : E. Tory Higgins, « Beyond Pleasure and Pain », *American Psychologist*, 52, no. 12 (1997) : 1280-1300.

LE MODE RÉCEPTIF

quand votre cerveau n'est pas *perturbé* : Porges, *The Polyvagal Theory.*

Des systèmes neurochimiques impliquant l'*ocytocine* : Waguih William IsHak *et al.*, « Oxytocin's Role in Enhancing Well-Being : A Literature Review », *Journal of Affective Disorders*, 130, no. 1 (2011) : 1-9 ; Inga D. Neumann, « Brain Oxytocin : A Key Regulator of Emotional and Social Behaviours in Both Females and Males », *Journal of Neuroendocrinology*, 20 (2008) : 858-865.

des *opioïdes* naturels : Pawel K. Olszewski *et al.*, « Oxytocin as Feeding Inhibitor : Maintaining Homestasis in Consummatory Behavior », *Pharmacology Biochemistry and Behavior*, 97 (2010) : 47-54 ; Esch and Stefano, «The Neurobiology of Stress Management ».

des régions telles que le *cortex cingulaire subgénual* : Hugo D. Critchley et Yoko Nagai, « How Emotions Are Shaped by Bodily States », *Emotion Review*, 4, no. 2 (2012) : 163-168.

et des réseaux neuronaux : Critchley, « Neural Mechanisms ».

Dans cet état, vous vous sentez souvent : Critchley, « Neural Mechanisms ».

Les mammifères, dont les humains : Panksepp, *Affective Neuroscience.*

QU'IL EST BON D'ÊTRE CHEZ SOI

Nos ancêtres ont développé cette configuration : Ilia Karatsoreos et Bruce McEwen, « Psychobiological Allostasis : Resistance, Resilience, and Vulnerability », *Trends in Cognitive Sciences*, 15, no. 12 (2011) : 576-584 ; Porges, *The Polyvagal Theory* ; Esch et Stefano, «The Neurobiology of Stress Management » ; Panksepp, « Affective Consciousness » ; Panksepp, *Affective Neuroscience.*

Par exemple, les *endorphines* : Esch et Stefano, «The Neurobiology of Stress Management ».

Contrairement aux processus pathogènes : Craig M. Becker *et al.*, « Salutogenesis 30 Years Later : Where Do We Go From Here ? », *International Electronic Journal Health Education*, 13 (2010) : 25-32.

Les expériences de type réceptif préparent votre esprit : Critchley, « Neural Mechanisms ».

votre hypothalamus est moins actif : Olszewski *et al.*, « Oxytocin as Feeding Inhibitor » ; Panksepp, *Affective Neuroscience.*

cessent peu à peu : demeurer dans le mode réceptif tout en ressentant en notre fort intérieur que nos besoins fondamentaux sont satisfaits n'est pas l'illumination en soi. Pour cela, je pense qu'il faut aussi une compréhension de soi, une vertu, une bienveillance et peut-être une grâce profondes. Mais le « désamorçage » des « feux » neuropsychologiques de la haine et de l'avidité (pour employer des termes bouddhistes), mais également de la peine – dans les systèmes d'évitement, de recherche et d'attachement –, facilite et ouvre la voie à un véritable engagement dans une pratique spirituelle ou religieuse et à la réalisation des plus fortes potentialités humaines.

Il reste toujours des défis à affronter, des rivalités et des conflits continuent d'apparaître : Douglas P. Fry, « Life Without War », *Science*, 336 (2012) : 879-884.

DU VELCRO SUR LE POSITIF

Ses messages guident le *réseau de contrôle exécutif* : William W. Seeley *et al.*, « Dissociable Intrinsic Connectivity Networks for Salience Processing and Executive Control », *Journal of Neuroscience*, 27 (2007) : 2356-2349.

Si elle était moins sensible au négatif : Wil Cunningham et Tabitha Kirkland, «The Joyful, Yet Balanced Amygdala : Moderated Responses to Positive But Not Negative Stimuli in Trait Happiness », *Social Cognitive and Affective Neuroscience* (2013 April 5, e-pub ahead of print).

Pour reprendre l'expression de Will Cunningham : Cunningham et Kirkland, « Joyful Amygdala ».

En termes d'activation, l'amygdale : Cunningham et Brosch, « Motivational Salience » ; Cunningham and Kirkland, « Joyful Amygdala ».

ceux qui possèdent une amygdale joyeuse : Cunningham *et al.* « Neural Correlates of Evaluation ».

« tendance à l'approche » : Daniel J. Siegel, *The Mindful Brain* (New York, W.W. Norton & Company, 2007).

Ils présentent également des émotions positives relativement élevées : Cunningham et Kirkland, « Joyful Amygdala ».

En fait, chez ces personnes plus heureuses : Cunningham et Kirkland, « Joyful Amygdala ».

vous prolongez la libération de la dopamine dans votre amygdale : Douglas Roberts-Wolfe *et al.*, « Mindfulness Training Alters Emotional Memory Recall Compared to Active Controls : Support for an Emotional Information Processing Model of Mindfulness », *Frontiers in Human Neuroscience*, 6 (2012) : 1-13.

LE MODE RÉACTIF

l'autre configuration de votre cerveau : je me réfère aux modes réceptif et réactif du cerveau de manière dichotomique, conformément aux distinctions catégorielles faites par les spécialistes en référence aux activations homéostatique/allostatique et sympathique/parasympathique. Or, dans la biologie complexe et tortueuse des vrais animaux, dont les humains, ces distinctions deviennent plus floues en ce sens qu'à tout moment il peut y avoir un mélange de processus homéostatiques-réceptifs et allostatiques-réactifs. Mais, en général, ces catégories restent exactes et utiles. Dans la langue de la théorie des systèmes, les modes réceptifs et réactifs sont des « attracteurs étranges » globaux.

les ressources corporelles sont ponctionnées : Bruce McEwen et Peter Gianaros, « Central Role of the Brain in Stress and Adaptation : Links to Socioeconomic Status, Health, and Disease », *Annals of the New York Academy of Sciences*, 1186 (2010) : 190-222.

Le mode réceptif est le rythme naturel : McEwen et Gianaros, « Central Role of the Brain in Stress and Adaptation » ; Robert Sapolsky, *Why Zebras Don't Get Ulcers* (New York, Holt Paperbacks, 2004).

Le simple fait de pénétrer dans la zone rouge : Esch et Stefano, «The Neurobiology of Stress Management».

Même si les expériences négatives sont désagréables : McEwen et Gianaros, « Stress- and Allostasis-Induced Brain Plasticity ».

Tous ces éléments placent le cerveau en alerte rouge. : McEwen et Gianaros, « Central Role of the Brain in Stress and Adaptation » ; Critchley, « Neural Mechanisms ».

Par conséquent, si le mode réactif : Esch et Stefano, «The Neurobiology of Stress Management».

Quand vous passez au rouge : Esch et Stefano, «The Neurobiology of Stress Management».

elles sont des facteurs de risques de la dépression : Byung Kook Lim *et al.*, «Anhedonia Requires MC4R-Mediated Synaptic Adaptations in Nucleus Accumbens», *Nature*, 487 (2012) : 183-189.

De nombreux troubles psychologiques impliquent une réactivité extrême : bien que la dépression soit souvent une réaction à la perte (par exemple, une faillite), et que l'une de ses caractéristiques les plus courantes soit le manque de plaisir aux choses autrefois agréables – tous deux étant liés au système de recherche des récompenses –, elle apparaît également après un traumatisme – système d'évitement) et un rejet ou une humiliation (système d'attachement). Par conséquent, la dépression me semble potentiellement impliquer l'ensemble des trois systèmes d'exploitation, parfois l'un plus que les autres.

Dans votre corps, la *charge allostatique* : McEwen et Gianaros, « Central Role of the Brain in Stress and Adaptation ».

aggrave les inflammations : Esch et Stefano, «The Neurobiology of Stress Management» ; Paul H. Black, «The Inflammatory Response is an Integral Part of the Stress Response : Implications for Atherosclerosis, Insulin Resistance, Type II Diabetes, and Metabolic Syndrome X», *Brain, Behavior, & Immunity*, 17 (2003) : 350-364 ; Black, « Stress and the Inflammatory Response : A Review of Neurogenic Inflammation », *Brain, Behavior, & Immunity*, 16 (2002) : 622-653.

affaiblit le système immunitaire : McEwen, « Stress Adaptation, and Disease : Allostasis and Allostatic Load », *Annals of the New York Academy of Sciences*, 840 (1998) : 33-44.

et use votre système cardio-vasculaire : McEwen et Gianaros, « Central Role of the Brain in Stress and Adaptation ».

Dans votre cerveau, elle entraîne : Agnieszka Mika *et al.*, « Chronic Stress Impairs Prefrontal Cortex–Dependent Response Inhibition and Spatial Working Memory », *Behavioral Neuroscience*, 126, no. 5 (2012) : 605-619 ; Ronald

S. Duman et George K. Aghajanian, « Synaptic Dysfunction in Depression : Potential Therapeutic Targets », *Science*, 338 (2012) : 68-72 ; Daniel J. Christoffel *et al.*, « Structural and Synaptic Plasticity in Stress-Related Disorders », *Reviews in Neurosciences*, 22, no. 5 (2011) : 535-549 ; McEwen, « Protective and Damaging Effects of Stress Mediators : Central Role of the Brain », *Dialogues in Clinical Neuroscience*, 8, no. 4 (2006) : 367-381.

Elle altère la *myélinisation* : M. P. Leussis et S. L. Andersen, « Is Adolescence a Sensitive Period for Depression ? Behavioral and Neuroanatomical Findings from a Social Stress Model », *Synapse*, 62, no. 1 (2007) : 22-30 ; Q. Wang *et al.*, « Alterations of Myelin Basic Protein and Ultrastructure in the Limbic System at the Early Stage of Trauma-Related Stress Disorder in Dogs », *Journal of Trauma*, 56, no. 3 (2004) : 604-610.

réduit également la *neurotrophine* : McEwen et Gianaros, « Central Role of the Brain in Stress and Adaptation » ; Esch and Stefano, « The Neurobiology of Stress Management ».

protéger les neurones : E. L. van Donkelaar, « Stress-Mediated Decreases in Brain-Derived Neurotropic Factor as Potential Confounding Factor for Acute Tryptophan Depletion–Induced Neurochemical Effects », *Journal of the European College of Neuropsychopharmacology*, 11 (2009) : 812-821.

Le seul fait de considérer les autres comme « eux » : Jennifer N. Gutsell et Michael Inzlicht, « Empathy Constrained : Prejudice Predicts Reduced Mental Simulation of Actions During Observation of Outgroups », *Journal of Experimental Social Psychology*, 46 (2010) : 841-845 ; Xiaojin Xu *et al.*, « Do You Feel My Pain ? Racial Group Membership Modulates Empathic Neural Responses », *Journal of Neuroscience*, 9, no. 26 (2009) : 8525-8529 ; Lasana T. Harris et Susan T. Fiske, « Social Groups That Elicit Disgust Are Differentially Processed in mPFC », *Social Cognitive and Affective Neuroscience*, 2 (2007) : 45-51.

notre tendance à déshumaniser et à dévaloriser : Charles Efferson *et al.*, « The Coevolution of Cultural Groups and Ingroup Favoritism », *Science*, 321 (2008) : 1844-1849.

Comparés à d'autres animaux : Christopher Boehm, « Ancestral Hierarchy and Conflict », *Science*, 336 (2012) : 844-847.

DÉVELOPPER UN PENCHANT RÉCEPTIF

vous vous remettrez plus vite des expériences négatives : Fredrickson *et al.*, « What Good Are Positive Emotions in Crisis ? A Prospective Study of Resilience and Emotions Following the Terrorist Attacks on the U.S. on 9/11/01 », *Journal of Personality and Social Psychology*, 84, no. 2 (2003) : 365-376 ; Fredrickson et Robert Levenson, « Positive Emotions Speed Recovery from the Cardiovascular Sequelae of Negative Emotions », *Psychology Press*, 12 (1998) : 191-220.

4. Guérir

MIEUX S'IMPRÉGNER DE CE QUI EST BON

Votre milieu familial peut aussi jouer un rôle : Bryant *et al.*, « Understanding the Processes that Regulate Positive Emotional Experience ».

De plus, en vous imprégnant de ce qui est bon : Fredrickson *et al.*, «What Good Are Positive Emotions in Crisis ? » ; Fredrickson and Levenson, « Positive Emotions Speed Recovery ».

JOYAUX QUOTIDIENS

cinq minutes tout au plus : bien entendu, vous pouvez effectuer cette pratique plus souvent.

Si vous prenez soin des **:** il s'agit d'un proverbe tibétain.

5. Prêter attention

LA MUSIQUE DE L'EXPÉRIENCE

les bienfaits des thérapies cognitives : Fidelma Hanrahan *et al.*, «A Meta-Analysis of Cognitive Therapy for Worry in Generalized Anxiety Disorder », *Clinical Psychology Review*, 33, no. 1 (2013) : 120-132 ; Bunmi O. Olatunji *et al.*, « Cognitive-Behavioral Therapy for Obsessive-Complusive Disorder : A Meta-Analysis of Treatment Outcome and Moderators », *Journal of Psychiatric Research*, 47, no. 1 (2013) : 33-41 ; Rebecca Gould *et al.*, « Cognitive Behavioral Therapy for Depression in Older People : A Meta-Analysis and Meta-Regression of Randomized Controlled Trails », *Journal of the American Geriatrics Society*, 60, no. 10 (2012) : 1817-1830 ; Stefan G. Hofmann *et al.*, «The Efficacy of Cognitive Behavioral Therapy : A Review of Meta-Analyses », *Cognitive Therapy and Research*, 36, no.5 (2012) : 427-440.

En plus d'être agréable en soi : Esch et Stefano, «The Neurobiology of Stress Management ».

Comme le plaisir, la relaxation réduit le stress : Elizabeth Broadbent *et al.*, «A Brief Relaxation Intervention Reduces Stress and Improves Surgical Wound Healing Response : A Randomished Trial », *Brain, Behavior, & Immunity*, 26, no. 2 (2012) : 212-217 ; Herbert Benson, *The Relaxation Response* (New York, HarperTorch, 2000).

Elle renforce également le système immunitaire : Benson, *The Relaxation Response.*

accroît la résilience : Brian Rees, « Overview of Outcome Data of Potential Mediation Training for Soldier Resilience », *Military Medicine*, 176, no. 11 (2011) : 1232-1242 ; Dusek *et al.*, « Genomic Counter-Stress » ; Mary Karapetian Alvord et Judy Johnson Grados, « Enhancing Resilence in Children : A Proactive Approach », *Professional Psychology : Research and Practice*, 36, no. 3 (2005) : 238-245.

diminue l'anxiété : Benson, *The Relaxation Response.*

AIMER ET VOULOIR

des circuits connectés mais séparés gèrent ces deux tendances : Kent C. Berridge *et al.*, «The Tempted Brain Eats : Pleasure and Desire Circuits in Obesity and Eating Disorders», *ScienceDirect*, 1350 (2010) : 43-64 ; Berridge, «Wanting and Liking : Observations from the Neuroscience and Psychology Laboratory», *Inquiry*, 52, no. 4 (2009) : 378-398 ; S. Pecina et Berridge, «Hedonic Hot Spot in Nucleus Accumbens Shell : Where Do Mu-Opioids Cause Increased Impact of Sweetness ?» *Journal of Neuroscience*, 25, no. 50 (2005) : 11777-11786 ; Berridge, «Food Reward : Brain Substrates of Wanting and Liking», *Neuroscience Biobehavioral Review*, 20, no. 1 (1996) : 1-25.

6. Créer des expériences positives

ÉVÉNEMENTS RÉCENTS

Le quotidien est une bonne source d'expériences positives : Tugade et Federickson, «Regulation of Positive Emotions».

L'AVENIR

Ce voyage mental dans le temps mobilise des réseaux médians : Ylva Ostby *et al.*, «Mental Time Travel and Default-Mode Network Functional Connectivity in the Developing Brain», *Proceedings of the National Academy of Sciences*, 109, no. 42 (2012) : 16800-16804.

PARTAGER CE QUI EST BON AVEC AUTRUI

parler d'une expérience positive : Shelly L. Gable *et al.*, «What Do You Do When Things Go Right ? The Intrapersonal and Interpersonal Benefits of Sharing Positive Events», *Journal of Personality and Social Psychology*, 87, no. 2 (2004) : 228-245 ; Christopher A. Langston, «Capitalizing On and Coping with Daily-Life Events : Expressive Responses to Positive Events», *Journal of Personality and Social Psychology*, 67 (1994) : 1112-1125

nous avons considérablement développé les réseaux neuronaux de l'empathie : Jean Decety et Philip L. Jackson, «The Functional Architecture of Human Empathy», *Behavorial and Cognitive Neuroscience Reviews*, 3 (2004) : 71-100.

TROUVER DU POSITIF DANS LE NÉGATIF

trouver du positif dans les éléments négatifs : Susan Folkman et Judith Moskowitz, «Positive Affect and the Other Side of Coping», *American Psychologist*, 55 (2000) : 647-654.

PRENDRE LES AUTRES EN CONSIDÉRATION

les centres cérébraux de la gratification s'activaient : Jorge Moll *et al.*, «Human Fronto-Mesolimbic Networks Guide Decisions About Charitable Donation», *Proceedings of the National Academy of Sciences*, 103 (2006) : 15623-15628.

VOIR CE QUI EST BON DANS LA VIE DES AUTRES

Nos ancêtres vivaient dans des petits groupes : Eric Alden Smith, « Communication and Collective Action : The Role of Language in Human Cooperation », *Evolution and Human Behavior*, 31, no. 4 (2010) : 231-245 ; Martin A. Nowak et Karl Sigmund, « Evolution of Indirect Reciprocity », *Nature*, 437 (2005) : 1291-1298 ; Ernst Fehr et Bettina Rockenbach, « Human Altruism : Economic, Neural, and Evolutionary Perspectives », *Current Opinion in Neurobiology*, 14, no. 6 (2004) : 784-790; Fehr, « Human Behaviour : Don't Lose Your Reputation », *Nature*, 432 (2004) : 449-450.

IMAGINER DES FAITS POSITIFS

Les réseaux corticaux médians : Schachter, «Adaptive Constructive Processes and the Future of Memory», *American Psychologist*, 67, no. 8 (2012) : 603-613.

Au fin fond des centres de la mémoire émotionnelle : Schachter, «Adaptive Constructive Processes».

7. Bâtir son cerveau

ENRICHIR UNE EXPÉRIENCE

C'est un peu comme du patinage sur glace : merci à Sally Clough Armstrong pour cette métaphore.

plus gratifiante que prévu : Wulfram Gerstner *et al.*, «Theory and Simulation in Neuroscience», *Science*, 338 (2012) : 60-65.

Les centres de contrôle du sous-cortex : Panksepp, *Affective Neuroscience.*

Par ce circuit : Critchley et Nagai, « How Emotions Are Shaped by Bodily States ».

selon des études : Tom F. Price *et al.*, « Embodying Approach Motivation : Body Posture Influences Startle Eyeblink and Event-Related Potential Responses to Appetitive Stimuli », *Biological Psychology*, 90 (2012) : 211-217.

les expressions faciales, la posture : Price *et al.*, «The Emotive Neuroscience of Embodiment», *Motivation and Emotion*, 36, no. 1 (2012) : 27-37 ; Paula Niedenthal, « Embodying Emotion », *Science*, 316 (2007) : 1002-1005.

Par conséquent, vous pouvez enrichir une expérience : Critchley et Nagai, « How Emotions Are Shaped by Bodily States ».

de manière active et incarnée : Seligman et Tracy A. Steen, « Positive Psychotherapy Progress : Empirical Validation of Interventions », *American Psychologist*, 60, no. 5 (2005) : 410-421.

Cherchez des récompenses inattendues : Gerstner *et al.*, «Theory and Simulation in Neuroscience».

la survie de ces bébés neurones : Gretchen Vogel, « Can We Make Our Brains More Plastic ? », *Science*, 338 (2012) : 36-39.

8. Des fleurs qui déracinent les mauvaises herbes

COMMENT LES ÉLÉMENTS NÉGATIFS FONCTIONNENT DANS VOTRE CERVEAU

***reconstruit* à partir de graines latentes :** Schachter, «Adaptive Constructive Processes» ; Karim Nader, «Memory Traces Unbound», *Trends in Neurosciences*, 26, no. 2 (2003) : 65-70 ; Nader *et al.*, «The Labile Nature of Consolidation Theory», *Nature*, 1, no. 3 (2000) : 216-219.

***coalition*, qui représente l'expérience consciente :** Evan Thompson, *Mind in Life : Biology, Phenomenology, and the Sciences of Mind* (Cambridge (Mass.), Harvard University Press, 2007).

Puis quand ces derniers : Nader *et al.*, «The Labile Nature of Consolidation Theory».

Les petites machines moléculaires ont besoin d'au moins : Nader, «Memory Traces Unbound».

DEUX MÉTHODES POUR CHANGER LES ÉLÉMENTS NÉGATIFS

«écraser» les éléments négatifs : Mark E. Bouton, «Context and Behavioral Processes in Extinction», *Learning & Memory*, 11 (2004) : 485-494.

ils peuvent revenir, vengeurs : Pizzorusso Tommaso, «Erasing Fear Memories», *Science*, 325 (2009) : 1214-1215.

se réactiver plus facilement par la suite : Toomey et Ecker, «Competing Vision» ; Ecker et Toomey, «Depotentiation of Symptom-Producing».

Pendant une heure au moins : la durée exacte de la fenêtre de reconsolidation n'est pas connue, mais elle semble manifestement être inférieure à six heures.

vous perturbez la reconsolidation : Yan-Xue Xue *et al.*, «A Memory Retrieval-Extinction Procedure to Prevent Drug Craving and Relapse», *Science*, 336 (2012) : 241-245 ; Amy L. Milton et Barry J. Everitt, «Wiping Drug Memories», *Science*, 336 (2012) : 167-168 ; Daniela Schiller *et al.*, «Preventing the Return of Fear in Humans Using Reconcolidation Update Mechanisms», *Nature*, 463 (2010) : 49-53 ; Marie-H. Monfils *et al.*, «Extinction-Reconsolidation Boundaries : Key to Persistent Attenuation of Fear Memories», *Science*, 324 (2009) : 951-955.

vous réduisez même l'activation de l'amygdale : Thomas Agren *et al.*, «Disruption of Reconsolidation Erases a Fear Memory Trace in the Human Amygdala», *Science*, 337 (2012) : 1550-1552.

DE PUISSANTES POSSIBILITÉS

la thérapie de cohérence, développée par Bruce Ecker : Toomey et Ecker, «Competing Visions» ; Ecker et Toomey, «Depotentiation of Symptom-Producing».

9. Bons usages

VOULOIR CE QUI EST BON POUR VOUS

serrer les dents et mobiliser toute votre volonté : Kelly McGonigal, *The Willpower Instinct : How Self-Control Works, Why It Matters, and What You Can Do to Get* More, New York, Avery, 2011.

une variante génétique qui produit : Cornelia Kegel *et al.*, « Differential Susceptibility in Early Literacy Instruction Through Computer Games : The Role of the Dopamine D4 Receptor Gene (DRD4) », *Mind, Brain, and Education* 5 : 71-78.

expériences gratifiantes associées à ce que vous souhaitez encourager : Schachter, « Adaptive Constructive Processes » ; G. Elliott Wimmer et Dapha Shohamy, « Preference by Association : How Memory Mechanisms in the Hippocampus Bias Decisions », *Science*, 338 (2012) : 270-273.

DISSIPER LES IDÉES NOIRES

s'imprégner de ce qui est bon n'est pas recommandé : de même, si vous souffrez d'un trouble bipolaire, faites attention aux émotions positives intenses et durables car elles peuvent déclencher un épisode maniaque. Voir June Gruber, « Can Feeling Too Good Be Bad ? Positive Emotion Persistence (PEP) in Bipolar Disorder », *Current Directions in Psychological Science*, 20, no. 4 (2011) : 217-221.

SE REMETTRE D'UN TRAUMATISME

veuillez vous reporter au travail de Judith Herman : Judith Herman, *Trauma and Recovery : The Aftermath of Violence—from Domestic Abuse to Political Terror* (New York, Basic Books, 1997).

Peter Levine : Peter A. Levine, *In an Unspoken Voice : How the Body Releases Trauma and Restores Goodness* (Berkeley, North Atlantic Books, 2010).

Pat Ogden : Pat Ogden, *Trauma and the Body : A Sensorimotor Approach to Psychotherapy* (New York, W. W. Norton & Company, 2006).

Bessel Van der Kolk : Bessel A. van der Kolk, *Traumatic Stress : The Effects of Overwhelming Experience on Mind, Body, and Society* (New York, The Guilford Press, 2006).

GUÉRIR LES ENFANTS

produit des récepteurs de la dopamine moins efficaces : Kegel *et al.*, « Differential Susceptibility in Early Literacy ».

GÉRER LES BLOCAGES

J'analyse trop les choses, je sors de l'expérience : Bryant *et al.*, « Understanding the Processes that Regulate Positive Emotional Experience ».

chercher à se sentir bien est égoïste : Feldman *et al.*, « Responses to Positive Affect » ; Joanne V. Wood *et al.*, « Savoring Versus Dampening : Self-

Esteem Differences in Regulating Positive Affect», *Journal of Personality and Social Psychology*, 85 (2003) : 566-580.

Je ne vois pas pourquoi je me sentirais bien : Bryant et Veroff, *Savoring* (Mahwah (N.J.), Lawrence Erlbaum Associates, Inc., 2007).

GÉRER LES DÉFIS DE MANIÈRE RÉCEPTIVE

montrez-vous raisonnablement prudent : s'il y a eu violence ou menace de violence dans la relation, soyez prudent et demandez de l'aide à un professionnel avant d'agir.

C'est ce qu'on appelle la *répétition mentale* : Schachter, «Adaptive Constructive Processes».

10. La malle aux trésors de votre cœur : 21 joyaux

SÉCURITÉ

Des expériences clés du système d'attachement : Paul Gilbert, *The Compassionate Mind : A New Approach to Life's Challenges* (Oakland (Calif.), New Harbinger Publications, Inc., 2010).

Le système d'évitement est enraciné : Hamann *et al.*, «Ecstasy and Agony»; Sergio Paradiso, «Cerebral Blood Flow Changes Associated with Attribution of Emotional Valence to Pleasant, Unpleasant, and Neutral Visual Stimuli in a PET Study of Normal Subjects», *American Journal of Psychiatry*, 156, no. 10 (1999) : 1618-1629.

la tolérance à la détresse est une source fondamentale : Teresa M. Leyro, «Distress Tolerance and Psychopathological Symptoms and Disorders : A Review of the Empirical Literature among Adults», *Psychological Bulletin*, 136, no. 4 (2010) : 576-600.

déclenche une alarme : Critchley, «Neural Mechanisms».

Même de modestes changements de la perception : Critchley et Nagai, «How Emotions Are Shaped by Bodily States»; Porges, *The Polyvagal Theory*.

***Sentez-vous respirer en paix, respirer la paix, être la paix* :** voir le beau livre de Thich Nhat Hanh : *Being Peace* (Berkeley, Parallax Press, 2005).

SATISFACTION

ce genre de plaisirs simples apaise les troubles émotionnels : Panksepp, «Affective Consciousness».

ils libèrent des endorphines et des opioïdes naturels : Panksepp, «Affective Consciousness»; Panksepp, *Affective Neuroscience*.

sentiments stimulants de vitalité ou de passion : Pressman et Cohen, «Does Positive Affect Influence Health ?».

La gratitude, la joie et les sentiments associés : Fagley, «Appreciation Uniquely Predicts Life Satisfaction»; Michael G. Adler et Fagley, «Appreciation :

Individual Differences in Finding Value and Meaning as a Unique Predictor of Subjective Well-Being», *Journal of Personality*, 73 (2005) : 79-114 ; Emmons, *Thanks!* (New York, Houghton Mifflin Harcourt, 2007) ; Emmons et McCullough, « Counting Blessings Versus Burdens : An Experimental Investigation of Gratitude and Subjective Well-Being in Daily Life », *Journal of Personality and Social Psychology*, 84, no. 2 (2003) : 377-389.

CONNEXION

elles vous aideront à vous sentir en sécurité : Gilbert, *The Compassionate Mind.*

pénètre dans la sonnette d'alarme de votre cerveau : Andreas Meyer-Lindenberg, « Impact of Prosocial Neuropeptides on Human Brain Function », *Progress in Brain Research*, 170 (2008) : 463-470 ; Daniele Viviani et Ron Stoop, « Opposite Effects of Oxytocin and Vasopressin on the Emotional Expression of the Fear Response », *Progress in Brain Research*, 170 (2008) : 207-218.

Les récepteurs du cortisol augmentent également dans votre hippocampe : Markus Heinrichs *et al.*, « Social Support and Oxytocin Interact to Suppress Cortisol and Subjective Responses to Psychosocial Stress », *Biological Psychiatry*, 54 (2003) : 1389-1398.

les liens sociaux : Decety et Margarita Svetlova, « Putting Together Phylogenetic and Ontogenetic Perspectives on Empathy », *Developmental Cognitive Neuroscience*, 2 no. 1 (2011) : 1-24.

les jeux : E. B. Keverne *et al.*, « Beta-Endorphin Concentrations in Cerebrospinal Fluid of Monkeys Are Influenced by Grooming Relationships », *Psychoneuroendocrinology*, 14 (1989) : 155-161.

les contacts affectueux : Panksepp, « Affective Consciousness ».

Bien que la compassion puisse susciter une légère tristesse : Olga M. Klimecki *et al.*, « Functional Neural Plasticity and Associated Changes in Positive Affect after Compassion Training », *Cerebral Cortex*, 6 (2012), doi : 10.1093/cercor/bhs142 PII : bhs142.

se considérer soi-même avec compassion : Kristin D. Neff, « Self-Compassion, Self-Esteem, and Well-Being », *Social and Personality Psychology Compass*, 5, no. 1 (2011) : 1-12 ; Neff, « Self-Compassion : An Alternative Conceptualization of a Healthy Attitude Toward Onself », *Self and Identity*, 2, no. 2 (2003) : 85-101.

Les études montrent que l'autocompassion : Neff, « Self-Compassion, Self-Esteem, and Well-Being » ; Mark R. Leary *et al.*, « Self-Compassion and Reactions to Unpleasant Self-Relevant Events : The Implications of Treating Oneself Kindly », *Journal of Personality*, 92 (2007) : 887-904 ; Christopher Germer, *The Mindful Path to Self-Compassion : Freeing Yourself from Destructive Thoughts and Emotions* (New York, The Guilford Press, 2009).

Postface

Se maintenir en vie exigeait de s'identifier à « nous » : Samuel Bowles, « Warriors, Levelers, and the Role of Conflict in Human Social Evolution », *Science*, 336 (2012) : 876-878 ; Bowles, « Did Warfare among Ancestral Hunter-Gatherers Affect the Evolution of Human Social Behaviors ? » *Science*, 324 (2009) : 1293-1298 ; Choi et Bowles, « The Coevolution of Parochial Altruism and War ».

Remerciements

la gratitude : Robert Emmons, *Thanks!*

le pardon : Frederic Luskin *et al.*, « A Controlled Pilot Study of Stress Management Training of Elderly Patients with Congestive Heart Failure », *Preventive Cardiology*, 5 (2002) : 168-174.

les recherches sur les saveurs de Fred Bryant : Fred B. Bryant *et al.*, « Understanding the Processes That Regulate Positive Emotional Experience : Unsolved Problems and Future Directions for Theory and Research on Savoring », *International Journal of Wellbeing*, 1, no. 1 (2011) : 107-126 ; Bryant *et al.*, « Using the Past to Enhance the Present : Boosting Happiness Through Positive Reminiscence », *Journal of Happiness Studies*, 6 (2005) : 227-260 ; Bryant, « A Four-Factor Model of Perceived Control : Avoiding, Coping, Obtaining, and Savoring », *Journal of Personality*, 57, no. 4 (1989) : 773-797.

Nancy Fagley : Nancy S. Fagley, « Appreciation Uniquely Predicts Life Satisfaction Above Demographics, the Big 5 Personality Factors, and Gratitude », *Personality and Individual Differences*, 53 (2012) : 59-63.

Joseph Veroff : Fred Bryant et Joseph Veroff, *Savoring*.

Jordi Quoidbach : Jordi Quoidbach *et al.*, « Positive Emotion Regulation and Well-Being : Comparing the Impact of Eight Savoring and Dampening Strategies », *Personality and Individual Differences*, 49, no. 5 (2010) : 368-373.

Erica Chadwick : Bryant *et al.*, « Understanding the Processes that Regulate Positive Emotional Experience ».

la thérapie de cohérence : Brian Toomey et Bruce Ecker, « Competing Visions of the Implications of Neuroscience for Psychotherapy », *Journal of Constructivist Psychology*, 22 (2009) : 95-140 ; Ecker et Toomey, « Depotentiation of Symptom-Producing Implicit Memory in Coherence Therapy », *Journal of Constructivist Psychology*, 21, no. 2 (2008) : 87-150 ; Ecker et L. Hulley, *Depth Oriented Brief Therapy : How to Be Brief When You Were Trained to Be Deep, and Vice Versa* (San Francisco, Jossey-Bass, 1996).

des sources qui incluent Abraham Maslow : Abraham Maslow, *The Farther Reaches of Human Nature* (New York, Penguin, 1993).

Roger Walsh : Roger Walsh, « Lifestyle and Mental Health », *American Psychologist*, 66 (2011) : 579-592 ; Walsh, « The Meeting of Meditative Disciplines and Western Psychology », *American Psychologist*, 61 (2006) : 227-239.

Martin Seligman : Martin Seligman, *Flourish : A Visionary New Understanding of Happiness and Well-Being* (New York, Free Press, 2011) ; Seligman, *Learned Optimism.*

Chris Peterson : Christopher Peterson *et al.*, « Strengths of Character, Orientations to Happiness, and Life Satisfaction », *The Journal of Positive Psychology*, 2, no. 3 (2007) : 149-156.

Nansook Park : Nansook Park, « Character Strengths : Research and Practice », *Journal of College & Character*, 10, no. 4 (2009) : 1-10.

Shauna Shapiro : Shauna Shapiro, « Mindfulness and Psychotherapy », *Journal of Clinical Psychology*, 65 (2009) : 1-6.

Barbara Fredrickson : Barbara Fredrickson, *Positivity : Top-Notch Research Reveals the 3 to 1 Ratio That Will Change Your Life* (New York, Three Rivers Press, 2009).

Sonja Lyubomirsky : Sonja Lyubomirsky, *The How of Happiness : A New Approach to Getting the Life You Want* (New York, Penguin Press, 2008).

Michele Tugade : Michele Tugade, *Positive Emotions and Coping : Examining Dual-Process Models of Resilience*, dans S. Folkman (éd.), *Oxford Handbook of Stress, Health, and Coping* (New York, Oxford University Press, 2011), p. 186-199.

Taud Kashdan : Taud Kashdan, *Curious ? Discover the Missing Ingredient to a Fulfilling Life* (New York, William Morrow, 2009).

Dacher Keltner : Dacher Keltner, *Born to Be Good : The Science of a Meaningful Life* (New York, W.W. Norton & Company, Inc., 2009).

Robert Emmons : Emmons, *Thanks!*

Michael McCullough : Michael McCullough *et al.*, « Is Gratitude a Moral Affect ? », *Psychological Bulletin*, 127, no. 2 (2001) : 249-266.

et Wil Cunningham : William A. Cunningham et Tobias Brosch, « Motivational Salience : Amygdala Tuning from Traits, Needs, Values, and Goals », *Current Directions in Psychological Science*, 21, no. 1 (2012) : 54-59.

Bibliographie

Adler, Michael G. et Nancy Fagley. «Appreciation : Individual Differences in Finding Value and Meaning as a Unique Predictor of Subjective Well-Being», *Journal of Personality*, 73 (2005) : 79-114.

Agren, Thomas, Jonas Engman, Andreas Frick, Johannes Björkstrand, Elna-Marie Larsson, Tomas Furmark et Mats Fredrikson. «Disruption of Reconsolidation Erases a Fear Memory Trace in the Human Amydala», *Science*, 337 (2012) : 1550-1552.

Alvord, Mary Karapetian et Judy Johnson Grados. «Enhancing Resilence in Children : A Proactive Approach», *Professional Psychology : Research and Practice*, 36, no. 3 (2005) : 238-245.

Balter, Michael. «New Light on Revolutions That Weren't», *Science*, 336 (2012) : 530-561.

Baumeister, Roy, Ellen Bratlavsky, Catrin Finkenauer et Kathleen Vohs. «Bad Is Stronger Than Good», *Review of General Psychology*, 5 (2001) : 323-370.

Becker, Craig M., Mary Alice Glascoff et W. Michael Felts. «Salutogenesis 30 Years Later : Where Do We Go From Here ?» *International Electronic Journal of Health Education*, 13 (2010) : 25-32.

Benson, Herbert. *The Relaxation Response*. New York, HarperTorch, 2000.

Berridge, Kent C. «Food Reward : Brain Substrates of Wanting and Liking», *Neuroscience Biobehavioral Review*, 20, no. 1 (1996) : 1-25.

—. «Wanting and Liking : Observations from the Neuroscience and Psychology Laboratory», *Inquiry*, 52, no. 4 (2009) : 378-398.

Berridge, Kent C., Chao-Yi Ho, Jocelyn M. Richard et Alexandra G. DiFeliceantonio. «The Tempted Brain Eats : Pleasure and Desire Circuits in Obesity and Eating Disorders», *ScienceDirect*, 1350 (2010) : 43-64.

Black, Paul H. «The Inflammatory Response Is an Integral Part of the Stress Response : Implications for Atherosclerosis, Insulin Resistance, Type II Diabetes, and Metabolic Syndrome X», *Brain, Behavior, & Immunity*, 17 (2003) : 350-364.

—. « Stress and the Inflammatory Response : A Review of Neurogenic Inflammation », *Brain, Behavior, & Immunity*, 16 (2002) : 622-653.

Boehm, Christopher. «Ancestral Hierarchy and Conflict», *Science*, 336 (2012) : 844-847.

Bouton, Mark E. « Context and Behavioral Processes in Extinction », *Learning & Memory*, 11 (2004) : 485-494.

Bowles, Samuel. « Did Warfare Among Ancestral Hunter-Gatherers Affect the Evolution of Human Social Behaviors ? », *Science*, 324 (2009) : 1293-1298.

—. «Warriors, Levelers, and the Role of Conflict in Human Social Evolution », *Science*, 336 (2012) : 876-878.

Broadbent, Elizabeth, Arman Kahokehr, Roger J. Booth, Janine Thomas, John A. Windsor, Christina M. Buchanan, Benjamin R. L. Wheeler, Tarik Sammour et Andrew G. Hill. «A Brief Relaxation Intervention Reduces Stress and Improves Surgical Wound Healing Response : A Randomished Trial », *Brain, Behavior, & Immunity*, 26, no. 2 (2012) : 212-217.

Bryant, Fred B. «A Four-Factor Model of Perceived Control : Avoiding, Coping, Obtaining, and Savoring», *Journal of Personality*, 57, no. 4 (1989) : 773-797.

Bryant, Fred B., Erica D. Chadwick et Katharina Kluwe. « Understanding the Processes That Regulate Positive Emotional Experience : Unsolved Problems and Future Directions for Theory and Research on Savoring », *International Journal of Wellbeing*, 1, no. 1 (2011) : 107-126.

Bryant, Fred. B., Colette M. Smart et Scott P. King. « Using the Past to Enhance the Present : Boosting Happiness Through Positive Reminiscence », *Journal of Happiness Studies*, 6 (2005) : 227-260.

Bryant, Fred B. et Joseph Veroff. *Savoring : A News Model of Positive Experience*. Mahwah (New Jersey), Lawrence Erlbaum Associates, Inc., 2007.

Burgdorf, Jeffery et Jaak Panksepp. «The Neurobiology of Positive Emotions », *Neuroscience and Biobehavioral Reviews*, 30 (2006) : 173-187.

Calder, Andrew J., Andrew D. Lawrence et Andrew W. Young. « Neuropsychology of Fear and Loathing », *Nature*, 2 (2001) : 353-363.

Campbell, Stephanie, Michael Marriott, Claude Nahmias et Glenda M. MacQueen. « Lower Hippocampal Volume in Patients Suffering from Depression : A Meta-Analysis », *American Journal of Psychiatry*, 161, no. 4 (2001) : 598-607.

Chida, Yoichi et Andrew Steptoe. « Positive Psychological Well-Being and Mortality : A Quantitative Review of Prospective Observational Studies », *Psychosomatic Medicine*, 70, no.7 (2008) : 741-756.

Choi, Jung-Kyoo et Bowles, Samuel. «The Coevolution of Parochial Altruism and War », *Science*, 318 (2007) : 636-640.

Christoffel, Daniel J., Sam A. Golden et Scott J. Russo. « Structural and Synaptic Plasticity in Stress-Related Disorders », *Reviews in Neurosciences*, 22, no. 5 (2011) : 535-549.

Cohn, Michael A., Barabara L. Fredrickson, Stephanie L. Brown, Joseph A. Mikels et Anne M. Conway. « Happiness Unpacked : Positive Emotions Increase Life Satisfaction by Building Resilience », *Emotion*, 9 (2009) : 361-368.

Critchley, Hugo D. « Neural Mechanisms of Autonomic, Affective, and Cognitive Integration », *Journal of Comparative Neurology*, 493 (2005) : 154-166.

Critchley, Hugo D. et Yoko Nagai. « How Emotions Are Shaped by Bodily States », *Emotion Review*, 4, no. 2 (2012) : 163-168.

Cunningham, William A. et Tobias Brosch. « Motivational Salience : Amygdala Tuning from Traits, Needs, Values, and Goals », *Current Directions in Psychological Science*, 21, no. 1 (2012) : 54-59.

Cunningham, William A. et Tabitha Kirkland. «The Joyful, Yet Balanced Amygdala : Moderated Responses to Positive But Not Negative Stimuli in Trait Happiness », *Social Cognitive and Affective Neuroscience* (5 avril 2013 ; e-pub avant impression).

Cunningham, William A., Carol L. Raye et Macia K. Johnson. « Neural Correlates of Evaluation Associated with Promotion and Prevention Regulatory Focus », *Cognitive, Affective, and Behavioral Neuroscience*, 5, no. 2 (2005) : 202-211.

Decety, Jean et Philip L. Jackson. «The Functional Architecture of Human Empathy », *Behavorial and Cognitive Neuroscience Reviews*, 3 (2004) : 71-100.

Decety, Jean et Margarita Svetlova. « Putting Together Phylogenetic and Ontogenetic Perspectives on Empathy », *Developmental Cognitive Neuroscience*, 2, no. 1 (2011) : 1-24.

Diener, Ed et Micaela Y. Chan. « Happy People Live Longer : Subjective Well-Being Contributes to Health and Longevity », *Applied Psychophysiology*, 3, no. 1 (2011) : 1-43.

Duman, Ronald S. Et George K. Aghajanian. « Synaptic Dysfunction in Depression : Potential Therapeutic Targets », *Science*, 338 (2012) : 68-72.

Dusek, Jeffery A., Hasan H. Out., Ann L. Wohlhueter, Manoj Bhasin, Luiz F. Zerbini, Marie G. Joseph, Herbert Benson et Towia A. Libermann. « Genomic Counter-Stress Changes Induced by the Relaxation Response », *PLoS One*, 3 (2008) : e2576.

Ecker, Bruce et L. Hulley. *Depth Oriented Brief Therapy : How to Be Brief When You Were Trained to Be Deep, and Vice Versa*. San Francisco, Jossey-Bass, 1996.

Ecker, Bruce et Brian Toomey. « Depotentiation of Symptom-Producing Implicit Memory in Coherence Therapy », *Journal of Constructivist Psychology*, 21, no. 2 (2008) : 87-150.

Efferson, Charles, Rafael Lalive et Ernst Fehr. «The Coevolution of Cultural Groups and Ingroup Favoritism », *Science*, 321 (2008) : 1844-1849.

Emmons, Robert. *Thanks! How the Science of Gratitude Can Make You Happier*. New York, Houghton Mifflin Harcourt, 2007. Trad. *Merci !* Paris, Belfond, 2008.

Emmons, Robert A. et Michael McCullough. « Counting Blessings Versus Burdens : An Experimental Investigation of Gratitude and Subjective Well-

Being in Daily Life », *Journal of Personality and Social Psychology*, 84, no. 2 (2003) : 377-389.

Emmons, Scott W. « The Mood of a Worm », *Science*, 338 (2012) : 475-476.

Esch, Tobias et George B. Stefano. « The Neurobiology of Stress Management », *Neuroendocrinology Letters*, 31, no.1 (2010) : 19-39.

Fagley, Nancy. « Appreciation Uniquely Predicts Life Satisfaction Above Demographics, the Big 5 Personality Factors, and Gratitude », *Personality and Individual Differences*, 53 (2012) : 59-63.

Fehr, Ernst. « Human Behaviour : Don't Lose Your Reputation », *Nature*, 432 (2004) : 449-450.

Fehr, Ernst et Bettina Rockenbach. « Human Altruism : Economic, Neural, and Evolutionary Perspectives », *Current Opinion in Neurobiology*, 14, no.6 (2004) : 784-790.

Feldman, Daniel. « Synaptic Mechanisms for Plasticity in Neocortex », *Annual Review of Neuroscience*, 32 (2009) : 33-55.

Feldman, Greg C., Jutta Joormann et Sheri L. Johnson. « Responses to Positive Affect : A Self-Report Measure of Rumination and Dampening », *Cognitive Therapy and Research*, 32, no. 4 (2008) : 507-525.

Folkman, Susan et Judith Moskowitz. « Positive Affect and the Other Side of Coping », *American Psychologist*, 55 (2000) : 647-654.

Fredrickson, Barbara. *Positivity : Top-Notch Research Reveals the 3 to 1 Ratio That Will Change Your Life*. New York, Three Rivers Press, 2009.

Fredrickson, Barbara L., Michael A. Cohn, Kimberly A. Coffey, Jolynn Pek et Sandra M. Finkel. « Open Hearts Build Lives : Positive Emotions, Induced Through Loving-Kindness Meditation, Build Consequential Personal Resources », *Journal of Personality and Social Psychology*, 95, no. 5 (2008) : 1045-1062.

Fredrickson, Barbara et Robert Levenson. « Positive Emotions Speed Recovery from the Cardiovascular Sequelae of Negative Emotions », *Psychology Press*, 12 (1998) : 191-220.

Fredrickson, Barbara L., Michele M. Tugade, Christian E. Waugh et Gregory R. Larkin. « What Good Are Positive Emotions in Crisis ? À Prospective Study of Resilience and Emotions Following the Terrorist Attacks on the U.S. on 9/11/01 », *Journal of Personality and Social Psychology*, 84, no. 2 (2003) : 365-376.

Fry, Douglas P. « Life Without War », *Science*, 336 (2012) : 879-884.

Gabbard, Glen O. « A Neurobiologically Informed Perspective on Psychotherapy », *British Journal of Psychiatry*, 177 (2000) : 117-122.

Gable, Shelly L., Harry T. Reis, Emily A. Impett et Evan R. Asher. « What Do You Do When Things Go Right? The Intrapersonal and Interpersonal Benefits of Sharing Positive Events », *Journal of Personality and Social Psychology*, 87, no. 2 (2004) : 228-245.

Garavan, Hugh, Cara J. Pendergrass, Thomas Ross, Elliot A. Stein et Robert Risinger. « Amygdala Response to Both Positively and Negatively Valenced Stimuli », *Neuroreport*, 12, no. 12 (2001) : 2779-2783.

Gendlin, Eugene T. *Focusing*. New York, Random House, 1982. Trad. *Focusing*, Paris, Pocket, 2010.

Germer, Christopher. *The Mindful Path to Self-Compassion : Freeing Yourself from Destructive Thoughts and Emotions.* New York : The Guilford Press, 2009. Trad. *L'autocompassion*, Paris, Odile Jacob, 2013.

Gerstner, Wulfram, Henning Sprekeler et Gustavo Deco. «Theory and Simulation in Neuroscience», *Science*, 338 (2012) : 60-65.

Gilbert, Paul. *The Compassionate Mind : A New Approach to Life's Challenges.* Oakland (Calif.), New Harbinger Publications, Inc., 2010.

—. « Introducing Compassion-Focused Therapy », *Advances in Psychiatric Treatment*, 14 (2009) : 199-208.

Gogolla, Nadine, P. Caroni, A. Lüthi et C. Herry. « Perineuronal Nets Protect Fear Memories from Erasure », *Science*, 325 (2009) : 1258-1261.

Gottman, John. *Why Marriages Succeed or Fail : And How You Can Make Yours Last.* New York, Simon & Schuster, 1995.

Gould, Rebecca L., Mark C. Couson et Robert J. Howard. « Cognitive Behavioral Therapy for Depression in Older People : A Meta-Analysis and Meta-Regression of Randomized Controlled Trails », *Journal of the American Geriatrics Society*, 60, no. 10 (2012) : 1817-1830.

Gruber, June. « Can Feeling Too Good Be Bad ? Positive Emotion Persistence (PEP) in Bipolar Disorder », *Current Directions in Psychological Science*, 20, no. 4 (2011) : 217-221.

Gutsell, Jennifer N. et Michael Inzlicht. « Empathy Constrained : Prejudice Predicts Reduced Mental Simulation of Actions During Observation of Outgroups », *Journal of Experimental Social Psychology*, 46 (2010) : 841-845.

Hamann, Stephan B., Timothy D. Ely, John M. Hoffman et Clinton D. Kilts. « Ecstasy and Agony : Activation of the Human Amygdala in Positive and Negative Emotion », *Psychological Science*, 13, no. 2 (2002) : 135-141.

Hanh, Thich Nhat. *Being Peace.* Berkeley, Parallax Press, 2005.

Hanrahan, Fidelma, Andy P. Field, Fergal W. Jones et Graham C. L. Davey. «A Meta-Analysis of Cognitive Therapy for Worry in Generalized Anxiety Disorder», *Clinical Psychology Review*, 33, no. 1 (2013) : 120-132.

Harris, Lasana T. Et Susan T. Fiske. « Social Groups That Elicit Disgust Are Differentially Processed in mPFC », *Social Cognitive and Affective Neuroscience*, 2 (2007) : 45-51.

Heinrichs, Markus, Thomas Baumgartner, Clemens Kirschbaum et Ulrike Ehlert. « Social Support and Oxytocin Interact to Suppress Cortisol and Subjective Responses to Psychosocial Stress », *Biological Psychiatry*, 54 (2003) : 1389-1398.

Herman, Judith. *Trauma and Recovery : The Aftermath of Violence–from Domestic Abuse to Political Terror.* New York : BasicBooks, 1997.

Higgins, E. Tory. « Beyond Pleasure and Pain », *American Psychologist*, 52, no. 12 (1997) : 1280-1300.

Ho, Victoria M., Ji-Anne Lee et Kelsey C. Martin. «The Cell Biology of Synaptic Plasticity», *Science*, 334 (2011) : 623-628.

Hofmann, Stefan G., Anu Asnaani, Imke J. J. Vonk, Alice T. Sawyer et Angela Fang. «The Efficacy of Cognitive Behavioral Therapy : A Review of Meta-Analyses», *Cognitive Therapy and Research*, 36, no.5 (2012) : 427-440.

Holzel, Britta K., Ulrich Ott, Tim Gard, Hannes Hempel, Martin Weygandt, Katrin Morgen et Dieter Vaitl. «Investigation of Mindfulness Meditation Practitioners with Voxel-Based Morphometry», *Social Cognitive and Affective Neuroscience*, 3 (2008) : 55-61.

IsHak, Waguih William, Maria Kahloond et Hala Fakhrye. «Oxytocin's Role in Enhancing Well-Being : A Literature Review», *Journal of Affective Disorders*, 130, no. 1 (2011) : 1-9.

Kahneman, Daniel et Amos Tversky. «Prospect Theory : An Analysis of Decision Under Risk», *Econometrica*, 47, no. 2 (1979) : 163-292.

Kandel, Eric R. *In Search of Memory : The Emergence of a New Science of Mind.* New York : W. W. Norton & Company, 2007. Trad. *À la recherche de la mémoire*, Paris, Odile Jacob, 2007.

—. «A New Intellectual Framework for Psychiatry», *American Journal of Psychiatry*, 155 (1998) : 457-469.

Karatsoreos, Inga N. et Bruce S. McEwen. «Psychobiological Allostasis : Resistance, Resilience, and Vulnerability», *Trends in Cognitive Sciences*, 15, no. 12 (2011) : 576-584.

Kashdan, Todd. *Curious? Discover the Missing Ingredient to a Fulfilling Life.* New York, William Morrow, 2009.

Kegel, Cornelia A. T., Adriana G. Bus et Marinus H. van Ijzendoorn. «Differential Susceptibility in Early Literacy Instruction Through Computer Games : The Role of the Dopamine D4 Receptor Gene (DRD4)», *Mind, Brain, and Education*, 5 : 71-78.

Keltner, Dacher. *Born to Be Good : The Science of a Meaningful Life.* New York, W. W. Norton & Company, Inc., 2009.

Kermer, Deborah A., Erin Driver-Linn, Timothy D. Wilson et Daniel T. Gilbert. «Loss Aversion Is an Affective Forecasting Error», *Psychological Science*, 17, no. 8 (2006) : 649-653.

Keverne, Eric B., Nicholas D. Martensz et Bernadette Tuite. «Beta-Endorphin Concentrations in Cerebrospinal Fluid of Monkeys Are Influenced by Grooming Relationships», *Psychoneuroendocrinology*, 14 (1989) : 155-161.

Kirby, E. D., A. R. Friedman, D. Covarrubias, C. Ying, W. G. Sun, K. A. Goosens, R. M. Sapolsky et D. Kaufer. «Basolateral Amygdala Regulation of Adult Hippocampal Neurogenesis and Fear-Related Activation of Newborn Neurons», *Molecular Psychiatry*, 17 (2012) : 527-536.

Klimecki, Olga M., Susanne Leiberg, Claus Lamm et Tania Singer. «Functional Neural Plasticity and Associated Changes in Positive Affect After Compassion Training», *Cerebral Cortex*, 6 (2012), doi :10.1093/cercor/bhs142 PII : bhs142.

Korn, Deborah L. Et Andrew M. Leeds. « Preliminary Evidence of Efficacy for EMDR Resource Development and Installation in the Stabilization Phase of Treatment of Complex Posttraumatic Stress Disorder », *Journal of Clinical Psychology*, 58, no. 12 (2002) : 1465-1487.

Langston, Christopher A. « Capitalizing on and Coping with Daily-Life Events : Expressive Responses to Positive Events », *Journal of Personality and Social Psychology*, 67 (1994) : 1112-1125.

Lazar, Sara W., Catherine E. Kerr, Rachel H. Wasserman, Jeremy R. Gray, Douglas N. Greve, Micheal T. Treadway, Metta McGarvey, Brian T. Quinn, Jeffery A. Dusek, Herbert Benson, Scott L. Rauch, Christopher I. Moore et Bruce Fisch. « Meditation Experience Is Associated with Increased Cortical Thickness », *Neuroreport*, 16 (2005) : 1893-1897.

Leary, Mark R., Eleanor B. Tate, Claire E. Adams, Ashley Batts et Allen Jessica Hancock. « Self-Compassion and Reactions to Unpleasant Self-Relevant Events : The Implications of Treating Oneself Kindly », *Journal of Personality*, 92 (2007) : 887-904.

LeDoux, Joseph E. *Synaptic Self : How Our Brains Become Who We Are.* New York, Penguin Books, 2003.

Leussis, M. P. et S. L. Andersen. « Is Adolescence a Sensitive Period for Depression? Behavioral and Neuroanatomical Findings from a Social Stress Model », *Synapse*, 62, no. 1 (2007) : 22-30.

Levine, Peter A. *In an Unspoken Voice : How the Body Releases Trauma and Restores Goodness.* Berkeley : North Atlantic Books, 2010.

Leyro, Teresa M. « Distress Tolerance and Psychopathological Symptoms and Disorders : A Review of the Empirical Literature Among Adults », *Psychological Bulletin*, 136, no. 4 (2010) : 576-600.

Liberzon, Israel, K., Luan Phan, Laura R. Decker et Stephan F. Taylor. « Extended Amygdala and Emotional Salience : A PET Activation Study of Positive and Negative Affect », *Neuropsychopharmacology*, 28, no. 4 (2003) : 726-733.

Lim, Byung Kook, Kee Wui Huang, Brad A. Grueter, Patrick E. Rothwell et Robert C. Malenka. « Anhedonia Requires MC4R-Mediated Synaptic Adaptations in Nucleus Accumbens », *Nature*, 487 (2012) : 183-189.

Luders, Eileen, Arthur W. Toga, Natasha Lepore et Christian Gaser. « The Underlying Anatomical Correlates of Long-Term Meditation : Larger Hippocampal and Frontal Volumes of Gray Matter », *NeuroImage*, 45 (2009) : 672-678.

Luskin, Frederic, Megan Reitz, Kathryn Newell, Thomas Gregory Quinn et William Haskell. « A Controlled Pilot Study of Stress Management Training of Elderly Patients with Congestive Heart Failure », *Preventive Cardiology*, 5 (2002) : 168-174.

Lyubomirsky, Sonja. *The How of Happiness : A New Approach to Getting the Life You Want.* New York, Penguin Press, 2008.

Lyubomirsky, Sonja, Kennon M. Sheldon et David Schkade. « Pursuing

Happiness : The Architecture of Sustainable Change », *Review of General Psychology*, 9, no. 2 (2005) : 111-131.

MacLean, Paul D. *The Triune Brain in Evolution : Role in Paleocerebral Functions.* New York, Springer, 1990.

Maguire, Eleanor, David Gadian, Ingrid Johnsrude, Catriona Good, John Ashburner, Richard Frackowiak et Christopher Frith. « Navigation-Related Structural Change in the Hippocampi of Taxi Drivers », *National Academy of Sciences*, 87 (2000) : 4398-4403.

Maslow, Abraham. *The Farther Reaches of Human Nature.* New York, Penguin, 1993.

McCullough, Michael, Shelley D. Kirkpatrick, Robert A. Emmons et Davd B. Larson. « Is Gratitude a Moral Affect ? », *Psychological Bulletin*, 127, no. 2 (2001) : 249-266.

McEwen, Bruce S. « Protective and Damaging Effects of Stress Mediators : Central Role of the Brain », *Dialogues in Clinical Neuroscience*, 8, no. 4 (2006) : 367-381.

—. « Stress, Adaptation, and Disease : Allostasis and Allostatic Load », *Annals of the New York Academy of Sciences*, 840 (1998) : 33-44.

McEwen, Bruce et Peter Gianaros. « Central Role of the Brain in Stress and Adaptation : Links to Socioeconomic Status, Health, and Disease », *Annals of the New York Academy of Sciences*, 1186 (2010) : 190-222.

—. « Stress- and Allostasis-Induced Brain Plasticity », *Annual Review of Medicine*, 62 (2011) : 431-435.

McGonigal, Kelly. *The Willpower Instinct : How Self-Control Works, Why It Matters, and What You Can Do to Get More.* New York, Avery, 2011.

McPherron, Shannon P., Zeresenay Alemseged, Curtis W. Marean, Jonathan G. Wynn, Denné Reed, Denis Geraads, René Bobe et Hamdallah A. Béarat. « Evidence for Stone-Tool Assisted Consumption of Animal Tissues Before 3.39 Million Years Ago at Dikika, Ethiopia », *Nature*, 446 (2010) : 857-860.

Meyer-Lindenberg, Andreas. « Impact of Prosocial Neuropeptides on Human Brain Function », *Progress in Brain Research*, 170 (2008) : 463-470.

Mika, Agnieszka, G. J. Mazur, A. N. Hoffman, J. S. Talboom, H. A. Bimonte-Nelson, F. Sanabria et C. D. Conrad. « Chronic Stress Impairs Prefrontal Cortex-Dependent Response Inhibition and Spatial Working Memory », *Behavioral Neuroscience*, 126, no. 5 (2012) : 605-619.

Milton, Amy L. Et Barry J. Everitt. « Wiping Drug Memories » *Science*, 336 (2012) : 167-168.

Moll, Jorge, Frank Krueger, Roland Zahn, Matteo Pardini, Ricardo de Oliveira-Souza et Jordan Grafman. « Human Fronto-Mesolimbic Networks Guide Decisions About Charitable Donation », *Proceedings of the National Academy of Sciences*, 103 (2006) : 15623-15628.

Monfils, Marie-H., Kiriana K. Cowansage, Eric Klann et Joseph E. LeDoux.

« Extinction-Reconsolidation Boundaries : Key to Persistent Attenuation of Fear Memories », *Science*, 324 (2009) : 951-955.

Mongillo, Gianluigi, Omri Barak et Misha Tsodyks. « Synaptic Theory of Working Memory », *Science*, 319 (2008) : 1543-1546.

Morris, J. S., K. J. Friston, C. Buchel, C. D. Frith, A. W. Young, A. J. Calder et R. J. Dolan. « A Differential Neural Response in the Human Amygdala to Fearful and Happy Facial Expressions », *Nature*, 383 (1996) : 812-815.

Morris, J. S., A. Ohman et R. J. Dolan. « Conscious and Unconscious Emotional Learning in the Human Amygdala », *Nature*, 393 (1998) : 467-470.

Nader, Karim. « Memory Traces Unbound », *Trends in Neurosciences*, 26, no. 2 (2003) : 65-70.

Nader, Karim, Glenn E. Schafe et Joseph. E. LeDoux. « The Labile Nature of Consolidation Theory », *Nature*, 1, no. 3 (2000) : 216-219.

Neff, Kristin D. « Self-Compassion : An Alternative Conceptualization of a Healthy Attitude Toward Onself », *Self and Identity*, 2, no. 2 (2003) : 85-101.

—. « Self-Compassion, Self-Esteem, and Well-Being », *Social and Personality Psychology Compass*, 5, no. 1 (2011) : 1-12.

Neumann, Inga D. « Brain Oxytocin : A Key Regulator of Emotional and Social Behaviours in Both Females and Males », *Journal of Neuroendocrinology*, 20 (2008) : 858-865.

Niedenthal, Paula. « Embodying Emotion », *Science Magazine*, 316 (2007) : 1002-1005.

Nowak, Martin A. et Sigmund, Karl. « Evolution of Indirect Reciprocity », *Nature*, 437 (2005) : 1291-1298.

Ogden, Pat. *Trauma and the Body : A Sensorimotor Approach to Psychotherapy.* New York, W. W. Norton & Company, 2006.

Olatunji, Bunmi O., M. L. Davis, M. B. Powers et J. A. Smits. « Cognitive-Behavioral Therapy for Obsessive-Complusive Disorder : A Meta-Analysis of Treatment Outcome and Moderators », *Journal of Psychiatric Research*, 47, no. 1 (2013) : 33-41.

Olszewski, Pawel K., Anica Klockars, Helgi B. Schiöth et Allen S. Levine. « Oxytocin as Feeding Inhibitor : Maintaining Homestasis in Consummatory Behavior », *Pharmacology Biochemistry and Behavior*, 97 (2010) : 47-54.

Ostby, Ylva, Kristine B. Walhovda, Christian K. Tamnes, Håkon Grydeland, Lars Tjelta Westlye et Anders M. Fjell. « Mental Time Travel and Default-Mode Network Functional Connectivity in the Developing Brain », *Proceedings of the National Academy of Sciences*, 109, no. 42 (2012) : 16800-16804.

Palmer, Linda et Gary Lynch. « A Kantian View of Space », *Science*, 328 (2010) : 1487-1488.

Panksepp, Jaak. « Affective Consciousness : Core Emotional Feelings in Animals and Humans », *Consciousness & Cognition*, 14, no. 1 (2005) : 30-80.

—. *Affective Neuroscience : The Foundations of Human and Animal Emotions.* New York, Oxford University Press, 1998.

Paradiso, Sergio. « Cerebral Blood Flow Changes Associated with Attribution of Emotional Valence to Pleasant, Unpleasant, and Neutral Visual Stimuli in a PET Study of Normal Subjects », *American Journal of Psychiatry*, 156, no. 10 (1999) : 1618-1629.

Parfitt, Guestavo Morrone, Ândrea Kraemer Barbosa, Renan Costa Campos, André Peres Koth et Daniela Martí Barros. « Moderate Stress Enhances Memory Persistence : Are Adrenergic Mechanisms Involved ? » *Behavioral Neuroscience*, 126, no. 5 (2012) : 729-730.

Park, Nansook. « Character Strengths : Research and Practice », *Journal of College & Character*, 10, no. 4 (2009) : 1-10.

Pecina, S. et Kent C. Berridge. « Hedonic Hot Spot in Nucleus Accumbens Shell : Where Do Mu-Opiods Cause Increased Impact of Sweetness ? » *Journal of Neuroscience*, 25, no. 50 (2005) : 11777-11786.

Pennisi, Elizabeth. « Nervous System May Have Evolved Twice », *Science*, 339 (2013) : 391.

Peterson, Christopher, Willibald Ruch, Ursula Beermann, Nansook Park et Martin Seligman. « Strengths of Character, Orientations to Happiness, and Life Satisfaction », *Journal of Positive Psychology*, 2, no. 3 (2007) : 149-156.

Placais, Pierre-Yves et Thomas Preat. « To Favor Survival Under Food Shortage, the Brain Disables Costly Memory », *Science*, 339 (2013) : 440-442.

Porges, Stephen W. *The Polyvagal Theory : Neurophysiological Foundations of Emotions, Attachment, Communication, and Self-Regulation*. New York, W.W. Norton & Company, 2011.

Pressman, S. et S. Cohen. « Does Positive Affect Influence Health ? » *Psychological Bulletin*, 131 (2005) : 925-971.

Price, Tom F., L. W. Dieckman et Eddie Harmon-Jones. « Embodying Approach Motivation : Body Posture Influences Startle Eyeblink and Event-Related Potential Responses to Apptitive Stimuli », *Biological Psychology*, 90 (2012) : 211-217.

Price, Tom F., Carly K. Peterson et Eddie Harmon-Jones. « The Emotive Neuroscience of Embodiment », *Motivation and Emotion*, 36, no. 1 (2012) : 27-37.

Quoidbach, Jordi, Elizabeth V. Berry, Michel Hansenne et Moïra Mikolajczak. « Positive Emotion Regulation and Well-Being : Comparing the Impact of Eight Savoring and Dampening Strategies », *Personality and Individual Differences*, 49, no. 5 (2010) : 368-373.

Rees, Brian. « Overview of Outcome Data of Potential Mediation Training for Soldier Resilience », *Military Medicine*, 176, no. 11 (2011) : 1232-1242.

Roberts-Wolfe, Douglas, Matthew D. Sacchet, Elizabeth Hastings, Harold Roth et Willoughby Britton. « Mindfulness Training Alters Emotional Memory Recall Compared to Active Controls : Support for an Emotional Information Processing Model of Mindfulness », *Frontiers in Human Neuroscience*, 6 (2012) : 1-13.

Rozin, Paul et Edward Royzman. « Negativity Bias, Negativity Dominance, and Contagion », *Personality & Social Psychology Review*, 5 (2001) : 296-320.

Sapolsky, Robert. *Why Zebras Don't Get Ulcers.* New York, Holt Paperbacks, 2004.

Schachter, Daniel L. «Adaptive Constructive Processes and the Future of Memory », *American Psychologist*, 67, no. 8 (2012) : 603-613.

—. *The Seven Sins of Memory : How the Mind Forgets and Remembers.* New York, Houghton Mifflin Harcourt Books, 2002.

Schiller, Daniela, Marie H. Monfils, Candace M. Raio, David C. Johnson, Joseph E. LeDoux et Elizabeth A. Phelps. « Preventing the Return of Fear in Humans Using Reconsolidation Update Mechanisms », *Nature*, 463 (2010) : 49-53.

Seeley, William W., Vinod Menon, Alan F. Schatzberg, Jennifer Keller, Gary H. Glover, Heather Kenna, Allan L. Reiss et Michael D. Greicius. « Dissociable Intrinsic Connectivity Networks for Salience Processing and Executive Control », *The Journal of Neuroscience*, 27 (2007) : 2356-2349.

Seligman, Martin. *Flourish : A Visionary New Understanding of Happiness and Well-Being.* New York, Free Press, 2011.

—. *Learned Optimism : How to Change Your Mind and Your Life.* New York, Vintage, 2006.

Seligman, Martin et Tracy A. Steen. « Positive Psychotherapy Progress : Empirical Validation of Interventions », *American Psychologist*, 60, no. 5 (2005) : 410-421.

Semaw, Sileshi, P. Renne, J. W. K. Harris, C. S. Feibel, R. L. Bernor, N. Fesseha et K. Mowbray. « 2.5-Year-Old Stone Tools from Gona, Ethiopia », *Nature*, 385 (1997) : 333-336.

Shapiro, Shauna. « Mindfulness and Psychotherapy », *Journal of Clinical Psychology*, 65 (2009) : 1-6.

Sharot, Tali. *The Optimism Bias : A Tour of the Irrationally Positive Brain.* New York, Vintage, 2011.

Siegel, Daniel J. *The Mindful Brain.* New York, W.W. Norton & Company, 2007.

Skoglund, Pontus, Helena Malmström, Maanasa Raghavan, Jan Stora, Per Hall, Eske Willerslev, M. Thomas P. Gilbert, Anders Götherström et Mattias Jakobsson. « Origins and Genetic Legacy of Neolithic Farmers and Hunter-Gatherers in Europe », *Science*, 336 (2012) : 466-469.

Smith, Eric Alden. « Communication and Collective Action : The Role of Language in Human Cooperation », *Evolution and Human Behavior*, 31, no. 4 (2010) : 231-245.

Southwick, Steven M. Et Dennis S. Charney. «The Science of Resilience : Implications for the Prevention and Treatment of Depression », *Science*, 338 (2012) : 79-82.

Terrier, Nicholas. « Broad Minded Affective Coping (BMAC) : A "Positive"

CBT Approach to Facilitating Positive Emotions », *International Journal of Cognitive Therapy*, 31, no. 1 (2010) : 65-78.

Thompson, Evan. *Mind in Life : Biology, Phenomenology, and the Sciences of Mind*. Cambridge (Mass.), Harvard University Press, 2007.

Tommaso, Pizzorusso. « Erasing Fear Memories », *Science*, 325 (2009) : 1214-1215.

Toomey, Brian et Ecker, Bruce. « Competing Visions of the Implications of Neuroscience for Psychotherapy », *Journal of Constructivist Psychology*, 22 (2009) : 95-140.

Tugade, Michele. *Positive Emotions and Coping : Examining Dual-Process Models of Resilience*. Dans S. Folkman (éd.), *Oxford Handbook of Stress, Health, and Coping*. New York, Oxford University Press, 2011, p. 186-199.

Tugade, Michele M. et Barbara L. Fredrickson. « Regulation of Positive Emotions : Emotion Regulation Strategies That Promote Resilience », *Journal of Happiness Studies*, 8 (2007) : 311-333.

Valente, Thomas W. « Network Interventions », *Science*, 337 (2012) : 49-53.

van der Kolk, Bessel A. *Traumatic Stress : The Effects of Overwhelming Experience on Mind, Body, and Society*. New York, The Guilford Press, 2006.

Videbech, Poul et Barbaba Ravnkilde. « Hippocampal Volume and Depression : A Meta-Analysis of MRI Studies », *American Journal of Psychiatry*, 161, no. 11 (2004) : 1957-1966.

Viviani, Daniele et Ron Stoop. « Opposite Effects of Oxytocin and Vasopressin on the Emotional Expression of the Fear Response », *Progress in Brain Research*, 170 (2008) : 207-218.

Vogel, Gretchen. « Can We Make Our Brains More Plastic ? » *Science*, 338 (2012) : 36-39.

Vukasovic, Tena, Denis Bratko et Ana Butkovic. « Genetic Contribution to the Individual Differences in Subjective Well-Being : A Meta-Analysis », *Journal for General Social Issues*, 21 (2012) : 1-17.

Walsh, Roger. « Lifestyle and Mental Health », *American Psychologist*, 66 (2011) : 579-592.

—. «The Meeting of Meditative Disciplines and Western Psychology », *American Psychologist*, 61 (2006) : 227-239.

Wang, Qingsong, Zhenggou Wang, Peifang Zhu et Jianxin Jiang. «Alterations of Myelin Basic Protein and Ultrastructure in the Limbic System at the Early Stage of Trauma-Related Stress Disorder in Dogs », *The Journal of Trauma*, 56, no. 3 (2004) : 604-610.

Wimmer, G. Elliott et Dapha Shohamy. « Preference by Association : How Memory Mechanisms in the Hippocampus Bias Decisions », *Science*, 338 (2012) : 270-273.

Wood, Joanne V., Sara A. Heimpel et John L. Michela. « Savoring Versus Dampening : Self-Esteem Differences in Regulating Positive Affect », *Journal of Personality and Social Psychology*, 85 (2003) : 566-580.

Xu, Xiaojin, Xiangyu Zuo, Xiaoying Wang et Shihui Han. « Do You Feel My Pain ? », *Journal of Neuroscience*, 9, no. 26 (2009) : 8525-8529.

Yan-Xue Xue, Yi-Xiao Luo, Ping Wu, Hai-Shui Shi, Li-Fen Xue, Chen Chen, Wei-Li Zhu, Zeng-Bo Ding, Yan-ping Bao, Jie Shi, David H. Epstein, Yavin Shaham et Lin Lu. « A Memory Retrieval-Extinction Procedure to Prevent Drug Craving and Relapse », *Science*, 336 (2012) : 241-245.

Yechiam, Eldad et Hochman, Guy. « Losses as Modulators of Attention : Review and Analysis of the Unique Effects of Losses Over Gains », *Psychological Bulletin*, 139, no. 2 (2013) : 497-518.

Table

Édition : Catherine Meyer
Coordination éditoriale : Maude Sapin
Maquette : Dominique Guillaumin (In Folio)
Révision : Marie Sanson

Achevé d'imprimer en France par CPI Bussière
à Saint-Amand-Montrond (Cher) en janvier 2015.

ISBN : 978-2-35204-395-9
N° d'impression : 2014024
Dépôt légal : février 2015